目　录

上编　企业会计内部控制制度

目　录

最新企业会计管理的制度规范
方便实用的会计常用表格范本

会计
ACCOUNTANT

内控制度与管理表格

KUAIJI NEIKONG ZHIDU YU GUANLI BIAOGE

●现金账款管理 ●会计报表管理 ●成本核算管理
●资金预算管理 ●工资奖金管理 ●资产存货管理 ●常用表格范本

徐文锋 主编

廣東省出版集團
广东经济出版社

图书在版编目（CIP）数据

会计内控制度与管理表格／徐文锋主编．—广州：广东经济出版社，2012.8

ISBN 978－7－5454－1402－8

Ⅰ.①会…　Ⅱ.①徐…　Ⅲ.①企业—会计制度—研究—中国　Ⅳ.①F279.23

中国版本图书馆 CIP 数据核字（2012）第 166364 号

出版发行	广东经济出版社（广州市环市东路水荫路 11 号 11～12 楼）
经销	全国新华书店
印刷	湛江日报社印刷厂（湛江康宁路 17 号）
开本	730 毫米×1020 毫米　1/16
印张	37.5
字数	315 000 字
版次	2012 年 8 月第 1 版
印次	2012 年 8 月第 1 次
印数	1～4 000 册
书号	ISBN 978－7－5454－1402－8
定价	75.00 元

如发现印装质量问题，影响阅读，请与承印厂联系调换。

发行部地址：广州市环市东路水荫路 11 号 11 楼

电话：（020）38306055　38306107　邮政编码：510075

邮购地址：广州市环市东路水荫路 11 号 11 楼

邮购电话：（020）37601950　邮政编码：510075

营销网址：**http：//www.gebook.com**

广东经济出版社常年法律顾问：何剑桥律师

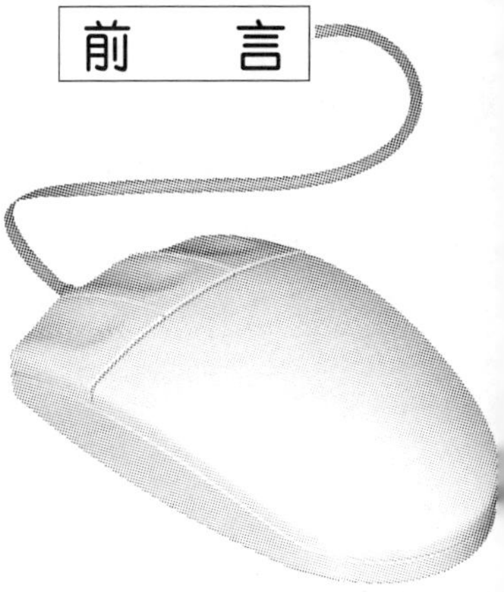

前　言

在现代企业管理中，制度建设占据基础性的地位。俗话说："没有规矩，不成方圆"。科学有效的财务管理，必须以健全的会计管理制度作为前提和保证。一套完善的会计管理制度，对规范企业会计核算行为，真实、完整地反映企业财务状况，经营成果和现金流量，提高会计信息质量，从而为财务决策提供真实、准确的参考数据和依据，具有十分重要的意义。

内部控制是企业为了提高会计信息质量，保护资产安全、完整，确保有关法律法规的贯彻执行和实现企业的计划目标而实施的一系列控制制度、措施和程序。

由于种种原因，很多中小企业的会计制度不够改善，没有发挥会计的监督职能。有的会计人员不熟悉会计制度，加上会计制度本身的缺陷，造成当今企业在处理会计事项时，并未按照新会计制度的要求进行，这严重影响会计信息的真实性及可靠性。企业会计制度是否完善关系到企业的生存和发展，如果没有完善的会计制度，不仅会导致企业组织混乱、效率不高、效益不好，甚至造成严重亏损，最终酿成企业财务危机。相反，良好的企业会计内控制度可以保障企业在经营运作中防范和化解风险，提高经营效率和经济效益。

为适应企业会计内部控制制度建设的需要，我们根据财政部最新颁布的《企业会计制度》和《企业会计准则》，结合各类企业会计管理的特点，编写了《会计内控制度与管理表格》一书。本书涵盖了企业内部会计管理控制的基本制度，包括现金账款管理、会计报表管理、成本核算管理、工资奖金管理及资产与存货管理等制度内容，同时还汇集了企业会计常用的管理表格范本。

本书的最大特点，就在于它的实用性。参加编写本书人员大多为在职会计或具有多年财务管理经验的公司财务主管，深知哪些制度为企业所真正适用并方便操作，因而具有很强的针对性。无论哪类企业，均可在本书中找到适合本企业会计管理的方法与制度。

参与本书的编写人员有：徐文锋、廖志红、郭细英、徐哲一、沈俊、王传玉、唐金龙、郭细华、陈晓霞、周龙清、沈颜平、张美俊、许偶惠、徐源、唐薇等。

编　者

2012 年 7 月

目　录

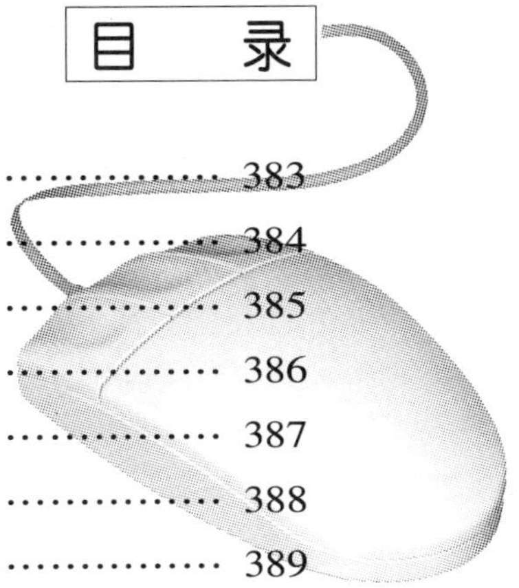

上　编

企业会计内部控制制度

上 编　企业会计内部控制制度

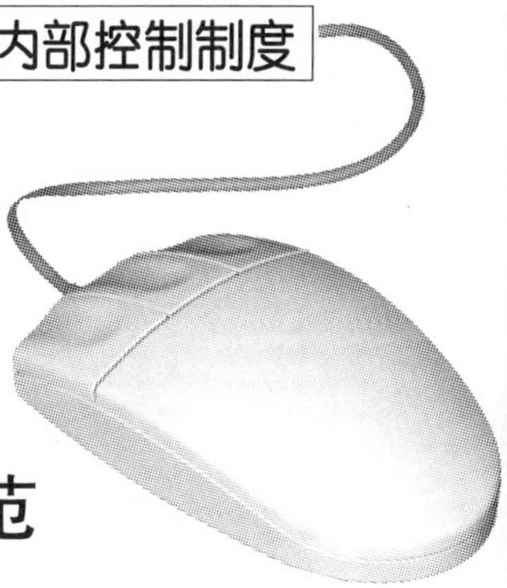

1

会计核算基础工作规范

第一条　为适应公司外向型经济的发展，充分体现会计信息的可检验性，特制定本规定。

第二条　会计科目的运用及账户的设置，按《企业会计制度》执行，不得任意更改或自行设置，个别企业因业务需要新增科目时，须报总公司财务部批准。

第三条　会计凭证一般采用通用记账凭证或收款、付款、转账凭证。工业企业可采用收款、付款、转账凭证，贸易企业可采用通用记账凭证。

第四条　会计核算组织程序：采用记账凭证汇总表核算程序。

1. 根据审核无误后的原始凭证填制记账凭证。
2. 根据记账凭证编制记账凭证汇总表。
3. 根据记账凭证汇总表登记总分类账。
4. 根据收、付款凭证登记现金日记账和银行存款日记账。
5. 根据记账凭证及所附的原始凭证登记各明细分类账。
6. 月终、根据总分类账和各明细分类账编制会计报表。

记账凭证汇总表的编制方法是：根据一定时期的全部记账凭证，按照相同科目归类，定期（5 天或 10 天）汇总每一会计科目的本期借方发生额和本期贷方发生额，填写在记账凭证汇总表的相关栏内，以反映全部会计科目的本期借方发生额和本期贷方发生额。

第五条　记账规则：

1. 记账依据必须是审核发无误的会计凭证。除按照会计核算要求进行转账时，用记账员填制的转账凭证作记账依据外，其他记账凭证都必须以合法的原始凭证为依据。没有合法的凭证，不能登记账簿，且每张记账凭证必须由制单、复核、记账、会计主管分别签名，不得省略。

2. 登记账簿时用钢笔书写，墨水颜色使用黑色或蓝黑色。

3. 记账凭证和账簿上的会计科目以及子、细科目用全称，不得随意简化或只使用代号代替科目全称。

4. 会计分录的科目对应关系，原则上一种经济事项分别或汇总编一套分录，不得将不同内容的多种经济事项合并编制一套分录。

5. 明细账应随时登记，总账定期登记，一般不超过 10 天。

6. 每一笔账须记明日期、凭证号码和摘要，经济事项的摘要不能过分简略，以保证第三者能看清楚。每笔账记完后，在记账凭证上画“√”号。

7. 记账的文字和数字应端正、清楚、严禁刮擦、挖补或涂改，不得跳行隔页。出现空白行或空白页时应将空行或空页画斜红线注销，并注明“此页空白”或“此行空白”字样。

8. 记账发生错误，用以下方法更正：

（1）记账前发现记账凭证有错误，应先更正或重制记账凭证。记账凭证或账簿上的数字差错，应在错误的全部数字正中画红线，表示注销，并由经办人员加盖小图章后，将正确的数字写在应记的栏或行的上方。

（2）记账后发现记账凭证中会计科目、借贷方向或金额错误时，先用红字填制一套与原用科目、借贷方向和金额相同的记账凭证，以冲销原来的记录，然后重新填制正确的记账凭证，一并登记入账。如果会计科目和借贷方向正确，只是金额错误，也可另行填制记账凭证，增加或冲减相差的余额。更正后应在摘要中注明原记账凭证的日期和号码，以及更正的理由和依据。

（3）报出会计报表后发现记账差错时，如不需要变更原来报表的，可以填制正确的记账凭证，一并登记入账。如果会计科目和借贷方向正确，只是金额错误，也可另行填制记账凭证，增加或冲减相差的金额。更正后应在摘要中注意原记账凭证的日期和号码，以及更正的理由和依据。

9. 红字冲账除了用于更正记账错误外，还可以用于下列事项：

（1）经济业务完成后，发生销售退回或退出。

（2）经济业务计算错误而发生多付或多收。

（3）账户的发生额和余额需要保持同一借贷方向，如采用多栏式明细账中的“管理费用”科目。

（4）其他必须冲销原记数字的事项。

10. 各账户在一张账页记满后接记次页时，应在最后一行中摘要栏内注明“过次页”，需要加计发生额的账户，应将加计的本期借贷发生总额和结出的余额记在次页的第一行内，并在摘要栏“承前页”。

11. 月、季、年度末，记完账后应办理结账，为了便于结转成本和编制会计报表，需要结出发生额的账户，应分别结出月份、季度和年度发生额，在摘要栏注明“本月合计”、“本季合计”和“本年合计”的字样，在月结、季结数字上端和下端均画单红线，在年结数字下端画双红线。总结的数字本身均不得用红字书写。发生笔数不多的账户，也可不结总。不需要加计发生额的账户，应随时结出余额，并在月份、季度余额下端画单红线，在年度余额下端画双红线。

12. 编制会计报表前，必须保证总账和明细账记载齐全，试算平衡，每个科目的明细账各账户的数额相加总和同该科目的总账数额核对相符。不准先出报表，后补记账簿。

13. 年度更换新账时，需要结转新年度的余额，可直接过到新账各该账户的第一行，并在摘要栏内注明“上年结转”字样。必要时，详细注明余额组成内容，在旧账的最后一行数字下面注明“结转下年”字样。结转以后的空白行格连同不结转余额的账户，画一条斜线注销或盖戳注销。

第六条 结账、对账：

1. 结账是结算各种账簿记录，它是在一定时期内所发生的经济业务全部登记入账的基础上进行的，具体内容如下：

（1）在结账时，首先应将本期内所发生的经济业务全部记入有关账簿。

（2）本期内所有的转账业务，应编成记账凭证记入有关账簿，以调整账簿记录。如待摊、预提费用应按规定标准予以摊销提取。

（3）在全部业务忘记入账的基础上，应结算出所有的账簿余额。

2. 对账是为了保证账证相符，账账相符，账实相符。具体内容如下：

（1）账证核对：是指各种账簿（总账、明细分类账以及现金和银行存款日记账等）的记录与会计凭证（记账凭证及其所附的原始凭证）的核对，这种核对主要是在日常编制凭证和记账过程中进行。月终如果发现账账不符，就应回过头来对账簿记录与会计凭证进行核对，以保证账证相符。

（2）账账核对每月一次，主要是总分类账各账户期末余额与各明细分类账账面余额相核对，现金、银行存款二级账与出纳的现金、银行存款日记账相核对，会计部门各种财产物资明细类账期末余额与财产物资管理部门和使用部门的保管账相核对等。

（3）账实核对分两类：第一类现金日记账账面余额与现金实际库存数额相核对，银行存款日记账账面余额与开户银行对账单相核对，要求至少每月对一次；第二类各种财产物资明细分类账账面余额与财产物资实有数额相核对，各处往来账款明细账账面余额与有关债权债务单位的账目核对等，要求至少每季核对一次。

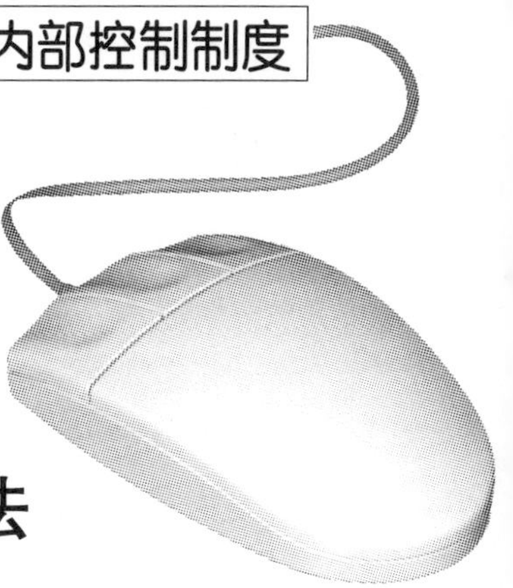

2

公司会计核算处理办法

一、总 则

第一条 本公司会计事务处理除法令及本公司章程另有规定外，悉依本规定办理。

第二条 会计原则与会计方法的采用，应考虑到能充分反映公司财务状况，其处理原则应前后一致，不得任意变更，这样一来会计结果便于比较分析，基于重大原因必须变更者，应依法令规定程序办理，并将变更原因、变更期限及累计影响金额，于财务报表内注明。

第三条 公司营业决算的会计年度自公历年 1 月 1 日起至 12 月 31 日止。

第四条 会计结果的表达，与会计事项的计算及记录，应予重视。

第五条 会计科目排列次序应依科目性质分别按其流动性、重要性、清偿期及其他有关规定为准。

第六条 会计资料所示金额以人民币为记账本位币，特殊情况下须以外币表达者，仍应在各该会计资料中，按国家外汇牌价将外币折成人民币。

二、资 产

第七条 资产是指企业过去的交易或者事项形成的、由企业拥有或者控制的、预期会给企业带来经济利益的资源，包括购买、生产、建造行为或其他交易或者事项。

第八条 资产的入账价值，以取得时的实际成本为准。所谓成本，包括下列项目：

1. 资产取得时的净值或自制的成本。

2. 资产取得时的佣金、税费、法律登记及其他因获得使用权及所有权之一切费用。

3. 资产依原定使用目的前的验收、检查费用。

4. 资产运达原定使用地点的运输、保险、储存及装卸等费用。

5. 自行建造资产所必需的材料、人工及依成本原则所应负担的间接费用。

6. 使资产合乎于原定目的的整理、安装及调试费用。

7. 资产在运输中的损耗，除应由承揽人赔偿者及非常损失外，其正常损耗应由该项资产完好部分负担。

8. 增加原有资产价值或效能所支付的费用。

资产因使用目的或地点发生变动而引起上述各项费用的重复支出，不得列为该资产的成本。

第九条 资产的取得为支付现金者，其所支出的现金数额，即为该项资产的成本，非支付现金而以其他有形资产或劳务交换者，依所交付资产或劳务的成本为该项资产的成本。

第十条 延期或分期付款所得资产价款及其利息与现购价格间的差额，属装置期间的固定资产者列为该项资产的成本，其属流动资产者得按期作为该期的财务费用列账。

第十一条 以债权交换而取得的资产，应依所取得资产的市价计算列账。前项资产无市价者，以客观合理的方法予以估计，其有约定者从其约定。

第十二条 因赠予或捐献而获得的资产，依其市价计价列账。前项资产无市价者，以客观合理的方法估计。

第十三条 资产价值或使用权的存续为有限期者，应于限期内将其价值依合理而有系统的方法分期摊销，转作费用或其他资产的成本。

1. 固定资产折旧的计算，以年限为基础的，应依照所得税法固定资产耐用年数表的规格，其不能适用年限为基础者，得采用工作数量或其他类似基础，以符合资产效能的实际耗减程度。

2. 土地的使用权力，在其可预见效能的期间内，应分期摊销。

3. 发行债券费用应于债券存续期中摊销。

4. 开办费用应于组织或建厂于正式营业起 5 年内摊销。

5. 租赁固定资产改良的成本应按租赁期间摊销，其使用年限少于租赁期间者，按使用年限摊销。

6. 无形资产的摊销，依其效能存续期间为准。

7. 预付费用应于其归属时将其转销。

8. 应收票据及应收账款备抵呆账的提列，应以应收账款、应收票据的余额为准。

前项资产的价值或使用权，倘其限期尚未届满前，已失其产生效益能力，则尚未摊销余额，应在扣除可预计的残值后，悉数记作损失。

第十四条 资产在本公司内部转移或形态改变，除基于成本会计的规定而另计其金额外，应不改变其原有账面价格，但订有内部计算盈亏者，得以内部往来相互补贴。

第十五条 固定资产的账面价值，由于时价的长期剧烈涨落，或其他国内外经济情况的变化，确实无法表现其真实情况时，以适当的资料补充说明，或依法定程序，报请有关机关核准变更其账面价值。

第十六条 存货（包括商品及材料）领用的计价，应以采用移动加权平均法；前项计价方法经择用后，不得任意变更，但因特殊原因，得报请有关核准后变更的。

第十七条 资本支出及费用支出的划分，凡因支出而取得的效益仅属于本期者为费用支出，其效益属于本期以后者为资本支出。

第十八条 存货于每年结账时，其盘点与账面发生的盈亏得报请总经理核准后列为当期的收入或损失。

三、负 债

第十九条 各项负债入账，悉依其应清偿的数额为标准。

第二十条 清偿的数额，应为已经获得债权人同意的数额，其无法或尚未取得债权人同意的债务，其数额得依据事实估计，或有负债或支付承诺性质的债务者，应于账务报表内注明。

第二十一条 长期负债的到期日在一年或超一年的一个营业周期以内者应于年终或期终转列流动负债。

第二十二条 公司债的溢价或折价，属于该项债务的调整项目，并应于债务存续期间以系统的方法，调整其利息。

第二十三条 清理外币的债权债务，如因折合率变更而发生账面差额时，其差额应列为清偿时期的收益或费用。

四、股东权益（所有者权益）

第二十四条 股东权益包括实收资本、资本公积、盈余公积和未分配利润，为投资者所持有的权益。

第二十五条 实收资本以核准登记的数额为准，本公司资本额的增减应依公司章程及公司法的规定办理。

第二十六条 投资人投资为现金以外的资产，其作价不得高于缴付时的公平市价。

第二十七条 公司获有盈余时，除依法缴纳企业所得税及提取法定公积外，必须依照公司章程进行盈余的分配，但有累积亏损时，应先弥补。

五、收　入

第二十八条 收入是指企业在日常活动中形成的、会导致所有者权益增加的、与所有者投入资本无关的经济利益的总流入。

1. 产品销售与劳务服务的供应所获得的收入。

2. 其他业务收入。

3. 其他与业务无关的收益，应列入本期的损益。

第二十九条 所获得的收入为现金以外的资产者，应依照该项资产公平市价或所供给产品或劳务的售价，作为收入数额。

第三十条 收入的认定，只有在经济利益很可能流入从而导致企业资产增加或者负债减少，且经济利益的流入额能够可靠计量时才能予以确认。

六、费 用

第三十一条 与当期收入相配合的支出就是费用。与当期收入相配合，但无潜在收益能力的支出为损失。

第三十二条 费用是指下列各项而言：

1. 凡为获得收入所必须供给的产品或劳务的成本。
2. 凡为促进获得收入而消耗的各项费用。
3. 凡为维持收益能力的继续存在所消耗的各项费用。
4. 其他与业务无关，应由本期负担的费用及损失。

第三十三条 费用依所支付的现金数额或耗费资产的成本，或所负担的债务予以估算费用额时依合理方法予以估计。

第三十四条 当期收入应与当期支出配合，如所获得的收入，已经列账而有关的费用尚未发生，该项费用依合理方法估计列账，已开支但未收实效费用，该项费用应先以预付费用列账。

七、会计报告

第三十五条 会计报告的编制，除另有规定者外，应先了解对方的需要，再决定报告的内容及格式，尤应加强对内部各管理阶层的报告。

第三十六条 会计报告对于下列事项应予注意，或另以附表补充说明：

1. 流动资产账面价值与市价有重大差异的。
2. 短期及长期投资中有价证券的市价。
3. 存货的计价方法。
4. 固定资产折旧及最近重新估价日期与方法。
5. 因借款而提供担保资产及其相关债务。
6. 公司债务偿还时间、利率及有关事项。

7. 无形资产摊销方法。

8. 资本、公积及盈余的变动情况。

9. 影响当期损益的重大原因。

10. 呆账及闲置资产处理情况。

11. 资本支出执行的情况。

12. 其他应加说明的特殊事项。

第三十七条 由于物价或其他经济状况的变动，致会计报告不能正确表示财务状况及经营结果时，对其差异应附适当的说明或补充资料。

第三十八条 会计报告编制的原则：

1. 应显示要点：凡重要的科目、项目或金额，应予分别列示或单独说明，不重要的项目，可择其性质相似者并列。

2. 计价基础应加以说明：资产类项目的价值如以其市价重置成本计价者，均予以说明。

3. 一致性：会计报告的格式及编制方法应各期一致。所应用的会计原则如有变更并足以影响其计算结果时，应将变更情况附注说明。

4. 充分表达：会计报告应能满足阅读者的需要，并使不发生误解，凡报表未能充分说明者，应另以文字补充说明。

第三十九条 对生产成本预算数与实际数的差异应作适当的分析及说明。

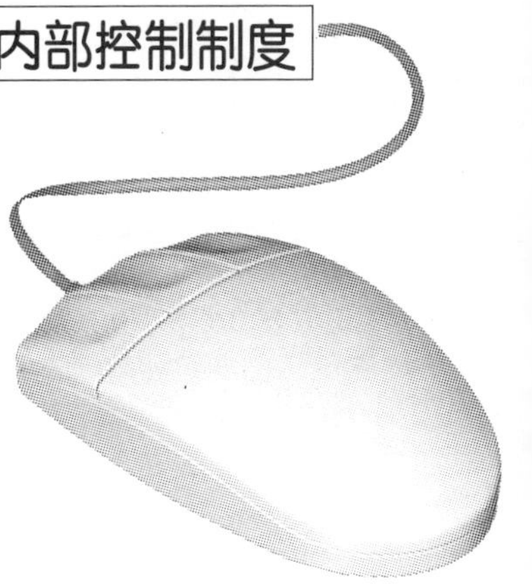

3 会计事务处理规定

一、会计事务范围及执行

第一条 本公司一般会计事务，除法令或公司章程另有规定外，悉依本规定办理。

第二条 一般会计事务包括下列各项：

1. 原始凭证的核签。
2. 记账凭证的编制。
3. 会计账簿的登记、查对及清理。
4. 会计报告的编制、分析及解释。
5. 各部盈亏的计算及内部的稽核。
6. 总、分公司往来的会计处理。
7. 会计人员的交接。
8. 会计档案的整理保管。
9. 其他有关的会计事务。

第三条 会计事务的处理程序，应依会计法的规定，根据合法的原始凭证，填写记账凭证。根据记账凭证，登录会计账簿，根据会计账簿，编制会计报告，并依法递送。但原始凭证的格式及其所记载事项具备记账凭证的条件者，可以代替为记账凭证。

第四条 有关特殊会计事项，依本规定处理有困难时，可以参酌现行法令及一般会计准则稍加变通。

第五条 主办会计人员在核对账目时，对于现金、票据、证券及其他各项财务，应随时呈报有关主管，派员盘点。

第六条 会计事务的处理发生错误时，应于错误发现时，随即更正并盖章。

第七条 会计事务使用电脑处理者，有关各项规定可另行决定。

二、会计账簿处理

第八条 为节省人力、物力，同类性质的会计账簿以设置一套为原则。

第九条 为适应业务的需要，各种会计账簿，其格式大小、内容繁简不作硬性规定，但须经会计部审核认定后使用。

第十条 根据记账凭证记入会计账簿时，应先汇编总账科目汇总表，然后根据该表过入总分类账，其采用序时账簿者应先记入序时账簿，再据以过入总分类账，其设有明细分类账者，应同时据以记入有关明细分类账，各项明细分类账可采用活页式，但序时账簿一律以订本式为准。

第十一条 会计账簿在使用前应填写“启用表”。

第十二条 各种账簿的首页，应列“账簿启用表”及“经营人员表”，标明账簿名称、账簿号码页数、启用日期，并由负责人、主办会计、记账人员签名盖章，经营人员的职称、姓名，以及接管、移交日期亦一一衔接列入“经管人员”表。

第十三条 各种账簿的账页，均应顺序编号，分类账应先按各科目的账页顺序编列分号，年终使用完毕装订前，再依科目编号顺序排列，逐页编列总号。

第十四条 各种账簿的启用表次页，应列账簿目录，列明科目、名称及起讫页数。

第十五条 账簿有下列情况的应予更正：

1. 总账科目汇总表的编制或序时账簿的登记，与记账凭证或与原始凭证的内容不相符者。

2. 明细分类账的登记与记账凭证或原始凭证的内容不相符者。

第十六条 总分类账至迟应于设定月结算日同时结算，明细分类账除有关成本计算者必须承受时结算外，至迟应于月结算后 3 日内结总。

总分类账及分类账遇事有承受时查考的必要时，应按日结算借贷余额。

第十七条 有下列情况之一时，应办理结账：

1. 会计年度终了时。

2. 提出增减资本变更申请时。

3. 组织变更或解散时。

第十八条 结账前应为下列各款的整理记录：

1. 所有预收、预付、应收、应付各科目，及其他权责已发生而账簿尚未登记的各事项的整理。

2. 折旧、坏账及其他应属于本结账期内的费用等的整理记录。

3. 材料商品等实际存量与账面存量不符的整理记录。

4. 其他应列为本结账期内的损益及截至本结账期止已发生的债务，而账簿尚未登记各事项的整理记录。

第十九条 对于所属单位报告的综合汇编，应为下列各款的整理与消除：

1. 收入、支出账目的余额，应转入“本期损益”科目作损益的计算。

2. 资产负债及股东权益各科目的余额，应转入下期各科目的期初余额。

第二十条 会计账簿及重要备查簿内记载错误，当时发现者，应由原登记员画线注销更正，并于更正处盖章证明，不得挖补擦刮或用药水涂灭。

前项错误于事后发觉而其错误影响结数，或虽不影响结数但已据为明细账的记载者，应另制凭证更正。

第二十一条 各种账簿在同一结算期内，除已用尽者外，应连续记载，不得更换新账簿。资产负债及所有者权益类科目的明细分类账，具有继续性者，决算期后仍得酌情继续使用。

第二十二条 凡每日应记的账，原则上不得超过 10 天登账。

第二十三条 各账簿内记载的数字及文字，均须端正清晰，排列整齐，字体大小以占格内 1/2 为准，不得任意涂改，或用刀刮、橡皮擦及药水涂灭等方法消除或更正。

第二十四条 账簿及重要备查簿有连揭两项致有空白时，应将空白页画线注销，如存在误空行列者，应将误空的行列画线注销，均应由登记员盖章证明。

第二十五条 各会计账簿的账页均应顺序编号，不得撕毁，总分类账应各在账页前加一目录。

第二十六条 各项会计账簿除已用尽者外，在决算期前不得更换新账簿，其可长期记载者在决算后若不用更换，得呈报主管机关继续使用。

第二十七条 更换新账簿时，应于旧账簿空白页上逐页注明“空白作废”字样，或盖用“空白作废”戳记。

第二十八条 账簿表册内，如有不应画线而误画者，应于线的两端用“×”号注销，并应于“×”的中心由经管人员盖章注明。

第二十九条 凡一账页记满接续次一账页登记时，应于记满的页末行，将当月份发生借贷金额结总，并在摘要栏书明“转次页”，并将该借贷总数转入次页的第一行，并于摘要书明“承前页”字样，每一账户金额结总时应在总数上画一单红线，表示相加总数。

第三十条 备查簿或非正式会计簿记的处理，可以不适用本节规定。

第三十一条 会计报告的编制，除决算或结算报告应将属于该期内的会计事项全部列入外，至于日报、旬报、月报等，应在该期间末日办事完毕时已入账的会计事项编列。

三、会计凭证处理

第三十二条 凡足以证明会计事项发生及其经过的文书单据，并且可以据此编制记账凭证者，无论自外界取得或自制，均为原始凭证，其经法令规定应具某种条件者，应依其规定。

第三十三条 原始凭证依法令规定须具备下列条件，缺一即不生效力：

1. 依照法律习惯应有主要书据或形式（如发票印章、抬头等）。
2. 应具有经手人、验收人、经办会计人员及各主管签章者。
3. 单据的文字如有涂改痕迹，须经负责人员签章证明，但数字有涂改的，必须重新开具有关单证。

4. 书据上表示金额数量的文字号码必须相符。

5. 支出性质或收支计算及条件应与规定相符合。

6. 收支应与事实经过相符。

第三十四条 不生效力或不合法的原始凭证，不得作为编制记账凭证或记账的依据。

第三十五条 原始凭证内表示的金额，是外币的应折合为人民币后记入记账凭证，分位以下小数四舍五入。

第三十六条 应具备原始凭证而事实无原始凭证的，或原始凭证无法取得的会计事项，应由经办人员及主管填写“无单据证明”，负责证明。

第三十七条 记账凭证为证明处理会计事项的处理人员的责任，作为记账所根据的凭证。

第三十八条 原始凭证根据资产、负债、收入或支出等事项的发生经过编制或取得。

第三十九条 非根据真实事项，不得编制任何记账凭证。

第四十条 凡会计事项内容变更，虽不影响原列账科目，仍应变更会计事项摘要，除事实上确无原始凭证外，悉应根据原始凭证办理。

第四十一条 记账凭证的编制，发现错误时，应于错误发现时随即更正，并签章证明或重新编制记账凭证。

第四十二条 会计人员编制会计凭证时，须使用本名，不得用别名或别号。

第四十三条 现金、证券、票据及财物的增减、保管、移转，应随时根据合法的原始凭证编制记账凭证；但成本记录及材料商品收发已随时根据合法原始凭证直接记入明细分类账者，得按期分类汇总记账。

第四十四条 记账凭证有下列情况之一者，为不合格凭证，应予更正：

1. 记账凭证根据不合格的原始凭证编制者。

2. 未依规定程序编制者。

3. 记载内容与原始凭证不符者。

4. 依会计法规定，应记载的内容未予记载，或记载简略，不能表现会计事项的真实情况者。

5. 依会计法的规定，应由经办人员签章而未签名盖章者。

6. 有记载缮写计算错误而未遵照规定更正者。

7. 其他与法令不合者。

第四十五条 记账凭证的复核，应注意下列各点：

1. 记账凭证格式是否合乎规定，记载是否完满。

2. 原始凭证是否齐全。

3. 所用会计科目是否适当，摘要是否符合。

4. 金额是否与有关原始凭证相符。

5. 凭证上总计金额是否相符。

6. 如属支出凭证，其收款人是否与原始凭证相符。

7. 凭证上文字、数字如有更改，是否已由原编制人在更改处签章，复核及规定人员并应于审核无误后，于更改处盖章加以证明。

第四十六条 会计部门收到出纳部门送达办理收付的传票，应按下列各点予以检查：

1. 检查各收支凭证是否盖“出纳”章。

2. 检查各类凭证应付的各项原始凭证是否齐全，如有遗漏，即应查明，由经办人补齐。

3. 检查记账凭证，在付款时应检计收据，或应盖受款人的图章有无漏附或漏盖情况。

4. 检查各类原始凭证在出纳付款时，应代扣或补贴印花或补正抬头或有关印章是否已由出纳扣足补贴或补正，如有漏扣、漏贴或漏补正等情况，应即退还出纳部门查明追补。

5. 凡凭证所应附的各项凭证，在出纳执行收付款项时始附入者，应检查各项凭证是否符合规定，以及有无漏贴印花。

6. 凡各付款均以直接支付给受款人为原则，如受款人因故不能亲自领取，而委托他人代领者，检查是否附受款人委托书。

第四十七条 各项记账凭证，除应永久保存或有关未结会计事项者外，应于年度决算程序办理终了后，至少保存 5 年。

四、会计人员交接

第四十八条 会计人员经解除或变更业务者，应办理交接，但短期休假或因公出差者，不在此限。

第四十九条 主办会计人员办理交接，应由公司负责人或其代表监交，交接时应将图章、文件与其他公有物，及其经营的会计凭证目录、会计账簿目录、会计报告目录连同经办未了事项，造具交接清册悉数点交给后任。

第五十条 交接人员应将经管账簿及重要备查簿，于启用表内详填交接年月日是，并签章以证明责任的始终。

第五十一条 主办会计人员应自后任接受之日起，10 日内亲自交接清楚，但前任因病卸职，或在任病故时，得由其最高级助理人员代办交接，均仍由前任负责。后任主办会计人员，于接受移交时，应即会同监交人员于 5 日内依据交接清册及目录，逐项查点清楚，盖章接收，并将签章后交接清册一份送由前任收执。

第五十二条 交接事项时，有发生争执事情者由监交人员协调解决，监交人员不能解决时，应呈报上级核办。

五、会计档案处理

第五十三条 原始凭证应附于记账凭证的后面，依其记账凭证的编号、顺序汇订成册，另加封面详写讫止年月日、记账凭证种类号数。

第五十四条 下列各处原始凭证因其性质特殊，应不附于记账凭证的后面，唯应于账凭证上，注明其保管处所及其档案编号，或其他便于查对的事实。

1. 各种契约。
2. 应另归档的文书及另行装册的报告书表。
3. 应留待将来使用的现金、票据、证券、财物等凭证。
4. 将来应转送其他企业的文件或应退还的单据。

5. 其他事实上不能或不应粘贴订册者。

第五十五条 使用完毕的账簿均应分年编号收藏。

第五十六条 会计档案的保存年限届满，应报请上级同意后才能销毁，并向主管机关报告备案。

六、会计报告

第五十七条 会计报告应依规定的时限分别编送。

第五十八条 编送的会计报告应为合并报告，必要时并附送各所属单位个别的各项会计报告。

第五十九条 所属单位的合计报告中，相互往来科目的数额如发生差异时，应予查明调整，给予更正。

第六十条 会计报告或其他有关会计的资料，不得随意抄送任何机关或私人。

第六十一条 各种会计报告，均应存留副本备查。

第六十二条 本规定呈报总经理核准后执行。

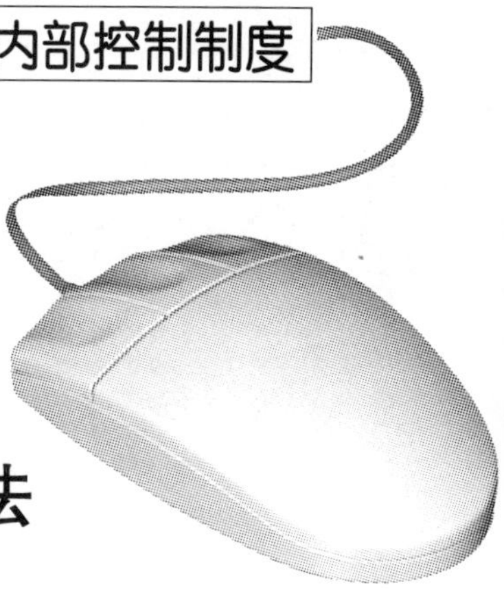

4

集团公司会计处理办法

一、应收账款及应收票据

第一条　总公司财务科需分别为各营业所设立一应收账款明细表，每天就分公司寄来的销货日报表，分别依其每日总金额，登录其应收账款的增减情况。

第二条　每月底总公司财务科应编制账龄分析表，并与各营业所会计员寄来的应收账款明细表核对无误后，于次月 6 日呈送总经理。

第三条　总公司财务科应将每天收到的票据及现金，于当天下午立即转存银行，或请银行委收，并将应收票据分别登录于各该到期日的应收票据明细表。

第四条　营业所会计分别于当日下班寄销货日报表，总公司财务科于第 3 日收到后，应即编制销货日报总表，并于当天呈送总经理核阅。

二、银行存款及现金收支

第五条　总公司财务科需要每天编制现金银行存款收支日报表，呈送总经理核阅。

第六条　本公司除各营业所的零星支出外，其他各大项支出及采购货款，一律由总公司财务科统一办理付款。

三、备用金

第七条 总公司财务科需指定专人，负责总公司的备用金保管与支付总公司的零用金额。

第八条 有关备用金的保管、支付与补充，概依本公司备用金管理办法的规定办理。

四、薪 资

第九条 财务科除整理总公司人员薪资外，并于每月收到各营业所的薪资表后，于28日前送呈总经理核准，当天将各营业所的薪资，分别转汇至各营业所的账户。

第十条 财务科负责总公司人员的薪资发放，并应遵守薪资保密的规定。

五、损益结算与报表编制

第十一条 财务科负责总公司及全公司的损益结算与报表编制。次月6日前，财务科需将下列报表呈送总经理核阅。

1. 总公司损益表。
2. 全公司汇总损益表。
3. 营业分析月报表。

六、利润中心资金分配表

第十二条 财务科负责审核各营业所的利润计算表与利润中心奖金分配表，并分别于4月、7月、10月及1月的6日前，呈送总经理核阅。

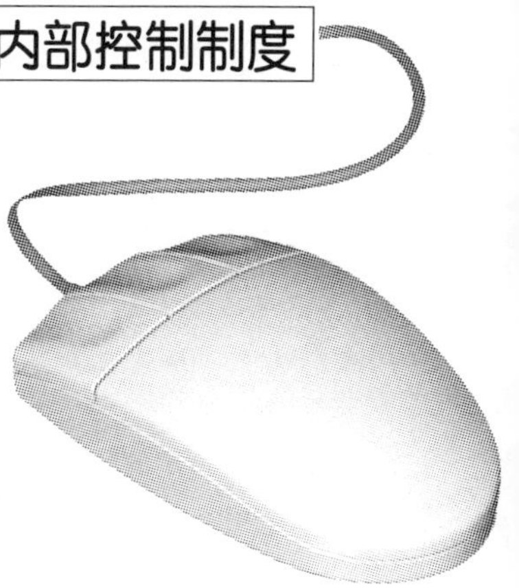

5

分公司会计处理办法

一、应收账款

第一条 业务代表每天需将当天所收到的款项，填具缴款单，并同现金及支票，交营业所会计点收。营业所会计点收后，于缴款单上签字，并将第三联交还业务代表。

第二条 业务代表当天未收到款项的客户签单，需当天缴还营业所会计。第二天欲前往收款时，再向营业所会计领取。

第三条 营业所会计每天需编制销货日报表，于当日下班前，将销货日报表连同支票、销货退回或折让证明单及各业务代表的缴款单第一联（第二联存留于分公司会计处，呈分公司主管核阅），以限时挂号邮寄总公司，现金则划拨入总公司账户。

第四条 业务代表收款时，倘因客户要求而同意尾数折让时，除应详填货折让证明单，并由客户证实盖章后，交回分公司会计员，再送营业所主管核准。倘未取得销货折让证明单者，一律于当月该单位的奖金中，就其短少部分，全数扣除。

第五条 营业所会计需为每家厂商设立应收账款明细表，各厂商的销货及收款情况，均需逐笔登记。每月需编制应收账款月报表，并于次月 3 日前，以限时挂号邮寄总公司财务科。

第六条 客户要求换货时，一律先办理销货退回（填具出货单，单上盖退货字样，代替退货单），再依正常手续办理出货。

二、存　货

第七条　营业所会计需为每种型号的货品，分别设立存货明细账，每笔存货的进出情况，均需逐笔翔实登录。绝不可有提前入账或延后入账的情况。

第八条　每月底，由营业所会计会同营业所主管盘点存货，并填制存货月报表，于次月 3 日前，以限时挂号邮寄总公司财务科。

第九条　每月的盘点，倘有盘损时，需于存货月报表上列出明细，并叙明原因。

三、备用金

第十条　各营业所由会计员负责备用金的保管与支付。

第十一条　各营业所人员请领款项时，需填具支出证明单，经营业所主管核准后，由会计员自备用金中支付。

第十二条　营业所的备用金，仅限于零星费用的支付，凡营业所代总公司采购的货款或员工薪资等大额支付，以申请补充备用金。

第十三条　备用金将用完时，营业所会计员，应填妥凭证，并同备用金报销单、付款凭证，汇寄总公司财务科，以申请补充备用金。

第十四条　有关备用金的详细规定，可参考备用金管理办法。

四、薪　资

第十五条　每月 25 日营业所会计员应将该单位的薪资表，连同经主管核准的员工考勤表，并编制凭证，以限时挂号邮寄总公司财务科。

第十六条　总公司财务科将营业所的薪资拨入营业所账户后，会计人员负责至银行（或邮局）领取现金，并负责薪资的分装与发放。

第十七条　营业所会计人员应遵守薪资保密的规定。

五、损益表

第十八条 各营业所会计员应于次月3日前，编妥该营业所的损益表，经营业所主管核准后，于次日早上，以限时挂号邮寄总公司财务科。

六、利润中心奖金分配表

第十九条 各营业所的会计员应负责编制各季的损益表及利润中心奖金分配表，并分别于4月、7月、10月及1月的3日前，以限时挂号邮寄总公司财务科。

6

中小企业会计管理制度

一、总　则

第一条　本公司财务所有会计作业处理除法令另有规定外，均依本准则办理。

第二条　本公司所有会计账务的处理以权责发生制为原则。

二、资　产

第三条　本公司的现金包括库存现金、现金及国内各银行存款。

第四条　本公司设置备用金由出纳人员保管，以用于支付小额或临时性的支出或借支的用途。

第五条　各固定资产以取得成本为入账的基础。

第六条　一次取得数种资产，而其成本全部或一部分为一总数，且无法明确划分各资产的个别成本时，应依据其性质、用途、效能或可得知的市价求得各资产的分摊基准分摊其取得成本。

第七条　各类资产依税法规定的折旧摊提年限，摊入各期费用内。

三、负　债

第八条　各项负债的入账，是依其应清偿的数额为准。

第九条 各债中的应付账款为向工厂购货的成本，若因质量问题或有代垫各项费用时，应于付款时扣除。

四、所有者权益

第十条 股本以投资人所投入资本的价值表示。

第十一条 年度有盈余或亏损时应以本期损益表示，并于下年度转入累积盈亏项下。

第十二条 资本额的增减数，依公司中章程及公司法的规定办理。

第十三条 结算有盈余时，先依法缴纳企业所得税后，再依公司章程发放红利及盈余分配，但有累积亏损时，应先为弥补，再为盈余分配。

五、收 入

第十四条 本公司销货收入为出售货物的收入，为国内者，是指货品送至客户处经其签收为限；为国外者是指已结关者。

第十五条 本公司的佣金收入是指代理客户采购所获得的报酬以及担任中介而取得的收入而言。

六、成本及费用

第十六条 销售成本是指销售的货物的生产成本而言。

第十七条 为提供经营管理需要，出口货应依批次别由会计人员依“批次成本计算表”计算各批次的销售成本。

第十八条 凡与公司经营有关所发生之一切支出，皆属公司的费用，均应列账记入。

第十九条 费用有待摊或递延性质者，应先以预付科目列账，再于归属期间转销。

七、决　算

第二十条　会计人员应于每月 10 日前结算公司经营状况呈总经理核阅，其结算的报表有：

1. 批次别毛利明细表。
2. 比较损益表。
3. 资产负债表。

八、付　款

第二十一条　货物出口结关后，船务科应该核审报关行送来的发票，无误后并将发货单一份转国内科人员核对出口数量，另一份交财务科核对报关行商请款发票金额是否正确，无误时，则开立请款凭证加同发票经送财务主管签核后呈权限主管核阅请款。

报关行的发票若迟未寄达，财务科人员除督促外，应于约定的付款票期前办完内部的请款作业手续。

第二十二条　会计人员就请款凭证的内容及凭证应加以审核无误后，盖上会计印章呈总经理批核付款。

第二十三条　出纳人员依经权限主管核准的请款凭证开立禁止背书转让的票据，加同该请款凭证呈总经理盖票据章后办理付款。若有报关行要求免除禁止背书转让，或变更约定的付款条件（如缩短票期或支付现金等）时，应由财务科报呈总经理核准更改。

九、附　则

第二十四条　本准则呈总经理核准后实施，其修改亦同。

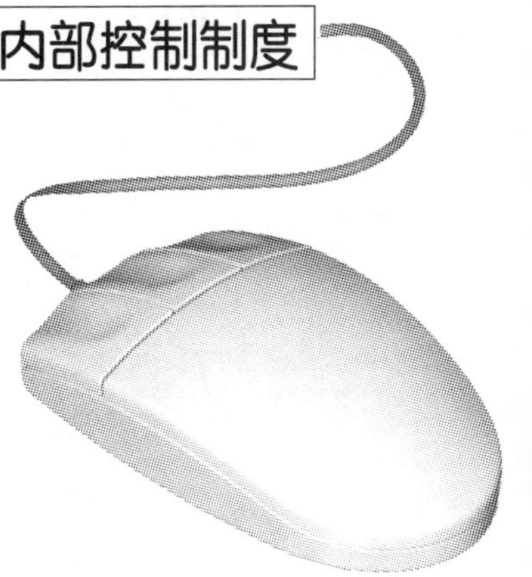

7

公司财务管理制度

一、总 则

第一条 为加强公司的财务工作，发挥财务管理在公司经营管理和提高经济效益中的作用，特制定本规定。

第二条 公司财务部门的职能是：

1. 认真贯彻执行国家有关的财经管理法规制度。

2. 建立健全财务管理的各种规章制度，编制财务计划，加强经营核算管理，反映、分析财务计划的执行情况，检查监督财务纪律。

3. 积极为经营管理服务，促进公司取得较好的经济效益。

4. 厉行节约，合理使用资金。

5. 合理核算公司收入和成本，及时完成需要上交的税收及管理费用。

6. 对有关机构及财政、税务、银行部门了解、检查财务工作，主动提供有关资料，如实反映情况。

第三条 公司财务部由总会计师、会计主管、会计、出纳和审计工作人员组成。

在没有专职总会计师的前提下，总会计师职责由会计主管兼任承担。

第四条 公司各部门和职员办理财会事务，必须遵守本规定。

二、会计工作岗位职责

第五条 总会计师或会计主管负责组织本公司的下列工作：

1. 编制和执行预算、财务收支计划、信贷计划，拟订资金筹措和使用方案，开辟财源，有效地使用资金。

2. 组织成本费用预测、计划、控制、核算、分析和考核，督促本公司有关部门降低消耗、节约费用、提高经济效益。

3. 建立健全经济核算制度，利用财务会计资料进行经济活动分析。

4. 承办公司领导交办的其他工作。

第六条 会计的主要工作职责是：

1. 按照国家会计制度的规定记账、复账、报账，做到手续完备，数字准确，账目清楚，按期报账。

2. 按照经济核算原则，定期检查、分析公司财务状况、成本和利润的执行情况，挖掘增收节支潜力，考核资金使用效果，及时向总经理提出合理化建议，当好公司参谋。

3. 妥善保管会计凭证、会计账簿、会计报表和其他会计资料。

4. 完成总经理或主管副总经理交付的其他工作。

第七条 出纳的主要工作职责是：

1. 认真执行现金管理制度。

2. 严格执行库存现金限额，超过部分必须及时送存银行，不坐支现金，不认白条抵充现金。

3. 建立健全现金出纳各种账目，严格审核现金收付凭证。

4. 严格支票管理制度，执行支票使用手续，使用支票须经总经理签字后，方可生效。

5. 积极配合会计做好对账、报账工作。

6. 配合会计做好各种账务处理。

7. 完成总经理或主管副总经理交付的其他工作。

第八条 审计的主要工作职责是：

1. 认真贯彻执行有关审计管理制度。

2. 监督公司财务计划的执行、决算、预算外资金收支与财务收支有关的各项经济活动及其经济效益。

3. 详细核对公司的各项与财务有关的数字、金额、期限、手续等是否准确无误。

4. 审阅公司的计划资料、合同和其他有关经济资料，以便掌握情况，发现问题，积累证据。

5. 纠正财务工作的差错弊端，规范公司的经济行为。

6. 针对公司财务工作中出现的问题，产生的原因，提出改进建议和措施。

三、财务工作管理制度

第九条　会计年度自 1 月 1 日起至 12 月 31 日止。

第十条　会计凭证、会计账簿、会计报表和其他会计资料必须真实、准确、完整，符合会计制度的规定。

第十一条　财务工作人员办理会计事项必须填制或取得原始凭证，并根据审核的原始凭证编制记账凭证。会计、出纳员记账，都必须在记账凭证上签字。

第十二条　财务工作人员应当会同总经理办公室专人定期进行财务清查，保证与实物、款项相符。

第十三条　财务工作人员应根据账簿记录编制会计报表上报总经理，并报送有关部门。会计报表每月由会计主管编制并上报一次。会计报表须会计主管签名或盖章。

第十四条　财务工作人员对本公司实行会计监督。

财务工作人员对不真实、不合法的原始凭证，不予受理；对记载不准确、不完整的原始凭证，予以退回，要求更正、补充。

第十五条　财务工作人员发现账簿记录与实物、款项不符时，应及时向总经理或主管副总经理书面报告，并请求查明原因，作出处理。

财务工作人员对上述事项无权自行作出处理。

第十六条　财务工作应当建立内部稽核制度，并做好内部审计。

出纳人员不得兼管稽核、会计档案保管和收入、费用、债权和债务账目的登记工作。

第十七条　财务工作人员调动工作或者离职，必须与接管人员办清交接手续。

账务工作人员办理交接手续，由会计主管或总会计师监交。

四、支票管理

第十八条 支票由出纳员或由总经理指定专人保管。支票使用时须有“支票领用单”，经总经理批准签字，然后将支票按批准金额封头，加盖印章、填写日期、用途、登记号码，领用人在支票领用簿上签字备查。

第十九条 支票付款后凭支票存根和发票由经手人签字、会计核对（购置物品由保管员签字）、总经理审批。填写金额要无误，完成后交出纳人员。出纳员统一编制凭证，按规定登记银行存款日记账，原支票领用人在“支票领用单”及登记簿上注销。

第二十条 已领用而未注销支票，财务人员月底清账时凭“支票领用单”转应收款，发工资时从领用工资内扣还，当月工资扣还不足，逐月延扣以后的工资，领用人完善报账手续后再作补发工资处理。

第二十一条 公司财务人员支付（包括公私借用）每一笔款项，不论金额大小均须总经理签字。总经理外出应由财务人员设法通知，同意后可先付款后补签。

五、现金管理

第二十二条 公司可以在下列范围内使用现金：

1. 职员工资、津贴、奖金。
2. 个人劳务报酬。
3. 出差人员必须携带的差旅费。
4. 结算起点以下零星支出。
5. 法律法规规定可用现金支付的其他开支。

前款结算起点定为1000元，结算规定的调整，由总经理确定。

第二十三条 出纳人员应当建立健全现金账目，逐笔记载现金支付。账目应当日清月结，每日结算，账款相符。

第二十四条 除本规定第二十五条外，财务人员支付个人款项，超过使用现金限额的部分，应当以支票支付；确需全额支付现金的，经会计主管审核，总经理批准后支付现金。

第二十五条　公司固定资产、办公用品、劳保、福利及其他工作用品必须采取转账结算方式，不得使用现金。

第二十六条　日常零星开支所需库存现金（根据3～5天的实际需要）限额为20000元。超额部分应存入银行。

第二十七条　财务人员支付现金，可以从公司库存现金限额中支付或从银行存款中提取，不得从现金收入中直接支付（即坐支）。

因特殊情况确需坐支的，应事先报总经理批准。

第二十八条　公司职员因工作需要借用现金，需填写“借款审批单”，经会计主管审核，交总经理批准签字后方可借用借款。超过还款期限应在当月工资中扣还。

第二十九条　符合本规定第二十二条的，凭发票、工资单、差旅费单等有效报销或领款凭证，经手人签字，会计主管审核，总经理批准后由出纳支付现金。

第三十条　发票及报销单经经理批准后，由会计负责审核，经手人签字，金额数量无误，填制记账凭证。

第三十一条　工资由财务人员依据人事部及各部门每月提供的核发工资资料代理编制职员工资表，交主管副总经理审核，总经理签字，财务人员按时提款，当月发放工资，填制记账凭证，进行账务处理。

第三十二条　差旅费及各种补助单（包括领款单），由部门主管签字，会计审核费用、天数无误并报主管副总经理复核后，送总经理签字，填制凭证，交出纳员付款，办理会计核算手续。

六、会计档案管理

第三十三条　凡是本公司的会计凭证、会计账簿、会计报表、会计文件和其他有保存价值的资料，均应归档。

第三十四条　会计凭证按月、按编号顺序每月装订成册，标明月份、季度、年度起止、号数、单据张数，由会计及有关人员签名盖章（包括制单、审核、记账、主管），由总经理指定专人归档保存，归档前应加以装订。

第三十五条 会计报表应分月、季、年报，按时归档，由总经理指定专人保管，并分类填制目录。

第三十六条 会计档案不得携带外出，凡查阅、复制、摘录会计档案，须经总经理批准。

七、附　则

第三十七条 本规定由总经理办公会议负责解释。

第三十八条 本规定自发布之日起生效。

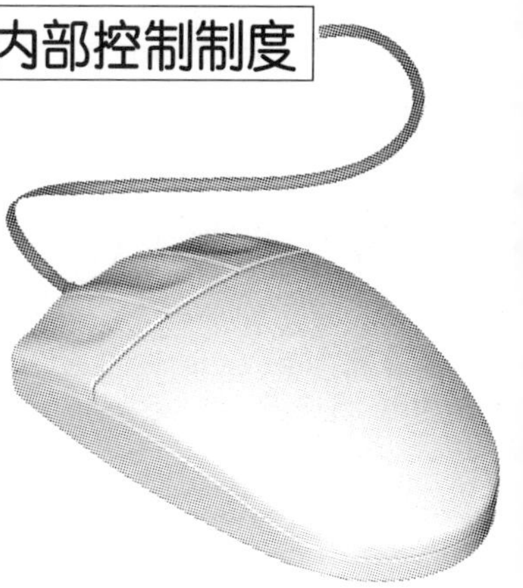

8

公司财务处理办法

第一条　本公司为加强财务管理，增进资金运用效益，特制定本财务处理准则，给各级营业业务、财务有关人员共同遵守。

第二条　凡年度计划内固定资产的购置，厂房的扩建，及增加固定资产效能的修缮，及在规定金额以上的资本性支出，及对外投资，其所需资金应以资本（股本公积、法定公积、计划增资的未分配盈余），折旧准备或长期借款（负债）支付。

但非计划内固定资产的购置，及增加固定资产效能的修缮，按规定金额分层负责决定者，得以短期资金支付，以因应业务拓展的需要，唯其总额以下不超过该部占用固定资产当年度折旧准备的总额为限。

第三条　凡因生产经营所需原材料、物料、制造费用、销售费用、管理费用等一年期以内，或超过一年的一个营业周期以内所需的周转资金，其所需资金来源以生产营运收入或短期借款（负债）或额定生产周转金支付。

第四条　年度计划内长期资金的筹措，由财务管理部拟订计划，报核定后依规定程序办理；非年度计划内的长期资金筹措，由财务管理部呈报总经理核定后办理。

第五条　固定的长期资金来源，各部不得作长期固定资产的购置及对外投资，除本准则第二条的规定外，非依规定程序核定的固定资产购置、厂房扩建、对外投资，或超过原订计划而增加的固定资产投资计划，其所需资金，财务管理部不予支付。

第六条　本公司的业务预算分为：

1. 营业预算：各部应于每营业年度 10 月底前，依下年度营业目标拟订下年度营业预算。预算的编制依会计科目的内容，以营业收入、营业成本（原材料、物料、人工或外包工程）营业税金、销售费用、管理费用等估列编制，并拟编资金来源与运用计划表，一式两份，经核准后，一份送财务管理部备查，一份自存。

2. 年度计划内固定资产投资预算：各部应已核定的投资计划，与财务管理部协编固定资产预算，依会计科目内容编制明细表，及长期资金支出预计表，依会计科目内容编制明细表，及长期资金支出预计表、年度预算执行控制表。

3. 现金收支预算：各部应就当年下半年度营运资金收支情况酌情编制下半年每月营运资金收支预计表，一份自存，一份送财务管理部编制年度营运资金收支汇总预计表。

第七条　本公司各部在业务上负有独立经营权，管理部在业务上仅负辅助、监督、协调管理的责任，故凡各部门的发展计划，原材料物料的购存储备，产品的生产销售量，承包工程的议价、预收预付款项的斟酌，应付应收款项的催结，对国内外经济形势及业务需要与财务负担的影响而负盈亏的责任。

第八条　为加强财务管理，财务管理部对各部的营业收支，采集收付制度，对各部的垫款，不得超过各该部年度月平均目标总额20%（如有特殊业务另计划），其财务收支利息的计算，依各部借用资金计息办法办理。

第九条　各部对资产的产权凭证及债权债务契约凭证，应集中财务管理部设立登记备查簿管理，对有价证券的收付保管，应随券移送出纳保管与收付，出纳应专设登记簿，以资备查。

第十条　财务管理部对年度计划内的固定资产购置、扩建所筹集的长期投资资金，如移用作短期资金调度时，应由借款的部门拟订偿还资金的来源计划，并签字核定，始得移用，但不得以短期资金移作计划内固定资产的购置，及扩建工程所需的长期资金，以免影响部门正常业务的营运。

第十一条　各部对固定资产设备，应设卡管理，并以一份送财务管理部备查。

第十二条　本处理准则呈总经理核准后施行。

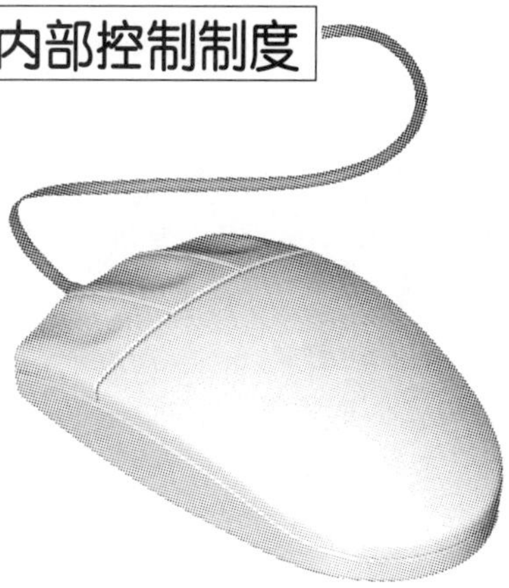

9

会计账簿的标准规范

一、序时账

1. 总账科目日记表

编制说明：

（1）本表为表示每日会计事项变动情况的汇总表，代替序时账簿，并作为过入总分类账的凭证。

（2）每日根据出纳部门送返的现金收入及支出凭证，连同当日转账凭证，按科目分别汇总记入本表的各栏。

（3）凭证的总编号，应先将同科目归集后，再按科目排列次序编号。

（4）各种凭证的起讫号数，应分别填入“编制本表根据”栏内。

（5）本表编制完成时，应经各有关人员的签章后，作为过入总分类账的依据。各科目过入总分类账时，借方合计金额过入借方，贷方合计金额过入贷方。

2. 现金及银行存款日记账

编制说明：

（1）本表为表示每日现金及银行存款变动情况的明细账，采用订本式账页。

（2）每日出纳部门根据当日现金及银行存款变动的收入、支出、现金转账凭证，将“摘要”、“行号”及“银行存款”、“现金”的金额逐笔填入各该栏，并于每日收支终了后结总，于次日上午将凭证送交会计部门。

(3) 每日若变动笔数不止一张篇幅时，可作序连号过页使用。

3. 销货簿

编制说明：

(1) 凡有关销货收入的会计事项，均应逐日依照开立发票登记簿。

(2) 有关“客户名称”、“品名”、“规格”、“单位”、“数量”、“单价”、“哲扣”、“金额”等均应一一详列于账上。

(3) 本簿每月结总一次，结总时应分列“本月合计”、“本月累计”两行以加计。“本月合计”数与总分类账的同期余额相同。

二、分类账

1. 总分类账

编制说明：

(1) 本账应依每一总分类账科目各设一户，各账户的排列应与会计科目表次序相同。

(2) 本账摘要栏记载“本月合计”、“过次页”、“承前页”、“结转下期”、“承接前期”等事项外，应记录记账凭证的汇总起讫号码。

(3) 本账各户，应视其实际需要于每笔登录余额，或仅于当月最后一笔登录后结算余额。

(4) 本账于年终结账时，资产负债类各科目的余额转入下年度，损益各科目的结总数，结转入“本年利润”账户后应无余额。

2. 明细分类账

编制说明：

(1) 本账应依每一总分类账科目设立，各账户的排列应与会计科目表次序相同。

(2) 本账各户，得视其实际需要于每笔登录余额，或仅于当月最后一笔登录后结算余额。

(3) 本账于年终结账时，资产负债类各科目的余额转入下年度，损益各科目的结总数，结转入“本年利润”账户后应无余额。

3. 应收、付账款明细分类账

编制说明：

（1）本账是应收、应付账款的明细分类登记的会计账簿。

（2）本账是依“客户别”作分类记录，便于查阅。

（3）本账余额与统驭各该户的总分类科目同期发生额和余额应相符。

（4）本账根据记账凭证及有关原始凭证登记。

4. 固定资产登记卡

编制说明：

（1）本账是固定资产及其累计折旧的明细分类登记的簿记。

（2）本账卡固定资产名称及其不同的规格分类，以一机一卡为原则使用。

（3）本账余额应与统驭各该户的总分类科目同期余额相符。

（4）本卡适用于机械设备、运输设备、机电性各项设备，新卡的填写由会计部门填制。

（5）本卡编号由保管卡片单位自编。

（6）折旧提取情况栏的填写：

①日期写开始提列的日期，以后各年度如无变更则填该年的 1 月 1 日。年中增减时，另行填写变动提取的开始日期。

②本项提列数以会计年度为准，如期中有所变动时，可分填几行。

③资产净值为资产价值总额减截止本期累计折旧后的余额。

5. 存货明细分类账

编制说明：

（1）本账是存货的收、发、存为明细分类登记的会计簿记。

（2）本账余额应与统驭各该户的总分类科目余额相符。

（3）月底结点时，摘要栏以刻妥的印章“本月收入”、“本月领用”、“本月结存”等三项分别结总汇计。

6. 费用明细分类账

编制说明：

（1）本账是制造费用、管理费用、销售费用及财务费用的专栏式明细分类登记的会计账簿。

（2）有关的专栏可就各单位或各期间的实际需要设定专栏登记。

（3）根据记账凭证及原始凭证登录。

（4）本账余额应与统驭各该账户的总分类科目同期余额相符。

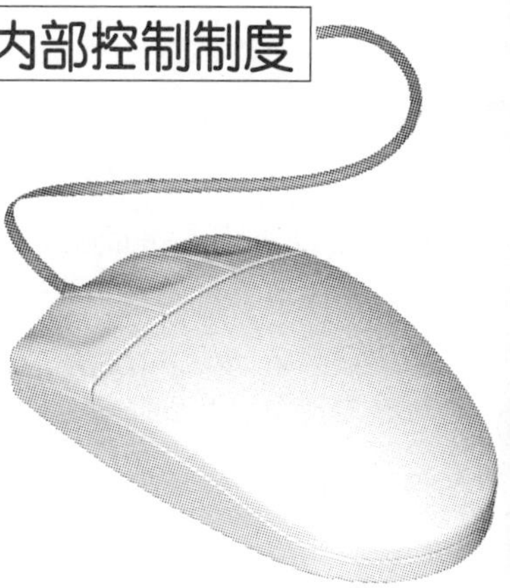

10

会计报表管理办法

第一条 本公司为求报表作业合乎时效，借以加速内部联系，特制定本办法。凡本公司的各项报表作业管理悉依本办法规定办理。

第二条 本办法所称的报表是指为应管理的需要所设置的报表，经总经理核准，并予正式编号后列入“报表目录”内的所有报表。

第三条 本公司的所有管理用的报表，除依使用单位别及作业程序依序编号外，并依报表的内容性质划分为下列两类：

第一类：管理报表。

第二类：一般表单（不包括各单位自用的统计表格）。

第四条 各类报表收发，统由总务部负责分别设置专册分类登记、追踪和管理。

第五条 管理报表收发一律限用本公司印制的“专用信封”交专人登记统计分发。

第六条 管理报表依其应提交报表时间区分为：

1. 日报表。
2. 周报表。
3. 旬报表。
4. 月报表。
5. 半年报表。
6. 年报表。

第七条 各单位对于管理报表的提报时间，除报表目录上已载明应提报时间者外，应按下列规定时间以挂号（或限时）邮寄总务部或派员送反总务部专设的收件箱，并由总务部负责登载其实际收报时间。

1. 日报表：除另有规定的指定日期外，余均应于每日下午下班前。

2. 周报表：除另有规定的指定日期外，余均应于每周末下午下班前。

3. 旬报表：每月的 1 日、11 日、21 日下午下班前。

4. 月报表：依指定日期当天下午下班前，未指定日期者则为每月月底当天下午下班前。

5. 半年报表：依批定日期当天下午下班前，未指定日期者则为每年 6 月底当天下午下班前。

6. 年报表：依指定日期当天下午下班前，未指定日期者则为每年年底当天下午下班前。

第八条 各直线单位每月应呈报的管理报表明细由总务部于月底前负责列表通知，并就其呈报情形列入评核。

第九条 各单位使用的报表如有告缺时，应以“报表请领单”向总务部请领补足。

第十条 本办法由总务部呈总经理核准公布后实施，修订时间亦同。

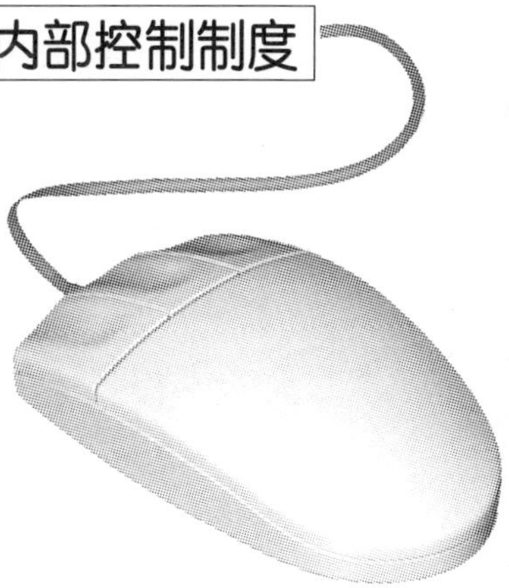

11

企业统计管理制度

一、总　则

第一条　为了有效地、科学地组织统计工作，保证统计资料的准确性与及时性，发挥统计工作在企业生产经营活动中的重要作用，特制定本制度。

第二条　统计工作的基本任务是对企业的生产经营活动情况进行统计调查，统计分析，提供统计资料，实行统计监督。

第三条　企业实行厂部、车间、班组三级统计管理体制和按业务部门归口负责的原则。计划管理科负责组织领导和协调全厂统计工作。

二、统计报表的管理与分工

第四条　凡国家统计局、地方统计局和企业主管部门颁发的一切报表，由统计科根据厂内各职能科室的职责分工，确定编制责任部门。如报表涉及两个以上部门，而又无适当部门负责时，则由统计科召集有关部门协商编制。

第五条　厂内统计报表如有个别项目需要修改时，由原制表业务部门直接通知填报单位，并将修改后的式样送××备案，不必再办审批手续。

第六条　为确保统计报表数字的正确可靠，各科室、车间主管领导应对上报报表进行认真审查，签字后方能报出，并抄送统计科备查。

三、统计资料的提供、积累和保管

第七条 各科室、车间向外提供统计资料，公布统计数字，一律以本单位的统计人员所掌握的统计资料为准。

第八条 企业各项主要统计资料，由统计科综合统计员掌管，科室、车间的各项主要统计资料，由本单位统计人员掌管。

第九条 各科室、车间应将本单位的统计资料，采用卡片或台账形式，按月、季、年进行整理分类，以便使用。

第十条 各科室、车间编制的统计台账和加工整理后的统计资料，必须妥善保管，不得损坏和遗失。对已经过时的统计资料，如认为确无保管价值，应呈请本单位主管领导核准，并经统计科综合统计员会签后，方可销毁。

四、统计数字差错的订正

第十一条 统计资料发出后，如发出错误，必须立即订正。受表单位发现数字错误时，应立即通知填报单位订正，填报单位不得推诿或拖延。

第十二条 企业内部报表如发生数字错误时，可根据不同情况按下列方法订正：

1. 日报表当日发现差错时，应及时用电话或口头查询订正，隔日发现差错时，应当在当日报表上说明。

2. 重大差错必须以书面形式订正，并填报“统计数字订正单”。各受表单位应将“统计数字订正单”贴在原报表上，并将原报表数字加以订正，以防误用。

统计数字订正单

报表名称________　　　　受表单位________　　　　编号________

页　次	栏　次	行　数	原列数字订正数字	订正原因

主管　　　　经办人　　　　　　　　　　年　　月　　日

五、统计工作的交接

第十三条 统计人员调动工作时必须认真办妥交接手续，在未办妥以前，原任统计人员不得擅离工作岗位，更不得因工作调动而影响统计工作的正常进行。

第十四条 统计人员调离工作时，必须做好下列工作：

1. 将经办工作情况全面地向接替人员交代清楚。

2. 培训接替人员的业务，使其能独立工作。

3. 所有统计资料（包括原始凭证、统计手册、台账、报表、文件、历史资料等）与统计用具（如计算机、绘图仪、书刊等）应一一造出清单移交。

六、文字说明与分析报告

第十五条 文字说明与分析报告是统计报表的重要组成部分，编制统计报表要做到：月报有文字说明，季报、年报有分析报告。

第十六条 分析报告应以报表为基础，以检查计划为重心，测定计划完成程度，分析计划完成与未完成原因，并提出改进意见。

七、统计纪律

第十七条 各车间、科室和从事统计工作的人员，必须严格按照统计制度规定提供统计资料，不准虚报、瞒报、迟报和拒报。

第十八条 属于保密性质的统计资料，必须严格保密，严防丢失，提供时应按厂保密制度的规定执行。

会计内控制度与管理表格

电算化会计管理制度

第一条　本公司为了加强对电算化会计的管理，保证电算化会计信息的质量，特制定本制度。凡本公司的电算化会计师作业均依照本制度办理。

第二条　公司负责人或总会计师负责组织领导财务管理信息系统的工作。各级实施电算化会计师作业的分公司必须设置会计电算化岗位，负责财务管理信息系统的操作管理和日常维护。

第三条　各分公司可根据实际情况采取一人一岗，一人多岗或一岗多人的岗位安排方式。但出纳人员不得兼任系统管理或电算化审查岗位。

第四条　电算化岗位安排可按其职责划分。

1. 电算化会计主管：负责协调财务管理信息系统的总体运行工作。具体职责包括：

（1）负责会计电算化岗位的设定和分配，结合本公司情况确定每个人员的职责。

（2）组织财务管理信息系统的实施工作，对工作的进度、数据安全负总责。

（3）负责组织财务管理信息系统的普及工作。

（4）研究本公司的需求，组织财务管理信息系统工作向深度、广度发展。

2. 系统管理：负责财务管理信息系统的技术管理工作，该岗可下设系统管理员、数据库管理员和网络管理员。职责包括：

（1）负责财务管理信息系统与本公司具体应用相结合。根据软件功能及总公司标准编码，确定本公司的系统应用模式。

（2）负责系统软件、硬件、网络、数据库及财务软件的所有技术问题，保障系统的正常运行。

（3）掌握网络服务器及数据库的超级口令，负责服务器的硬件资源分配，监控网络的运行。

（4）掌握系统管理员权限，按会计主管的书面要求，为其他人员分配使用权限。对财务数据的安全保密负责。

（5）管理财务数据，负责进行数据的备份、恢复。

（6）负责软件、硬件的所有管理和维护工作；系统管理岗位人员应当具有很强的工作责任心，坚持原则，廉洁奉公。要具备计算机与会计知识，系统管理员应相对稳定，各公司要更换系统管理员必须报上一级财务部门批准。

3. 审核记账：负责对输入计算机的会计数据（记账凭证和原始凭证等）进行审核。登记账簿，对打印输出的凭证、账簿、报表进行确认。

4. 核算、管理等会计各岗：负责输入记账凭证和原始凭证等会计数据，输出记账凭证、会计账簿、报表及其他辅助资料。利用基础数据辅助进行财务分析、管理工作。

5. 电算审查：负责监督计算机及会计软件系统的运行，防止利用计算机进行舞弊，具体包括：

（1）定期审查机内数据与书面资料（凭证、账簿、报表）的一致性。

（2）监督历史数据调整等功能的使用，确保修改结果在当期书面资料中反映出来。

（3）监督历史数据保存方式的安全性、合法性，防止对已存档数据的非法修改。

（4）防止其他影响会计数据真实性的问题发生。

此岗位要求具备会计和计算机知识，达到会计电算化中级知识培训水平。

第五条　系统管理员在变动前必须办理交接手续，接替人员应认真接管移交工作。具体要求如下：

1. 由会计主管（电算主管）负责监督交接。

2. 交接完毕以前的系统管理维护工作由现任系统管理员负责。

3. 交接完成后由监交人员及交接的双方签字，并作为会计档案存档。

4. 移交清单包括的内容：

（1）网络服务器口令。

（2）数据库超级口令。

（3）财务管理信息系统管理员口令。

（4）每年报历史数据备份。

（5）本年所有的数据备份。

（6）系统维护记录本。

（7）所有版本的财务管理信息系统软件。

（8）所有看到版本的数据库管理系统软件及版本授权证书和列号。

（9）分公司系统管理名单。

（10）其他应交接的内容。

5. 对交接内容应进行上机测试、确保交接质量。

上述几项口令应最后交接。一旦交接，接替人员应立即更换所有口令，并开始承担系统管理员的所有工作。

第六条 一般操作人员的岗位交接，应在移交清册中列明操作员口令及密码，会计数据媒体及有关资料、实物等。

第七条 各公司要制定具体的防病毒措施。所有来历不明的媒体介质在使用前必须经过病毒检测，对所有在用计算机必须定期进行清病毒检测。使用网络的公司要严防病毒通过网络传播。办公用计算机不能装入各种游戏软件。

第八条 会计岗位权限包括软件功能权限、科目使用权限、报表使用权限及其他权限。各单位应根据各会计岗位工作内容制定会计岗位权限标准，临时性的赋予岗位其权限以外的权限应由会计主管签字；“历史数据调整”、“数据恢复”等对会计信息正确性有决定性意义的功能权限不能作为任何岗位的永久性权限；母公司有查询要求的，将其视同一种岗位，进行岗位权限的设定。

第九条 系统管理员负责依据会计主管签字通过的会计岗位权限标准，对各会计岗位分配权限。临时性赋权在完成会计主管所批准的任务后立即收回。

第十条 操作人员必须设置自己唯一知道的口令，并定期更换口令。口令的安全操作人员自己负责，操作人员发现自己口令被修改或删除应及时向会计主管报告，会计主管可委托系统管理员会同电算审查员，查明原因后再作处理。网络服务器及数据库口令的安全由本地系统管理员负责。

第十一条　操作人员离开系统时应退出系统或进行系统封锁，操作人员对自己下的所有操作负完全责任。

第十二条　原则上由处理一项业务的会计人员本人将数据输入计算机，特殊情况下也可以委托他人代为输入，但必须将业务交代清楚，并且使用输入者本人的名字及口令。

第十三条　所有机器产生的凭证、账簿、报表等会计资料，必须以书面形式打印出来，打印结果必须清楚。所有打印出的凭证、账簿、报表，要按会计工作规范的要求经制单人员、记账人员、会计主管签字或盖章后生效。审核人员对打印件签字或盖章，必须与机器在内数据核对一致后进行。打印的账页或报表作为档案保存时必须经会计主管逐页签字或盖章。

第十四条　每天发生的业务，应当每天登记入账。日记账原则上应每天打印输出，业务发生量少不能满页打印的，可按周或旬打印。一般账簿应根据实际情况和工作需要按月或按季、按年打印，并保持转页的连续性。

第十五条　采用磁盘、光盘、磁带、微缩胶片存储会计数据的单位，在征得财政部门同意后，报总公司财务部审核确认。同时记账凭证、总分账、现金日记账和银行日记账仍须打印输出。另外，还要按照有关税务、审计等管理部门的要求，及时打印输出有关账簿、报表。

第十六条　使用财务管理信息系统时，不能删除中间的凭证。

第十七条　特殊情况下须对存档数据作调整，需经会计主管批准，由系统管理员赋权，由系统管理员以外的人员操作。操作完成后应及时计算生成有关凭证、账、表，并打印存档。

第十八条　结账时，要规定结账时间、结账顺序。产生上报报表以后不能再录入本月凭证，必须保证账表的一致。报表上报以前必须进行报表校验（钩稽关系检查），检查通过后才能上报。上报必须以书面及磁介质（或网络传递）两种方式进行。

第十九条　系统管理员应每半个月检查一次工作日志，核实操作人员的主机时间、操作内容等。

第二十条　对系统硬件的操作必须按照正确的操作规程进行。电源的开关、软件的启动与关闭都应遵循正确的顺序。

第二十一条 系统维护管理是指为保单系统正常运行而进行的对硬件、网络、数据库、操作系统、财务软件及相关办公自动化软件进行的安装、修正、更新版本、扩展、备份等操作以及对软件应用模式的设计及实施工作。系统的维护管理工作由系统管理人员或由系统管理人员授权的专业维护人员负责进行。未经系统管理员授权，其他人员不得进行系统维护操作。

第二十二条 财务信息的安全是指信息不丢失、不损毁、不向无关人员泄露、不做非法修改。保障信息的安全要从技术和管理两个方面着手，做好安全保密工作。财务数据的备份或可保存介质可采用磁带、光盘、微缩胶片等。

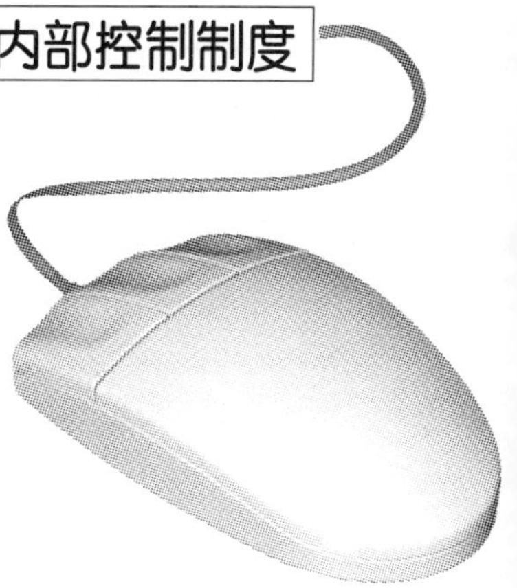

13

经济合同管理规定

一、合同的内容要求

第一条　订立经济合同，必须遵守国家的法律、法规，必须符合国家政策和计划的要求，任何部门和个人不得利用合同进行违法活动，损害本公司的利益。

第二条　订立经济合同，必须贯彻平等互利、协商一致、等价有偿的原则，为公司创造经济效益。

二、合同的签订要求

第三条　公司的所有经济合同必须采用书面形式订立。

第四条　为便于管理，公司的经济合同实行统一编号制和一式数联制。合同签订后，除交付对方必要的份数外，负责该项业务的业务员应存底，同时送合同监察员、业务主管部门及财务部门各一份存查。

第五条　所有经济合同原则上应采用公司统一制定的格式合同。

第六条　在订立经济合同前，应对对方当事人的工商营业执照、经营范围、法定代表人身份证明书、法人授权委托及资信状况进行认真审查，并应将上述情况形成书面资料存查。

第七条　合同的关键用语应力求准确，表述应规范、明确，文字书写要工整。

第八条　合同应具备下列主要条款：

1. 合同标的。

2. 标的物数量和质量。

3. 价款或酬金，除写明数额外，还应明确支付地点、计算标准、支付方式等。

4. 履行的期限、地点和方式。

5. 违约责任。

6. 数额较大的经济合同，应要求对方当事人提供保证（可采用担保、抵押、保证金、留置等方式）。

第九条 合同订立后，如经双方协商对合同进行变更或解除，应以书面形式作出并由双方签字盖章。

三、合同审批权限

第十条 本规定范围内的所有经济合同都必须严格地按照下列权限审批。

第十一条 合同条款中如有涉及定金预付内容的，依据定金数额，按权限审批。

第十二条 各下属公司一律不得擅自对外担保贷款。

第十三条 各业务部门只能在各自经营范围内对外签订购销合同及进出口代理合同，其他合同（如借款、担保、承包、合资、联营等），必须经公司法人代表特别授权方可签订。

第十四条 以上审批权限应严格遵守，严禁隐瞒不报，不准越级逾时上报。

四、合同的审批程序

第十五条 合同的审批应按照主办业务员、部门经理、合同监察员、公司经理、总公司领导这一顺序严格执行审批程序。

第十六条 各级审批人员应对合同进行全面审核，并写明具体意见。业务人员、部门经理应着重审查合同的真实性和经济效益；合同监察人员应主要从合同的规范性、合法性等方面进行审核；公司经理对合同负责全面审核。

第十七条 已订立的经济合同经双方协商，确有必要变更或撤销的，按照合同原审批程序重新报批。

第十八条 合同审批表和双方的往来信件、传真、函电、票据、单证等，均应作为合同的有效组成部分与合同一起存档备查。

五、合同的履行及管理

第十九条 经济合同签订后，即具有法律约束力，各业务部门应积极自觉履行合同约定的义务，同时督促对方当事人履行合同。

第二十条 对方当事人不能履行合同，且我方已掌握其确切资料，为维护公司的利益可暂时中止履行合同，并立即以书面形式通知对方。

六、合同出现问题后的处理

第二十一条 经济合同的订立或履行过程中发生问题和纠纷的，业务部门应及时向主管机构和领导逐级汇报，汇报应采用书面形式，情况特别紧急的（如货已入仓），应先行采取紧急措施，保证财产不受损失。

第二十二条 对方当事人不履行合同或违约时，我方应暂时中止履行合同，并通知对方尽快履行合同，要求其承担因违约给我方造成的经济损失；通知或其他意思表示应采用书面并可留作依据的方式。

第二十三条 如通过协商方式不能解决纠纷，业务部门应及时与公司法律事务室联系，听取法律意见，以便通过程序妥善处理。

第二十四条 各业务部门及有关人员应严格遵守本制度，对于违反上述规定，导致公司经济利益受到损失的，将根据公司奖惩制度的有关规定严肃处理。

14

会计档案管理制度

第一条 为加强会计档案的管理工作，特制定本管理制度。

第二条 企业的会计档案包括：会计凭证、会计账簿、会计报告、查账报告、验资报告、财务会计制度、会计档案清册以及与经营管理和投资者权益有关的其他重要文件，如合同、章程、董事会议记录等各种会计资料。

第三条 会计档案的保存。

财务部应有专人负责保存会计档案，定期将财务部归档的会计资料，按顺序立卷登记造册。

会计档案的保管期限最低要符合法律规定，具体保管年限详见附表。

第四条 会计档案的借用。

财务人员因工作需要查阅会计档案时，必须按规定顺序及时归还原处，若要查阅入库档案，必须办理有关借用手续。

集团内各单位若因公需要查阅会计档案时，必须经本单位领导批准证明，经财务经理同意，方能由档案管理人员接待查阅或者复制。

外单位人员因公需要查阅会计档案时，应持有单位介绍信，经财务经理同意后，方能由档案管理人员查阅，并由档案管理人员详细登记查阅会计档案人的工作单位、查阅日期、会计档案名称及查阅理由。

查阅或者复制会计档案的人员，严禁在会计档案上涂画、拆封和抽换。

会计档案一般不得带出室外，如有特殊情况，需带出室外复印时，必须经财务部经理批准，并限期归还。

第五条 由于会计人员的变动或会计机构的改变等，会计档案需要转交时，须办理交接手续，并由监交人、移交人、接收人签字或盖章。

第六条 本办法适用于公司总部、下属全资及控股企业。

附表：

会计档案保管期限表

档案名称	保管期限
1. 会计凭证类	
（1）原始凭证、记账凭证、汇总凭证	15 年
（2）银行存款余额调节表	5 年
（3）银行对账单	5 年
2. 会计账簿类	
（1）日记账	15 年
其中：现金和银行存款日记账	25 年
（2）明细账、总账、辅助账	15 年
（3）固定资产卡片	15 年
固定资产报废清理后保存	5 年
3. 会计报表类	
（1）主要财务指标报表	3 年
（2）月度、季度会计报表（包括文字分析）	3 年
（3）年度会计报表（决算）	永久
4. 其他类	
（1）财务成本计划	3 年
（2）会计移交清册	15 年
（3）会计档案保管清册及销毁清册	永久
（4）主要财务会计文件、合同、协议	永久

15 财务部门负责人工作责任制度

一、职　务

第一条　在厂长和总会计师领导下，负责全厂资金调配、成本核算和财务管理，进行企业经济核算和分析工作，并反映其成效。

第二条　严格执行国家财经制度、财经纪律以及财务会计制度，加强财务管理，遵守国家政策、法令，保证国家、工厂利益不受侵犯。

第三条　根据工厂年度生产经营综合计划编制全厂财务收支计划、信贷计划和成本计划，并加强管理，促进各项经济指标实现。确保按期组织税利上缴，完成上级下达的各项任务。

第四条　组织制订储备、生产、成品资金定额，严格费用开支，加强成本管理，搞好经济活动分析，收集、整理、积累历年各项原始资料，指导车间经济核算工作，促进工厂经济效益逐年提高。

第五条　负责财务历史资料、文件、凭证、报表的整理、收集和立卷归档工作，并按规定手续报请销毁。

第六条　负责对全厂重要经济合同的审查会签。

第七条　负责组织起草财务方面的管理制度及有关规定。

第八条　根据工厂管理目标要求，负责本财务目标的制定分解、检查和落实工作。

二、职　权

第九条　对厂内各项基金和费用的使用有检查、监督权。有权根据工厂生产经营情况发生的变化，对资金、费用的使用提出调整方案。

第十条　对违反国家政策、财经制度、财经纪律的收、支款项有权劝阻、制止和向上级反映。

第十一条　有权组织召开经济活动分析会，并向各部门索取有关资料和报表。

第十二条　有权要求有关部门提供编制年、季、月度财务成本计划所需的各种有关资料。

三、责　任

第十三条　对贯彻执行国家财经法令政策、制度不严或处理财务业务不当，造成违章、罚款、浪费等现象负责。

第十四条　对由于资金计划不周、管理不善、监督不严、影响生产工作负责。

第十五条　对不及时清理库存现金、银行存款、往来账款、在途资金等账户造成损失负责。

第十六条　对国家规定的财务档案资料整理归档不及时，管理不严，出现损坏、遗失等现象负责。

16

资金控制制度

第一条 目的。

为提高本公司经营绩效统筹与灵活运用资金，以充分发挥其经营效用，除应编制年度资金预算外，并应逐月统编列资金预计表，以便达成资金运用的最高效益，特制定本办法。

第二条 资金范围。

本办法所称资金是指库存现金、银行存款。

第三条 作业期间。

1. 资料提供部门，除应于年度经营计划书编订时提送年度资金预算外，应于每月24日前逐月预计次3个月资金预计及次月日期预计收入与支付金额资料送会计部门以利汇编。

2. 会计部门应于每月28日前编妥次3个月“资金来源运用预计表”按月配合修订，并于次月15日前编妥上月实际与预计比较编制“资金来源运用比较表”各一式三份，一份呈总经理核阅，一份自存，一份送资金预算控制，作为预算控制的依据。

3. 会计科应在各部门资金预计表上列入资金编号，并于每月28日前，将次月资金预计支出项目逐日逐笔汇总于“支出明细汇总表”，一份会计自存，一份送出纳部门，供出纳人员每日资金调度的参考。

第四条 销售收入。

1. 营业部依据销售目标及各种销售条件与收款期限，预计可收取金额填列于“收支预计表”。

2. 已收票据的兑现金额，由会计科按实填列。

第五条 退税收入。

1. 退税部门依据申请退税进度预计可退现数编列。

2. 预计核退增值税虽非实际退现，但能抵缴现金支出，应视同退现。

第六条 其他收入。

凡租金收入、下脚料收入、利息收入等由会计科预计之。

第七条 资本支出。

1. 土地：

经办部门依据购地支付计划提供的支付预算数编列。

2. 房屋：

依据兴建工程进度，预计所需支付资金编列。

3. 设备分期付款、分期缴纳关税：会计科依据分期付款偿付日期予以编列。

4. 机器设备、杂项设备、预付工程定金：依据工程合同及进度，预定支付预算，预计支付资金编列。

第八条 原物料支出。

1. 原材料：

采购部门依据产销计划预计各种原材料耗用量参酌最近库存量与在途量分别设定采购数量，并按最近单价预计付款日期列入原物料资金预计表。

2. 物料：

（1）大宗及常备物料比照前项原材料的预计方式办理。

（2）小额与零星材料则依据以往实际发生数预计。

第九条 薪资支出。

总务科依据产销计划等资料及现有人数与薪资最近发生数，预计支付数编列全公司预算。

第十条 经常费用。

1. 制造费用：

会计科依据生产计划与参酌上月份实际发生数剔除异常部分予以预计。

2. 销售费用：

（1）营业部门变动费用部分依据销售计划分别预计。

（2）固定费用部分由会计科依据产销计划与参酌上月份实际发生数剔

除异常部分予以预计。

3. 管理费用：

会计科参酌以往实际发生数及管理部门工作计划的支出分别预计。

4. 财务费用：

出纳应依据各银行别贷款利率及资金调度情况，核算利息支付编列。

第十一条 其他支出。

凡不属于上列各项的支出皆属之，包括偿还长期借款等。

第十二条 异常说明。

会计应按月编制资金来源运用比较表，以了解资金实际运用情况，其因实际数与预计数比较每项差异在10%以上者，应由资料提供部门填列“资金差异报告表”列明差异原因，于每月10日前送会计部门汇编。

第十三条 资金调度。

1. 本公司经营资金调度由财务人员负责筹划。

2. 出纳人员每日上班前应结算当日库存现金，银行存款结存及次日到期的应收应付票据金额以了解次日资金余缺情况。

第十四条 调度作业。

1. 财务部每日下班前应编制“资金动态及调度处理表”。

2. 为使资金有效灵活运用，财务部应于每周五拟订次周资金调度计划，编制“资金调度计划表”。

第十五条 实施与修改。

本办法呈总经理核准后实施，修改时亦同。

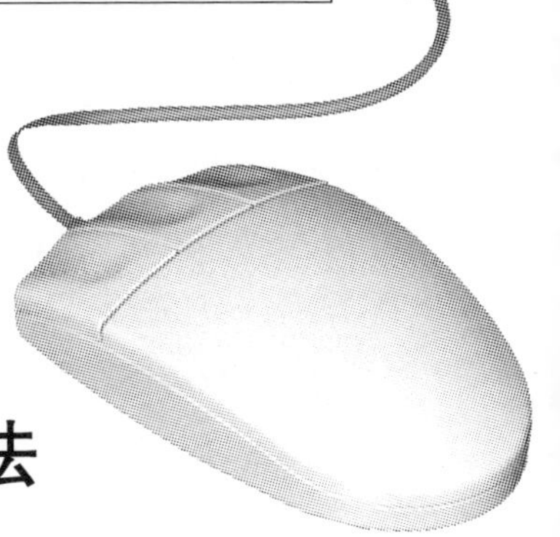

17

集团公司资金管理办法

第一条 为加强对公司系统内资金使用的监督和管理，加速资金周转，提高资金利润率，保证资金安全，特制定本规定。

第二条 管理机构。

1. 公司设立资金管理部，在财务总监领导下，办理各二级公司以及公司内部独立单位的结算、贷款、外汇调剂和资金管理工作。

2. 结算中心具有管理和服务的双重职能。与下属公司在资金管理工作中是监督与被监督、管理与接受管理的关系，在结算中是服务与被服务的客户关系。

第三条 贷款和担保业务管理。

1. 贷款和担保限额。集团内各二级公司应在每年年初根据董事会下达的利润任务编制资金计划，报资金管理部。资金管理部根据公司的年度任务、经营发展规划、资金来源以及各二级公司的资金效益状况进行综合平衡后、编制总公司及二级公司定额贷款、全部借款的最高限额以及为二级公司信用担保的最高限额，报董事会审批后下达执行。

2. 担保的审批。各二级公司向银行借款需要总公司担保时，担保额在××万元以下的由财务总监审批。担保额在××万元以上的，一律由财务加签后报董事长审批，并经董事长办公会议通过。借款担保审批，由资金部办理具体手续。对外担保，由资金部审核，财务总监和总裁加签后报董事长审批。

第四条 其他业务的审批。

1. 外汇调剂。集团内各二级公司的外汇调剂由资金部统一办理，特殊情况需自行调剂的，一律报财务总监审批，审批后，方可自行办理。

2. 利息的减免。凡需要减免集团内借款利息，金额在××万元以内的，由资金部审查同意，报财务审批；金额超过××万元，必须落实弥补渠道，并经分管副总经理加签后，报财务审批。

第五条 资金管理和检查。

资金部以资金的安全性、效益性、流动性为中心，定期开展资金检查和管理工作，并根据检查情况，定期向财务、总经理、董事长专题报告。

第六条 统计报表。

各二级公司必须在每旬后一日内向资金部报送旬末在银行存款、借款、结算业务统计表，资金部汇总后于每旬后两日内报财务、总经理、董事长。

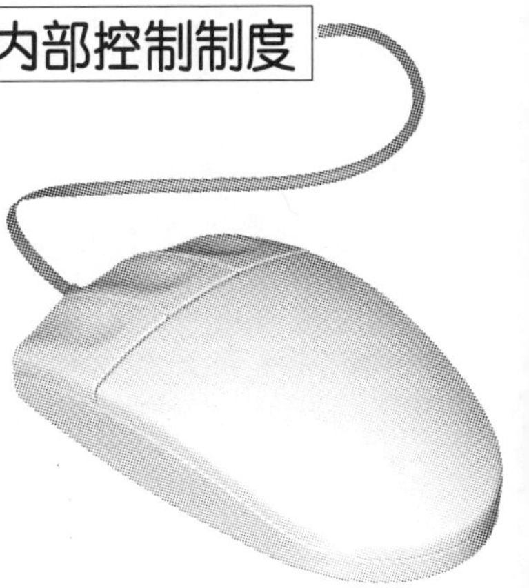

18

出纳业务处理办法

第一条 收款程序。

出纳部门收入现金，须凭现金收入凭证（包括视同现金收入凭证的各项作凭证）收款，其程序为：

1. 应根据现金收入凭证点收现款，鉴定现钞的真伪无误后，即在现金收入凭证加盖“收款日戳”及“收入凭证分号”（收入凭证的分号每日自第一号依序编列）并盖私章。

2. 将收款后的凭证依序登记于：

（1）现金收入日记账。

（2）现金支出日记账。

3. 在凭证及附件的凭证上加盖“付款日戳”及私章，并编制“支出凭证分号”。

4. 凡本公司签发的支票应以记名式为原则，支票经主管签盖印鉴后，均应经会计及出纳员签章。

第二条 出纳事务。

1. 券币的整理：

（1）收入各项券币的整理均应凑成整数后封扎，未凑成整数的零散券币应按面额大小排列夹好以防散失。

（2）经手点钞人员对其所签封的券币负责。当事人必须当面点清券币金额，钞票一经离柜，所有封签即属无效。

2. 其他事项：

（1）现金的提存：

①往来银行的票据及现金提送，应派适当人员充任，金额较大，或认

为必要时应加派人员办理。

②每日营业终了时，除酌留一部分充为次日营业开业时必要的支付资金外，所有款项应尽量送存银行。

（2）库存现金的管理：

①现金库存除现款外，其他一切票据、借据或取款凭条均不能抵充现金。营业终了结账后，如有经收（付）的款项应办妥次日收（付）款手续，经各级主管人员核章后连同凭证一并保管。

②每日库存现金，须与“现金库存表”所载金额相符，如有不符时应立即报告主管，并应于当日查明不符缘由，如确属无法当日查明时，应以暂收款或暂付款科目整理，待次日再继续调查。查明不符原因后，应根据实际情况报有关主管处理。

（3）贵重物品的保管：

凡与业务有关的有价证券等贵重物品，需寄存出纳专用的保险柜时，应由经办人员成扎或整箱密封，并由主管人员签章后，连同保管条（写明交存的件数）交出纳员，出纳员点收后给保管条签章交经办员收执，发还保管物时，收回保管条注销后装订保管簿备查。

（4）银行存款支票的使用：

①领用支票时，须由主管指派的经管员编列号码登记在册，空白支票领取应交经办人员签章领用。

②作废的支票，须盖“作废”戳记，粘贴于该同一号码的存根上一同保存。

③每日营业终了时，经办员应及时查对当日签发的支票存根，结计金额在存根最后一张背面，与银行存款日记账核对是否相符，同时查点尚未使用的空白张数是否相符。

④用讫的支票存根，须交还经管员查核使用张数及作废张数是否相符，并在“空白支票领取”备注栏注明后，妥为保存（订为15年）。

（5）银行存款的印鉴：

银行存款的印鉴为财务公章、有权签章人员印鉴（签章、职章、私章）及副署人员印鉴（会计科长、信托科长、出纳员的印章）。

（6）银行存款的核对：

出纳人员至少每月核对一次银行存款实有数，保证银行存款日记账的月末余额与银行存款对账单余额一致。如有未达账项，应编制“银行存款余额调节表”调节相符。

第三条 票据的处理。

1. 收受票据应注意事项：

（1）凡与业务无关的票据不得收受。

（2）如非本人票据应请客户背书，如属指名票据应请抬头人加盖印章。

（3）收受的票据面额较应缴纳款项为多时，在未兑现以前不得找还，其差额应以“暂收款项”科目处理，待兑现后退还。

（4）营业部门各经办员（包括外勤职员及出纳员）收到票据时，应立即在票据左上角画两道横线，并在收入作凭证摘要栏注明收票日期、票据号码、付款银行、金额及到期日。

2. 应收票据的处理：

（1）出纳收受应收票据时，应按到期日顺序妥为保管票据，并根据应收票据明细表，按到期日分别列在“应收票据备查簿”，所保管的票据张数，金额应与应收票据查簿的记载相符。

（2）应收票据到期，出纳应检出该日期票据与“应收票据备查簿”的记载核对无误后存入银行。

（3）顾客要求调换或领回公司保管的票据时，除以现金抵换外应以书面申请为原则，主管准许调换时，出纳应于“应收票据备查簿”变更该笔记载，并应请主管盖章证明。

19

现金收支管理办法

第一条 公司内部报账单位现金收支采用“现金收支旬报表”管理。“现金收支旬报表”上的收入金额，是指由财务部汇入各单位银行账户内的金额，支出金额则仅指各单位的费用。各单位支付之一切费用，包括可控制费用与不可控制费用，均应自财务部汇入的金额中支付。

第二条 各单位的可控制费用于每月月底前由财务部就下月份各单位的费用概算一次（必要时得分次），再按概算汇入各单位的银行账户内备支。

第三条 各单位的收入款项除财务部汇入的款项外，一律不得自行挪用单位内收回的应收账款（包括现金及支票）。应依账款管理办法的规定，悉数寄回总公司财务部。

第四条 现金收支旬报表的填写一次复写两联，第一联于每旬第 1 日（即每月 1 日、11 日、21 日）就上旬收支逐项编制妥当，连同费用的正式收据或凭单呈单位主管签核后以限时转送寄送财务部；第二联由各单位自行汇订成册作为费用明细账，并凭以于月底当天填制“费用预算分析表”。

第五条 现金收支旬报表上的编号是指费用的笔项而言，采取每月一次系统编号方式，月内的每月编号应相互衔接并连续编至当月月底止，次月日再行重新编号。

第六条 现金收支旬报表上科目栏中类别的填写，是指依所发生的各项费用其分属类别，分别以“营”或“财”或“管”等字表示，其性质的区分如下：

1. 营业费用：即企业在销售产品、提供劳务等生产经营过程中发生的各项费用以及销售机构的各项经费。

2. 管理费用：指企业行政管理部门为组织和管理生产经营活动而发生的各种费用。

3. 财务费用：是企业筹集生产经营所属资金而发生的费用。

第七条 现金收支旬报表上科目栏中的“名称”是指各项费用的科目名称，其明细如下：

1. 营业费用：即企业在销售产品、提供劳务等生产经营过程中发生的各项费用以及销售机构的各项经费。

（1）汽车费用：营业人员汽油、机油、过桥费、存车费等。

（2）差旅费：营业人员计程车费及营业员因业务之需所付的差旅费。

（3）公共关系费：营业人员因业务上应酬所需支付的。

（4）薪资津贴：营业人员薪资等（包括基本工资、机车津贴、交际津贴、成交资金、各项补贴及值班费等）。

（5）坏账：账款尾数无法收回，或导致公司损失等。

（6）名片：营业人员所印名片费。

2. 管理费用：指企业行政管理部门为组织和管理生产经营活动而发生的各种费用。

（1）汽车费用：营业人员及服务人员外出所支付的汽油、机油等。

（2）差旅费：营业人员及服务人员外出所支付的计程车费或出差旅费等。

（3）运费：装载货物所支付的费用。

（4）文具用品：日常所用的文具纸张等。

（5）清洁费用：清洁公司所支付的费用。

（6）邮票：邮寄函件及包裹的邮资及购邮票等。

（7）电话费：业务上的长途电话及市区电话等。

（8）电报费：业务上的需要所拍电报。

（9）电力费：用电所支付的费用。

（10）自来水费：用自来水所支付的费用。

（11）修理费：汽车修理及保养费等。

（12）人事广告费：刊登招员启事等。

（13）报纸、杂志：订阅报纸、杂志所支付的费用。

（14）固定薪资：营业人员及服务人员的薪资。

（15）公共关系：营业人员及服务人员的薪资。

（16）租金支出：房屋的租金。

（17）其他变动费用：凡未能列入该分类科目的费用等。

3. 财务费用：是企业筹集生产经营所属资金而发生的费用。

（1）利息净支出（减利息收入）。

（2）汇兑（净损失或汇兑收益）。

（3）金融机构手续费。

（4）其他筹资费用。

第八条 上述所列项目，会计员应按其性质区分（即营业费用、管理费用）予以分类报支，不得相互混淆。

第九条 各单位与各公司间如有代收或代支事项发生时一律以“内部联络函”联系，其作业规定如下：

1. 各单位代总公司或其他分公司收款时应于收款的当日以“内部联络函”述明代何单位收款，代收现金应先换购汇票，若代收票据注明代收票据内容，并连同票据一起寄送总公司财务部，由财务部负责通知被代收单位入账的同时将入账情形回复代收单位。

2. 总公司代分公司收款时，应于收款的当月，由财务部以“内部联络函”述明代收款项内容，若为票据应注意票据内容，通知被代收单位，款项则暂代留存，被代收单位于接获财务部的通知时，应即于当天的“收款及成交奖金明细表”上加入该笔账款，增加其收款总额，并将入账情形回复财务部。

3. 各单位代总公司支付款项时（如押标金、权限内购入的生产器具及服务部汽车或单价在100元以上的工具、油墨等）不得记入现金收支旬报表，应另行备忘登记，应于每旬寄送“现金收支旬报表”时另以内部来联络函将所代支的款项明细及总额述明后连同交易凭据一并寄送公司财务部，除以电话通知财务部电汇处理外，仍应填具“内部出入证来联络函”述明以资凭证。

4. 总公司代各单位支付费用款项时（如预付房租等），应由财务部于每月25日前以联络函通知被代支单位依虚收虚付该笔款项，同时在“支付金额”栏内，直接登入该笔费用款项以增加账面的收入金额与费用金额。

第十条　每月月底当天，各单位会计员应凭留存当月份该单位“现金收支旬报表”依费用类别分别统计其当月份各项费用的总额，详填于“费用预算分析表”中呈单位主管，就可控制费用中的各项费用其实际与预算的差异详加分析。

第十一条　“费用预算分析表”一栏计算公式如下：

1. 本月“营业费用”预算＝上月营业费用×(1±本月营业收入成长率)

2. 本月“管理费用”预算＝上月管理费用×（1±本月营业收入成长率×20%）

3. 本月“财务费用”预算＝上月财务费用×(1±本月营业收入成长率)

第十二条　本办法由财务部呈总经理核准公布后实施，修订时间。

20

应收票据管理办法

第一条 为确保公司合法权益，减少坏账损失，特制定本办法希望认真执行。

第二条 营业部门，至迟应于出货日起 60 日内收款。如超过上列期限者，财务科就其未收款项详细列表，通知各营业部门主管，转为呆账，并自奖金中扣除。嗣后收回票据时，再行冲回。但政府机关、公营事业及信用良好的大企业等订有其内部付款程序者，应依其规定。

第三条 营业部门所收票据，自出票日起算，至票据兑现日止，以 120 天为限。如上列期限者，财务科即依查得资料，就其超限部分的票据编列明细表，通知营业部门加收利息费用。

第四条 赊售货物收受票据时，应注意下列事项：

1. 注意出票人有无权限签发票据。

2. 非该商号或本人签发的票据，应要求交付出票人背书。

3. 注意查明票据有效的绝对必要记载事项，如文字、金额、到期日、出票人盖章等是否齐全。

4. 票据上文字有无涂改、涂销或更改。

5. 注意票据记载何处不能修改（如大写金额），可更改者是否于更改处加盖原印鉴，如有背书人时应同时盖章。

6. 注意票据上的文字记载（如禁止背书转让字样）。

7. 应注意票据的提示付款期限是否已过期。

第五条 本公司收受的票据，至迟应于到期日前六日内予以处理。

第六条 所收票据如退票或因客户存款不足，或其他因素，要求退回换票时，营业单位应填具票据撤回申请书，经部门主管签准后，送财务科办理，营业部门取回原票据后，必须先向客户取得相当于原票据金额的现金或担保品，或新开票据，始将原票据交付。

第七条 应收账款发生折让时，应填具折让证明单，其折让部分，应设销货折让科目表示，不得直接由销货收入项下减除。

第八条 财务科接到银行通知客户退票时，应即寄发信函通知出票人及背书人，并迅速拟订善策处理。

第九条 依法申诉而无法收回债权部分，应取得法院债权凭证，交财务科列册保管，倘事后发现债务人有偿债能力时，应依上列有关规定申请法院执行。

第十条 本公司营业人员不依本准则的各项规定办理或有勾结行为，致使本公司权益蒙受损失者，依人事管理规则议处，情节严重者得移送法办。

应收款项管理制度

一、总　则

第一条　为促进资金进入良性循环，加速资金周转，提高资金利用率，防止坏账的发生，减少收账费用和损失，按国家财经法规规定，结合公司具体情况，制定本制度。

第二条　本制度所称应收款包括收账款、应收票据、其他应收款和预付账款。

第三条　应收款项归口管理部门为财务部，其他部门办理有关应收款项事宜时，应遵循本制度的规定。

二、应收款项的管理

第四条　赊销商品前，应收账款管理人员和销售人员应尽可能对客户作信用调查，并报告销售主管，赊销金额1万元以上报总经理决定是否予以赊销。为了防止坏账损失，赊销产品时应办妥下列事项：

1. 签订购销合同。
2. 确立结算方式及付款期限，或获取付款保证书。
3. 明确延期付款的违约责任。
4. 是否应有保证人。

第五条　应收账款、预付账款明细账必须根据经核对的购销合同（附出库单）及付款（汇款凭证）为依据予以记账，应按照不同的应收款项或供应单位名称设置明细账。

第六条　应收款明细账调减必须要有分管领导书面批准。

第七条　建立应收款内部管理报告制度。

1. 分管应收款项的财务人员在每月底前对上月明细账中的应收款项进行清理，进行应收账款账龄分析，对逾期拖欠货款（工程合同超过 2 个月，购销合同超过 1 个月）理出清单催办，并理出潜在呆账交主管领导，由合同签订单位提出解决方法，经主管领导批准后执行。

2. 分管其他应收款的财务人员在每月 10 日前对上月未按集团公司规定应归还借款的单位和个人账中的应收款项进行清理，对不按规定及时还款的个人扣发当月工资，并通知有关部门领导及时催收；对超期一个月还未归还借款的单位，通知保卫部门配合催收。

3. 申请付款的部门及经办人是清理追收应收款项的第一责任人。企业发生因清理追收不力，造成坏账甚至造成损失的，应依情节轻重和损失大小对有关责任人予以经济和行政处罚，情节严重，损失巨大的，要追究法律责任。

第八条　预付账款管理。

1. 预付货款的对象应实施信用分级管理。

2. 预付货款应按照规定程序和权限办理。

3. 预付货款必须依合同付款，并在合同约定的时间清算完毕。

三、坏账处理

第九条　应收账款和其他应收款因发生问题未能收回时，由经办业务人员提出书面说明，会计应单独设立明细科目予以列示。

第十条　有问题应收账款，应依具体情况进行处理。

1. 提请仲裁机构调处。

2. 依法起诉，予以法律裁决。

3. 经理会议研究处理方法。

第十一条 本公司按期对应收账款和其他应收款提取坏账准备，当应收款项被确认为坏账时，应根据其金额冲减坏账准备，同时转销相应的应收款项金额。

第十二条 本制度由财务部制定，解释权、修改权归财务部。

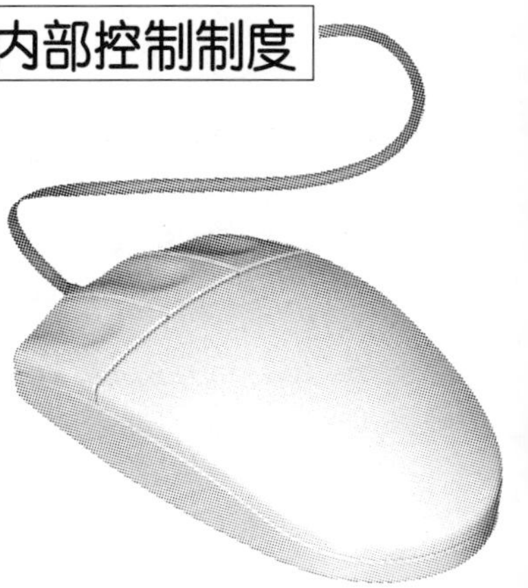

22

问题账款管理办法

第一条 为妥善处理“问题账款”，争取时效，维护本公司与营业人员的权益，特制定本办法。

第二条 本办法所称的“问题账款”，是指本公司营业人员于销货过程中所发生被骗、被坏账、收回在票据无法如期兑现或部分货款未能如期收回等情况的案件。

第三条 因销货而发生的应收账款，自发票开立之日起，逾两个月尚未收回，亦未按公司规定办理销货退回者，视同“问题账款”。但情况特殊经呈报总经理特准者，不在此限。

第四条 “问题账款”发生后，该单位应于两日内，据实填妥“问题账款报告书”，并检附有关证据、资料等，依序呈请单位主管查证并签注意见后，转请法律室协助处理。

第五条 前条报告书上的基本资料栏，由单位会计员填写，经过情况、处理意见及附件明细等栏，由营业人员填写。

第六条 经办人填写报告书，应注意：

1. 务必亲自据实填写，不得遗漏。

2. 发生原因栏如勾填“其他”时，应在括弧内简略注明原因。

3. 处理意见栏乃供经办人自己拟具赔偿意见之用，如有需公司协助者，亦请在本栏内填明。

第七条 报告书未依前条规定填写者，法律室应退回经办人，请其于收到原报告书两天内重新填写提出。

第八条 会计员未主动填写报告书的基本资料，或单位主管疏于督促经办人于规定期限内填妥并提出报告书，致经办人应负全额赔偿责任时，该单位主管或会计员应连带受行政处分。

第九条 “问题账款”处理期间，经办人及其单位主管应与法律室充分合作，必要时，法律室可借阅有关单位的账册、资料，并得请求有关单位主管或人员配合查证，该单位主管或人员不得拒绝或借故推托。

第十条 各员销售时，应负责收回全部货款，遇坏账或收回票据未能如期兑现时，经办人员应负赔偿售价或损失的50%（所保对象为私人时，经办人员应负赔偿售价或损失的80%）。但收回的票据，若非统一发票抬头客户正式背书，因而未能如期兑现或交货尚未收回货款，而不按公司规定作业，手续不全者，其经办人应负责赔偿售价或损失80%。产品遗失时，经办人应负责赔偿底价100%（以上所称的售价如高于底价时，以底价计算）。上述赔偿应于发生后即行签报，若经办人于事后追回产品或货款时，应悉数缴回公司，再由公司就其原先赔偿的金额依比例发还。

第十一条 经办人未据实填写报告书，以致妨碍“问题账款”的处理者，除应负全额赔偿责任外，法律室可视情节轻重签请惩处。

第十二条 本办法经总经理核准后公布实施，修正时亦同。

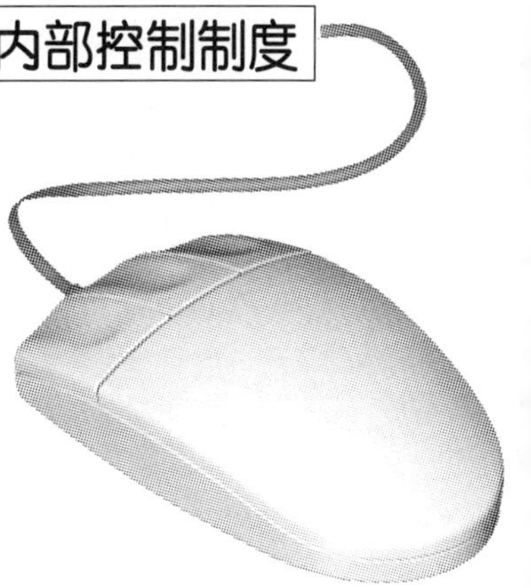

23

呆账管理办法

第一条 本公司为处理呆账，确保公司在法律上的各项权益，特制定本办法。

第二条 各分公司应对所有客户建立“客户信用卡”，并由业务代表依照过去半年内的销售实绩及信用的判断，拟订其信用限额（若有设立抵押的客户，以其抵押标的担保值为信用限额），经主管核准后，应转交会计人员善加保管，并填记于该客户的应收账款明细账中。

第三条 信用限额是指公司可赊销某客户的最高限额，即指客户的未到期票据及应收账工款总和的最高极限。任何客户的未到期票款，不得超过信用限额，否则应由业务代表及业务主管、会计人员负责，并负所发生坏账的赔偿责任。

第四条 业务代表所收受票据的出票人非客户本人时，应交客户以公章及签名背书，经分公司主管核阅后缴交出纳，若因疏忽所遭致损失，则应由业务代表及分公司主管各负1/2的赔偿责任。

第五条 各种票据应按记载日期提示，不得因客户的要求不提示或迟延提示，但经分公司主管核准者不在此限。

第六条 业务代表不得以其本人的支票或代换其他支票充缴货款，如经发现，除应负责该支票兑现的责任外，以侵占货款依法追究其责任。

第七条 催收或经诉讼案件，有部分或全部票款未能收回时，应取得法律机关证明，邮局存证信函及债权凭证，法院和解笔录、申请调解的裁决凭证、破产宣告裁定等，其中的任何一种证件，送财务部作冲账依据。

第八条 各分公司业务主管、业务代表于其所负责的销售区域内，容许呆账率（即实际发生呆账金额除以全年销售净额的比率）设定为全年的5%。

第九条 分公司因坏账催讨回收的票款，可作为其发生呆账金额的减项。

第十条 本办法的坏账赔偿款项，均在该负责人员的薪资中，自确定月份开始，逐月扣赔，每月的扣赔金额，由其主管签呈核准的金额为准。

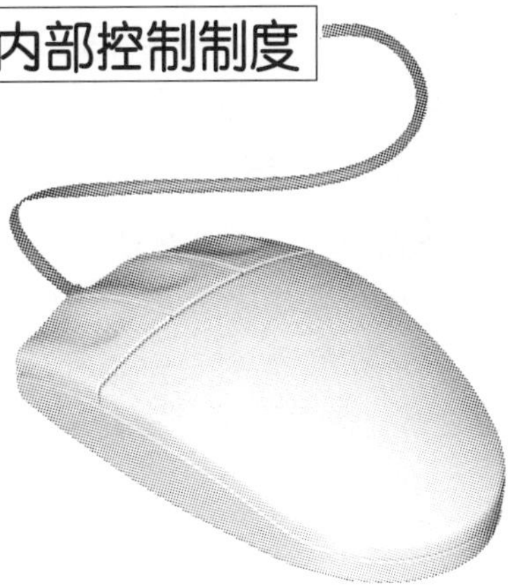

24

存货管理制度

第一条 为加强公司存货管理，规范存货的采购、耗用、销售与核算等，根据国家有关规定，结合公司经营管理需要，制定本制度。

第二条 本制度是公司经营管理制度的重要组成部分，适用于公司各个部门。

第三条 存货的范围。

存货范围确认，应以公司对存货是否具有法定所有权为依据。凡在盘存日，法定所有权属于公司之一切物品，不论其存放何处或处于何种状态，都应作为公司的存货。受托代销商品应视同本公司存货进行管理。

第四条 存货的分类。

存货划分为原材料、低值易耗品、包装物、在产品、产成品等。

第五条 存货的入库。

1. 购进原材料等存货，入库前必须办理验收入库中手续。仓管人员应严格检查所进存物的规格、质量和数量，如发现数量不符，规格不符或质量问题时，应拒绝进仓，并立即向采购部门报告。

2. 验收中发现溢余时填制“溢余货物单”。

3. 验收中发现毁损短缺时填制“毁损短缺货物处理单”。

4. 按实收数量入库，并记录实物账卡。

第六条 存货的出库。

1. 根据提货单、调拨单、领料单等发货指令发出存货之前，必须填制“出库单”，出库单是报告仓库已按发货指令将存货发出，并办妥交接签字手续的程序性凭据。凡未办同库单手续者，一律不得发货。

2. 出库单以仓库为主体，分年度编写和顺序编号。

3. 仓库内所有存货，没有调拨指令，均不准出库，禁止以白条抵库。

第七条 仓储要求。

1. 库房设施必须符合防火、防盗、防潮、防尘标准，货架应达到安全要求。

2. 仓库物资必须严格按照规定存放，每种存货应挂卡片，标明品名、规格、型号、产地、单位等，条件允许还应标明现存数量。

3. 仓库保管员应履行以下基本职责：

（1）严格禁止无关人员进入仓库；因业务工作需要进入仓库的有关人员，保管人员必须亲自陪同。

（2）定期检查消防器材，更新、补充消防物料。

（3）保持库房清洁卫生，库容整齐、美观。

（4）注意门锁安全，昂贵商品应设内库存放。

（5）经常核对账、卡、物，发现异常情况，及时上报处理。

第八条 实物账务。

1. 存货明细账是记录实物的收入、发出、结存情况的重要账册，必须按品种、规格登记，妥善保管，年终装订成册，至少保存5年。

2. 记账应有合法依据，凭证必须完整无缺，并遵守以下记账规则：

（1）根据入库单记收入，出库单记发出，有关指令资料作为其附件，分别顺序编号作为记账索引号，按月装订成册，以便日后查询。

（2）启用账簿，应在账簿封面载明公司名称、年度，在启用页内载明账簿名称，启用日期，由记账人员签名或盖章，并加盖公章。调换记账人员时，应注明交接日期，并由移交人、接交人签名或盖章。

（3）账面记录采用“永续盘存制”，每次发生增减变动，及时计算结存余额。

（4）账页不准撕毁，遇有改错，可以画红线加盖私章订正，账面记录，严禁挖、补、刮、擦和用涂改液及其他方法涂改。

3. 废损处理。

（1）存纲在库保管期间，由于各种原因发生存货毁损、变质、霉烂造成损失时，必须严肃、认真、及时填制“废损报告单”，上报审批。

（2）根据审批意见，仓库方可作减少账务记录；财会方可作有关账务处理。

第九条 存货盘点。

1. 每月终了，仓库保管员应进行月终盘点，并完成下列程序：

（1）盘点前，必须将截至当月最后一天的收入、发出记入账册并结出结存额。

（2）实地清点实物，核对卡片。

（3）编制月终“存货盘点表”。

2. 财务部根据“存货盘点表”，认为必要时，应到仓库进行抽样核对；复核盘点表；盘盈、盘亏时，按审批意见作相关账务处理。

3. 每年终了，根据公司盘点指令，组织人员，全面清点，编制“存货盘点表”，并由公司财务部派人员（或聘请注册会计师）参加监盘。

第十条 本制度由财务部制定，解释权、修改权归财务部。

附件：

1. 入库单。
2. 出库单。
3. 溢余货物单。
4. 毁损短缺货物处理单。
5. 废损报告单。
6. 存货出入在库一览表。
7. 销售日报表。
8. 有价票据——在用。
9. 有价票据——在库明细账。
10. 有价票据核销明细账。

（见本书下编）

25

投资管理制度

一、总　则

第一条　为加强公司投资管理，规范公司投资行为，提高资金动作效率，保证资金运营的安全性、收益性，依据国家有关财经法规规定，并结合公司具体情况制定本制度。

第二条　本制度适用于公司总部、各子公司及各分公司的投资行为。

第三条　本制度所指的投资，包括对外投资和对内投资两部分。对外投资指将货币资金以及经资产评估后的房屋、机器、设备、物资等实物，以及专利权、商标权、土地使用权等无形资产作价出资，进行各种形式的投资活动；对内投资指利用自有资金或从银行贷款进行基本建设、技术更新发行以及购买、建造大型机器、设备等投资活动。

第四条　投资的目的。

1. 有效地利用闲置资金或其他资产，进行适度的资本扩张，以获取较好的收益，确保资产保值增值。

2. 改善装备水平，增强市场竞争能力，扩大经营规模，培育新的经济增长点。

第五条　投资的原则。

1. 必须遵守国家法律、法规，符合国家产业政策。

2. 必须符合公司的发展战略。

3. 必须规模适度，量力而行，不能影响自身主营业务的发展。

二、对外投资

第六条　对外投资按投资期限分为短期投资和长期投资。

1. 短期投资一般包括购买股票、企业债券、金融债券或国库券以及特种国债等。

2. 长期投资一般包括：

（1）出资与公司外部企业及其他经济组织成立合资或合作制法人实体。

（2）与境外公司、企业和其他经济组织开办合资、合作项目。

（3）以参股的形式参与其他法人实体的生产经营。

第七条　投资业务的职务分离。

1. 投资计划编制人员与审批人员分离。

2. 负责证券购入与出售的业务人员与会计记录人员分离。

3. 证券保管人员与会计记录人员分离。

4. 参与投资交易活动的人员不能同时负责有价证券的盘点工作。

5. 负责利息或股利计算及会计记录的人员应同支付利息或股利的人员分离，并尽可能由独立的金融机构代理支付。

第八条　公司短期投资程序。

1. 公司财务部根据公司资金盈余情况编报资金状况表。

2. 证券资金部分析人员根据证券市场上各种证券的情况和其他投资对象的盈利能力编报短期投资计划。

3. 依照短期投资规模大小和投资重要性分别由财务部经理、财务总监、公司董事会依照各自的职权审批该项投资计划。

第九条　公司财务部按照短期证券类别、数量、单价、应计利息、购进日期等项目及时登记该项投资。

第十条　公司建立严格的证券保管制度，至少由两名以上人员共同控制，不得一人单独接触有价证券，证券的存入和取出必须详细记录在证券登记簿内，并由在场的经手人员签名。

第十一条　公司购入的短期有价证券必须在购入当日记入公司名下。

第十二条 公司财务部、证券资金部负责组织有价证券的盘点（详见财产清查制度）。

1. 每月终了，证券保管员、会计人员应进行月终盘点。

2. 财务部根据“有价证券盘点表”，认为必要时，可以抽样核对，复核盘点表。

3. 每年终了，根据公司盘点指令，组织人员，全面清点，编制“有价证券盘点表”，并由公司财务部负责人（或聘请注册会计师）参加监盘。

第十三条 公司财务部对每一种证券设立明细账加以反映，每月应编制证券投资盈亏报表，对于债券应编制折、溢价摊销表。

第十四条 公司财务部将投资收到的利息、股利及时入账。

第十五条 公司短期投资分别由财务部经理、财务总监、董事会按其职权批准处置。

第十六条 对外长期投资程序。

1. 公司财务部协同对外投资部门确定投资目的并对投资环境进行考察。

2. 公司对外投资部门在充分调查研究的基础上编制投资意向书（立项报告）。

3. 公司对外投资部门编制项目投资可行研究报告上报财务部、总经理办公室。

4. 公司财务部协同对外投资部门编制项目合作协议书（合同）。

5. 按国家有关规定和本办法规定的程序办理报批手续。

6. 公司对外投资部门制定有关章程和管理制度。

7. 公司对外投资部门实施项目并对其经营管理。

第十七条 对外投资权限。

1. 公司所有对外长期投资的项目，均由总公司批准或由总公司转报董事会批准，各子公司、分公司无对外投资权，但享有投资建议权。

2. 总公司应在受理对外长期投资项目立项申请后一个月内作出投资决策。

第十八条 对外长期投资项目一经批准，一律不得随意增加投资，如确需增资，必须重报投资意向书和可行性研究报告。

第十九条 国（境）外投资项目还应提供以下资料：

1. 投资所在国（地区）现行的有关外汇投资的法令、法规、税收规章以及外汇管理规定。

2. 投资所在国（地区）的投资环境分析、合作伙伴的资信状况。

3. 投资外汇资金来源证明及投资回收计划。

4. 我国驻外使馆经济贸易处对项目的审查意见。

5. 国家外汇管理局要求提供的其他资料。

第二十条 投资意向书（立项报告）报总公司批准后，对外投资部门应委托专业设计研究机构负责编制可行性研究报告。项目可行性研究报告的主要内容包括：

1. 总论：

（1）项目提出的背景，项目投资的必要性和投资的经济意义。

（2）项目投资可行性研究的依据和范围。

2. 市场预测和项目投资规模：

（1）国内外市场需求预测。

（2）国内现有类似企业的生产经营情况的统计。

（3）该项目进入市场的生产经营条件及经销渠道。

（4）该项目进入市场的竞争能力及前景分析。

3. 投资估算和资金的筹措：

（1）该项目的注册资金及该项目生产经营所需资金。

（2）资金的来源渠道、筹集方式及贷款的偿还办法。

（3）资金回收期的预测。

（4）现金流量计划。

4. 项目的财务分析：

（1）项目前期开办费以及建设期间各年的资本性支出。

（2）项目运营后各年的收入、成本、利润、税金测算，可利用投资收益率、净现值、资产收益率等财务指标进行分析。

5. 项目敏感性分析及风险分析等。

第二十一条 项目可行性研究报告报总公司批准后，财务总监协同对外投资部门编制项目合作协议书（合同）。项目合作协议书（合同）的主要内容包括：

1. 合作各方的名称、地址及法定代表人。

2. 合作项目的名称、地址、经济性质、注册资金及法定代表人。

3. 合作项目的经营方式。

4. 合作项目的内部管理形式、管理人员的分配比例，机械设置及实行的财务会计制度。

5. 合作各方的出资数额、出资比例、出资方式及出资期限。

6. 合作各方的利润分成办法和亏损责任分担比例。

7. 合作方违约时应承担的违约责任，以及违约金的计算方法。

8. 协议（合同）的生效条件。

9. 协议（合同）的变更、解除的条件和程序。

10. 出现争议时的解决方式以及选定的仲裁机构及所适用的法律。

11. 协议（合同）的有效期限。

12. 合作期满时财产清算办法及债权、债务的分担。

13. 协议各方认为需要制订的其他条款。

项目合作协议书（合同）由总公司法人代表签字生效或由总公司法人代表授权委托代理人签字生效。

第二十二条 对外长期投资协议签订后公司协同办理出资、工商登记、银行开户、税务登记等工作。

第二十三条 公司应按照下列原则确定对外投资价值及投资收益。

1. 以现金、存款等货币资金方式向其他单位投资的，按照实际支付的金额计价。

2. 以实物、无形资产方式向其他单位投资的，按照评估确认或者合同、协议约定的价值计价。

3. 公司认购的股票，按照实际支付款项计价，实际支付的款项中含有已宣告发放但尚未支付股利的，按照实际支付的款项扣除应收股利后的差额计价。

4. 公司认购的债券，按照实际支付的价款计价。实际支付款项中含有应计利息的，按照扣除应计利息后的差额计价。

5. 溢价或者折价购入的长期债券，其实际支付的款项（扣除应计利息）与债券面值的差额，在债券到期以前，分期计入投资收益。

6. 公司以实物、无形资产向其他单位投资的，其资产重估确认价值与其账面净值的差额计入资本公积金。公司以货币资金、实物、无形资产和股票进行长期投资，对被投资单位没有实际控制权的，应当采用成本法核算，并且不因被投资单位净资产的增加或者减少而变动；拥有实际控制权的，应当采用权益法核算，按照在被投资单位增加或者减少的净资产中所拥有或者分担的数额，作为公司的投资收益或者投资损失，同时增加或者减少公司的长期投资，并且在公司从被投资单位实际分得的股利或者利润时，相应减少公司的长期投资。

7. 公司对外投资分得的利润或者股利和利息，计入投资收益，按照国家规定缴纳或补交企业所得税。

8. 公司收回的对外投资与长期投资账户的账面价值的差额，计入投资收益或者投资损失。

第二十四条 对外长期投资的转让与收回。

1. 出现或发生下列情况之一时，公司可以收回对外投资：

（1）按照章程规定，该投资项目（企业）经营期满。

（2）由于投资项目（企业）经营不善，无法偿还到期债务依法实施破产。

（3）由于发生不可抗力而使项目（企业）无法继续经营。

（4）合同规定投资终止的其他情况出现或发生时。

2. 出现或发生下列情况之一时，可以转让对外长期投资：

（1）投资项目已经明显有悖于公司经营方向的。

（2）投资项目出现连续亏损且扭亏无望没有市场前景的。

（3）由于自身经营资金不足急需补充资金时。

（4）总公司认为有必要的其他情形。

投资转让应严格按照公司法和企业章程有关转让对外长期投资的规定办理。

3. 对外长期投资转让应由总公司财务部会同投资业务管理部门提出投资转让书面分析报告，报总公司批准。

三、对内投资

第二十五条 公司对内投资程序。

1. 编制投资项目可行性研究报告。

2. 编制投资项目初步设计文件。

3. 编制基本建设及技术更新改造年度投资建议计划。

4. 按本制度规定的权限办理报批手续。

第二十六条 可行性研究报告的编制。

1. 公司项目承办单位要在充分调查研究和必要的勘察工作及科学实验的基础上，对建设项目建设的必要性、技术的可行性和经济的合理性提出综合研究论证报告。

2. 承担可行性研究工作的单位必须是有资格的工程勘察设计单位或科研单位。

3. 建设项目可行性研究报告的编制办法、编制内容及深度按国家有关规定执行。

4. 建设项目可行性研究报告报公司财务部按本办法规定的权限报批。一经批准不得擅自改变建设项目性质、建设规模和建设标准，如需改变必须报原审批机构审批。

第二十七条 初步设计文件的编制。

1. 公司项目承办单位根据批准的可行性研究报告委托有资格的勘察设计或科研单位进行工程初步设计。

2. 初步设计必须以批准的可行性研究报告为依据，不得任意修改、变更建设内容，扩大建设规模和提高建设标准，初步设计概算总投资一般不应突破已批准的可行性研究报告投资控制数。初步设计文件按本办法规定的程序报批。概算总投资如超过已批准的可行性研究报告投资控制数的10%，必须重新报批可行性研究报告。

3. 经批准的初步设计文件，如确需设计修改和概算调整，必须由原初步设计文件编制单位提出具体修改及调整意见，经建设单位审查确认后报原批准单位批准。

第二十八条 竣工验收。

1. 基本建设和技术改造工程完工后，项目承办单位应及时办理竣工验收手续。一般由公司财务部协同项目承办部门组织竣工验收。

2. 工程竣工验收参照有关国家标准执行。

3. 工程竣工资料及验收文件由财务部、项目承办单位应及时归档。

四、投资管理机构

第二十九条 公司有关归口管理部门或分支机构为项目承办单位，具体负责投资项目的信息收集、项目建议书及可行性研究报告的编制、项目申报立项、项目实施过程中的监督、协调以及项目后评价工作。

第三十条 公司财务部负责投资效益评估、技术经济可行性分析、资金筹撒措、办理出资手续以及对外投资资产评估结果的确认等。

第三十一条 对专业性较强或较大型投资项目，其前期工作应组成专门项目可行性调研小组来完成。

第三十二条 公司法律顾问、审计部门负责对项目的事前效益审计、协议、合同、章程的法律主审。

第三十三条 公司分支机构的对外投资活动必须报总公司批准后方可进行，各分支机构不得自行办理对外投资。

五、附 则

第三十四条 本制度由财务部编制呈报董事会批准后执行，解释权、修改权归财务部。

26

有限责任公司固定资产投资管理制度

一、总　则

第一条　固定资产投资是企业一项重大的经济活动，投资结果的成败，关系到企业的生存和发展。为了加强集团公司固定资产的投资管理，特制定本制度。

第二条　固定资产投资是用货币表现的以建造或购置形成固定资产（递延资产、无形资产）的资本性投入，包括基本建设和技术改造以及科研开发项目（不包括单纯或零星购置设备及生产项目××万元以下投资）。

第三条　本制度的基本宗旨：按基本建设基本规律，提高固定资产的经济效益；责、权、利相结合，充分发挥员工的积极性和创造性；分工协调，责权明确，自我约束与监督机制相结合；综合管理和专业管理相结合。

第四条　本制度适用于集团公司中所属单位（企业）。

二、项目申报

第五条　凡是符合国家的产业政策、集团公司的发展规划、为提高公司产品质量、降低产品消耗、调整产品结构，保证公司长期稳定生产和发展，有利于改善职工生活条件，符合公司科研开发发展方向，有利于提高集团经济效益的项目，需公司进行投资（贷款）的均可提出申报。

第六条　项目申报应具有符合规范的项目建议书和申请报告，有项目负责人和单位负责人签字。

第七条　项目负责人的责任是对项目建议书和报告中提供的实际情况、工艺技术方案、申报投资、经济评价等负责。权利是参与该项目有关活动，申报该项目成果，获得有关规定的奖励。

三、项目审查

第八条　预审职责：对申报的项目建议书进行规范性、政策性调查预审。

初审职责：对申报报告和可行性研究报告或项目建议书进行报告内容的真实性，所提供的工艺技术方案的可行性，提出的各项经济技术指标所能达到的水平，以及投资额的水准等进行初步审查，并综合写出初评意见，承担相应的责任。初审的意见是决定是否开展下一步工作的依据。

评审职责：对可行性研究报告或初步设计按工艺、设备、仪表、土建、经济等分专业进行技术经济审查，各专业均应提出审查意见，在分专业意见的基础上，写出综合评审意见，并承担各专业责任。评审意见是公司主管领导和公司董事会决策的依据。

四、项目设计

第九条　公司设计院是公司所有项目的设计单位和设计管理单位，所有项目设计都必须经设计院设计或管理。设计院无条件设计的，需经主管公司领导批准，委托外单位设计。

第十条　集团公司中直接投资项目或下属企业投资但不具备相应管理力量的项目，设计委托由发展计划部（计划室）委托或签署意见。

第十一条　凡接受委托的设计项目在设计时必须有项目负责人，委托设计项目内容（可行性研究、初设、施工图）完成后，经项目负责人审查后方能发出。由设计院委托外单位设计的，设计内容不得超过原委托。

五、项目计划

第十二条 发展计划部是项目全过程管理的机构，职责是对项目的申报、评审、立项、委托设计、投资计划下达、合同签订、竣工验收等进行全过程综合管理。

第十三条 项目计划是建设项目开展工作的唯一依据，按项目进展情况分为前期准备项目计划和项目实施计划。前期准备项目计划仅对项目的前期工作（方案设计、可行性研究报告、初步设计、施工图设计等）作进度安排；和下达前期费用计划，前期费用需要有详细的费用预算和报告，经主管领导批准后下达。实施计划是建设内容、工期、投资、进度的指令性文件。

第十四条 实施项目计划原则是实施条件成熟一个下达一个，计划内容应有总投资及总投资包括的土建、设备、安装及其他费用的数额。各项指标是各管理部门实施项目管理和考核的主要指标。

第十五条 发展计划部是投资计划项目的主管机关，负责下达前期准备项目和实施项目计划，并对项目的全过程实施进行监督、检查和考核。

六、项目实施

第十六条 发展计划部下发的实施计划是项目实施的权威性文件，经审定的施工图是项目实施的唯一依据，未经发展计划部许可，任何单位不得任意变动、更改。

第十七条 项目实施施工单位选择原则采用招标方式进行，公司所属独立核算施工单位在同等条件下可优先。

第十八条 项目施工管理单位的职责是对工程的施工单位的选择、招标、投标、质量、进度、工期、建设内容等实施全面控制。进行工程监理及负责编写竣工验收报告（详见工程项目建设管理制度）。

第十九条 财务部投资科是工程项目的费用支付单位，支付的依据是合同，并按投资计划进行资金控制，有权拒付超计划资金，有向发展计划部提供资金支付情况的义务；财务部结算中心按计划筹措资金。

第二十条 各施工管理单位必须每月督促、审查施工单位的完成进度、质量报表和下月的计划进度、质量报表，并及时、准确地向发展计划部提供。

七、项目竣工验收

第二十一条 项目具备初验的条件必须是工程项目已成，竣工报告已交付并验收合格，项目具备使用条件，或经少量整改接收单位即可认可接收。

第二十二条 项目具体验收条件是，项目竣工资料齐全；竣工决算已完成并报批；生产装置已完成试车，投入运行经考核合格；经上级机关批准的，需报请上级机关同意验收。

第二十三条 发展计划部组织竣工正式验收，应邀请消防、环保、工业卫生等职能部门参与，对工程项目各项设计指标、考核指标进行全面的验收，并对整个工程作全面评价。

八、附 则

第二十四条 凡集团公司有关固定资产投资管理制度与此制度不相符的，以本制度为准。

第二十五条 本制度从　　　年　　月　　日起执行。

27

固定资产管理制度

一、总　则

第一条　目的。

为加强固定资产的保管及使用管理，特制定本规定。

第二条　范围。

本规则所称固定资产包括土地、房屋及建筑物、机械设备、运输设备、机电设备、贵重工具、其他设备。

第三条　编号。

固定资产取得后，即归使用部门管理，并会同会计部门依其类别及会计科目统驭关系，予以分类编号并粘贴样签。

第四条　增减报告。

会计部门应于次月 15 日前就土地、房屋及建筑物、运输设备、机械设备、机电设备等项目编制“固定资产增置表”一式三联送管理部门核对，并于填列异常或更正内容后，第一联交管理部门留存，第二联送返会计部门自存，第三联送使用部门留存，采用电脑处理报表。

第五条　盘点。

固定资产管理部门应会同会计部门至少每年盘点一次（不含工具、事务性设备）。另应于每季就固定资产的项目根据登记卡册，每一类别至少抽点十项，盘点后应填制“盘存单”一式三份注明盈亏原因，一份自存，其余两份呈报总经理核决后一份送会计部门，一份送总管理处总经理室备查。管理部门对于盘盈或盘亏除应专案叙明原因呈核外，并应依增置或减损的规定办理手续。

二、增置及登记

第六条 增置手续。

土地、房屋及建筑物、运输设备、机械设备、机电设备等固定资产于增置验收后，使用部门（土地、房屋及建筑物由总务部门）应即填写“固定资产增加单”一式三联经管理部门签章后，送会计部门填注购置金额、耐用年限、月折旧额，第一联送管理部门转记入“固定资产登记卡”，第二联由会计部门自存转记入“固定资产登记卡”，第三联送使用部门留存。会计部门应每月与管理部门核对“固定资产登记卡”的记载事项，如有缺漏事项应即通知补正。

第七条 受赠处理。

固定资产因其他公司拨入、捐赠而取得者，应填明价格，如原价无法查得或根本无原价者，得由管理部门会同会计部门予以估列，并按第六条固定资产增置手续办理。

第八条 登记。

土地、房屋及建筑物等不动产取得所有权后，由总务部门统一办理产权登记，转记入“房屋、土地登记卡”，变更时亦同。

三、移转、闲置及减损的处理

第九条 资产移转处理。

土地、房屋及建筑物、运输设备、机械设备、机电设备等固定资产在公司内相互拨转时应由移出部门填写“固定资产移转单”一式四联由管理部门签章后，送移入部门签认，第一联送管理部门。

第十条 出租或外借处理。

固定资产出租或外借，管理部门应先会同会计部门后序呈总经理核准后始得办理，并应签订契约，副本送会计部门以备核对，契约内容应包括修缮保养及税款负担、租金、运费、归还期限、保持原状、附属设备明细等。

第十一条 减损处理。

土地、房屋及建筑物、运输设备、机械设备、机电设备因减损拟报废者，应由使用部门填写“固定资产减损单”一式四联，注明减损原因，送管理部门及会计部门签注处理意见后呈报总经理核准。

第十二条 闲置固定资产处理。

固定资产的管理部门至少每三个月将经营上认为无利用价值的闲置固定资产予以整理，填具“闲置固定资产明细表”，拟订处理意见后呈报总经理核准。

第十三条 抵押资产的减损、出租、外借处理。

经提供抵押贷款的固定资产如有发生减损、出租或外借时，会计部门应事先备函写明抵押编号及资产名称、数量，向财务部报备，由财务部向贷款及抵押权登记机关办理标的物增减变更手续。

四、附　则

第十四条 本规则经呈董事会通过颁布实施，修改时亦同。

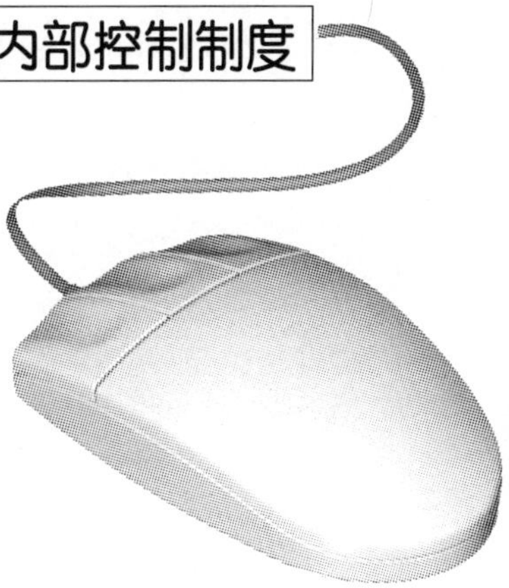

28

不动产管理制度

一、通 则

第一条 性质。

本规定为公司不动产管理事务处理的准则。

第二条 目的。

本规定为加强不动产保护、改善、利用和不动产权利（指所有权、处置权和收益权等）的得失等方面的管理，以提高不动产管理的科学性和规范性，促进公司事业的快速发展而制定。

第三条 契约合同。

当发生不动产权利的得失或变更时，必须签订契约，以使其权利关系明晰。但经过政府法定手续处理的，不在此例。

二、权利转移

第四条 不动产文书。

当发生不动产所有权得失时，有关单位必须提交给总务科下列文书：

1. 契约：包括各类合同和证明文件。

2. 说明书：说明有关事由、影响、效果、对方与本公司的关系等。

第五条 文书盖章。

上列文书如属总务科权限范围内的，由总务科在查实审核后盖章。如超出其权限范围，需经公司主管裁定后盖章。

第六条 登记申请。

总务科持盖章后的文书，与对方办理有关手续，然后到有关机构办理不动产登记申请。

三、不动产借贷、租赁契约的签订与变更

第七条 土地、房屋的借贷。

各部门在签订或变更土地、房屋的借贷与租赁契约时，必须提供契约和有关报告。后者包括事由、期限、支付方法、对方基本情况及不动产账面价值与现值等内容。

四、土地或房屋转移

第八条 账面价值变更。

当伴随着土地或房屋的转移，而发生其账面价值与实际价值不等时，应进行账面调整。

第九条 转移说明书。

各部门如发生不动产转移时，应填写账面变更书所列事项，并附说明书，提交给总务部总务科。

第十条 实施。

不动产的转移、变更及登记事项，由总务科负责。

五、不动产管理台账

第十一条 不动产管理台账。

总务科应建立全公司的不动产管理台账，以全面把握全公司的不动产状况。不动产管理台账应包括下列项目。

1. 公司所有土地。

2. 借入土地。

3. 公司所有房产。

4. 借入房产。

六、附　则

第十二条　本规定自　　　　年　　月　　日起实施。

财产管理规则

一、通　则

第一条　本规则所称的财产，其范围如下：

1. 土地。
2. 建筑物。
3. 机器设备。
4. 仪器设备。
5. 运输设备。
6. 电信设备。
7. 动力设备。
8. 生产器具。

其使用年限达两年以上，而价值在×××元以上者。

前项的使用年限依会计制度规定固定资产折旧年限表为标准。

第二条　本规则所称财产管理，是指前条财产的增置、登记、经营、养护、减损等事项。

第三条　财产的价值在一定金额以下，或其使用年限不及两年者统作为低值易耗品，其管理办法另定的。

第四条　财产的管理部门职责如下：

1. 财产登记部门：负责办理财产的增减、移动等登记工作及管理责任。

2. 财产经营部门：负责办理财产的保管、养护、修缮等工作。

3. 财产使用单位：负责办理所使用财产的保管、养护等工作。

第五条 各类财产应按其质料、性能、构造、用途及其他各项因素，拟订其使用年限，签请总经理核定，并应详定其折旧率及清理残值以利财产的管理。

二、财产的增置

第六条 财产增置，应拟具预算，经呈奉核准后，由经管部门或使用单位填具请购单据，签请购置或营造。

第七条 财产的增置以集中办理为原则，但按其性质由有关单位会同办理。

第八条 财产的增置是自制、捐赠或其他方法而取得时，应由财产登记部门会同有关单位估列价格。

第九条 财产的增置，经验收后，应填具财产增加单，连同发票及其他有关单据，送财产登记部门，作财产增加的登记后签认转送会计单位结算付款。

三、财产的登记

第十条 财产依财产的类别予以分类编号，并贴订标签，财产编号编定后，应编制财产编号目录。

第十一条 办理财产登记的凭证如下：

1. 财产增加单。

2. 财产移动单。

3. 财产保养修缮单。

4. 财产减损单。

第十二条 财产登记凭证为财产卡登记的依据，依各项发生事实由有关部门填制，送财产登记部门作财产卡的登记。

1. 财产增加单：依财产购、建的发生，由购建经办单位按验收日期填掉制。

2. 财产移动单：经营部门或使用单位财产的移动，由移出单位填制并经移入单位签认。

3. 财产保养修缮单：财产保养修缮费的发生，由经办修缮单位填制，并先送经管或使用单位签认。

4. 财产减损单：由经管或使用单位填制，并呈奉核定。

第十三条 财产因保养修缮或其他原因而增加财产的使用效能或价值者，登记部门应作财产增值登记。

第十四条 为办理财产登记应备置财产登记卡，财产的登记应一物一卡办理。

第十五条 各部门经管的财产，每年至少应盘点一次。

四、财产经管

第十六条 土地及房屋等不动产取得后，应由登记部门于法定期间向主管政府机关办理产权登记，变更时亦同。

第十七条 财产移动，应逐项点交点收，如有不符应即追究责任。

第十八条 各单位的财产非经批准，不得出租、出借或租用、借用。财产的出租、出借或租用、借用应订租约或借用契约。

第十九条 经管财产人员交接时，应将其经管的财产交接清楚，并由接交人员另办财产责任签认手续以明责任。

五、财产的养护

第二十条 财产经管或使用单位应经常注意财产的保养，并作保养检查。

第二十一条 为避免发生灾害时遭受重大损失，按财产性质及财务能力向保险机构投保。

六、财产的减损

第二十二条 财产的减损经核准后应由经营或使用单位填具财产减损

单送登记部门作财产减损登记。

第二十三条　财产损毁失去原有效能而无利用价值者得予报废。

第二十四条　财产如因灾害、盗窃或其他不可抗力事故而致损毁或遗失者应检附证明文件报销。

七、附　则

第二十五条　本规则经董事会通过后公布施行，修改时亦同。

30

财物盘点制度

第一条 目的及依据。

为加强财产物资的管理工作，确保公司财产的安全完整，明确各有关管理人员的责任，特制订本制度。

第二条 范围。

盘点范围包括现金、票据、有价证券、材料、在产品、产成品、外协加工材料、寄存品、代加工材料、寄库品、下脚料及固定资产等。

固定资产的盘点应依据“固定资产管理制度”办理，其余各项，悉依本制度办理。

第三条 方式。

1. 年终全面盘点。
2. 会计部门每月抽点。
3. 不定期抽点。

第四条 人员及职责。

为办理盘点，应设置盘点人、会点人、协点人及监点人。

1. 盘点人由财物经管部门担任，负责点计工作。
2. 会点人由会计部门或指派人员担任，负责盘点记录。
3. 协点人由仓储保管部门担任，负责盘点时的物品搬运工作。
4. 监点人由各分公司经理室、总经理室视需要派员担任，负责盘点监督。
5. 各分公司经理室、总经理室应指定专人负责盘点筹划，联络等事宜。

第五条 准备工作。

1. 经营部门将应行盘点财物预先准备妥当，备妥盘点用具，并由会计部门准备盘点表格。

2. 现金及有价证券应按类分别整理并列清单。

3. 存货的堆置，应求整齐集中，并置“标示牌”。

4. 各项财物财册应于盘点前登载完毕，如因特殊原因无法完成时，应有会计部门将尚未入账的有关单据，如缴库单、领用单、交运单、收料单等，和“结存调整表”一式两份，将账面数调整至正确的实际结存数。

5. 盘点期间已收料而未办妥手续者，应另行分开。

第六条 年终全面盘点。

1. 各分公司（总）经理室应在签呈总经理核准后，签发“盘点通知”，通知各有关部门准备盘点，并于盘点前5天将盘点计划寄送总经理室，“盘点通知”应包含盘点日期、人员配置及注意事项。

2. 盘点日期由各公司视存量及现场公休情况自定。

3. 盘点期间除紧急用料外，应暂停收发料事项，盘点期间所需用料，应于盘点3天前办理完毕。

4. 年终盘点，原则上应采用全面盘点方式，如确因事实所限无法实行时，应签呈总经理核准后始得改变方式进行。

第七条 每月会计部门抽点。

1. 每月抽点由会计部门主办，于签呈（总）经理核准后办理。

2. 抽点日期及项目，以不预先通知经管部门为原则。

3. 抽点时应会同经管部门共同办理。

4. 盘点前应由会计部门利用“结存调整表”将账面数先行调整至盘点前正确的实际结存数，再行盘点。

5. 存货记录采用电脑报表控制者，应以收发存月（旬）报表为调整依据，如月（旬）报表不及附送者，应先填列“结存调整表”的调整栏，由抽点人员与经管人员共同签章。

6. 每月抽点仍应填列“盘点统计表”及“盘存单”。

第八条 不定期抽点。

1. 由各分公司经理室或总经理室视实际需要，随时指派人员抽点。

2. 抽点时应会同经管部门及会计部门共同办理。

3. 抽点程序与每月抽点相同，但“盘点统计表”及“盘存单”应再复写一份，交抽点人员。

第九条 盘点报告。

1. 会计部门应将“盘存单”的盈亏项目加计金额填列于“盘点盈亏汇总表”及“项目别盘盈亏汇总表”各一式四份，送经管部门填列差异原因的“说明”及“对策”后呈核，其中一份经由最高主管签注后转送总经理室。每月抽点及不定期抽点，应于盘点后7天内，将“盘点盈亏汇总表”一份送总经理室。

2. 会计部门应将盘点结果及发现的异常事项及建议，编制“盘点报告”一式三份，经呈核后，一份连同“盘点盈亏汇总表”及“项目别盘盈亏汇总表”于盘点后3天内送总经理室备查。

3. 盘盈亏金额在未查明原因之前列入“待处理财产损溢”科目，在及时查明原因后，应由有关人员或保险公司赔偿的部分，转入“其他应收款”科目；无法查明原因的，盘盈金额转入“营业外收入”，盘亏金额转入“管理费用”或“营业外支出”科目。

第十条 现金、票据及有价证券。

1. 各分公司（总）经理室或会计部门，至少每月一次抽点现金、票据及其他出纳项目。

2. 现金及票据的盘点，应于盘点当日上班未行收支前，或当日下午结账后举行。

3. 盘点前应先将现金柜封锁，并核对账册后开启，由会点人员与经管人员共同盘点。

4. 会点人依实际盘点数翔实填列“现金盘点报告表”一式四份，经双方签认后呈核准一份报送总经理，报送期限依前述规定。

第十一条 在产品。

1. 在产品的盘点以当月最末一日及次月一日举行为原则。

2. 在产品原则上采用全面盘点，如因成本计算方式无须全面盘点或实施上有困难者，应签呈（总）经理核准后始得改变方式进行。

第十二条 本准则经总经理核准后实施，修改时间亦同。

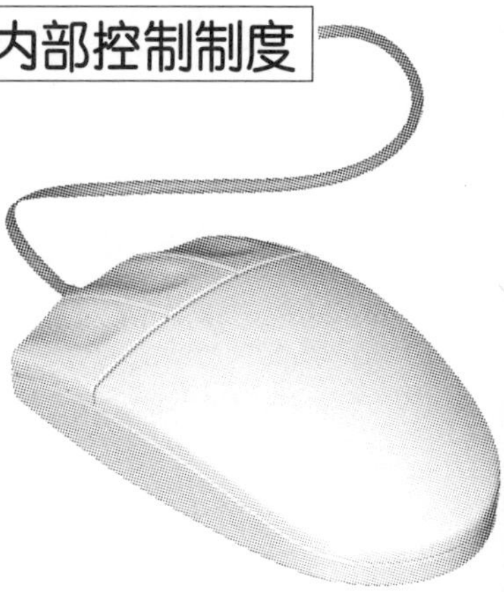

31

筹资管理制度

一、总 则

第一条 为规范公司筹资行为，降低筹资成本、减少筹资风险，提高资金效益，依据国家有关财经法规规定，并结合公司具体情况制定本制度。

第二条 本制度适用于公司总部、各子公司及各分公司的筹资行为。

第三条 本制度所指的筹资，包括权益资本筹资和债务资本筹资两种方式。

权益资本筹资是由公司所有者投入以及发行股票方式筹资，债务资本筹资指公司以负债方式借入并到期偿还的资金，包括短期借款、长期借款、应付债券、长期应付款等方式筹资。

第四条 公司财务部统一负责资金的筹措、管理、协调和监督工作。

二、权益资本筹资

第五条 权益资本筹资可以分为吸收直接投资和发行股票两种筹资方式。

1. 吸收直接投资是指公司以协议等形式吸收其他企业和个人投资的筹资方式。

2. 发行股票筹资是指公司以发行股票方式筹集资本的方式。

第六条 公司吸收直接投资程序。

1. 公司吸收直接投资必须经公司股东大会或董事会批准。

2. 公司与投资者签订投资协议，约定投资金额、所占股份、投资日期、投资收益与风险的分担等。

3. 公司财务部负责监督所筹集资金的到位和实物资产的评估工作，并请会计师事务所办理验资手续，公司据以向投资者签发出资报告。

4. 公司财务部在收到投资款后及时建立股东名册。

5. 公司财务部负责办理工商变更登记手续、企业章程修改手续。

第七条 公司不得吸收投资者已设立有担保物及租赁资产的出资。

第八条 公司筹集的资本金，在生产经营期间内，除投资者依法转让外，不得以任何方式抽走。

第九条 投资者实际缴付的出资额超出其资本金的差额（包括公司发行股票的溢价净收入）以及资本汇率折算差额等计入资本公积金。

第十条 公司发行股票筹资程序。

1. 公司发行股票筹资必须经过股东大会批准并拟订发行新股申请报告。

2. 公司董事会向国务院授权的部门或省级人民政府申请并经批准。

3. 公司公告招股说明书和财务会计报表及附属财务说明书和明细表，与证券经营机构签订承销协议，定向募集时向新股认购人发出认购公告或通知。

4. 招认股份，收取股款。

5. 改组董事会、监事会，办理变更登记并向社会公告。

第十一条 公司财务部建立股东名册，其内容包括股东的姓名或者名称及住所，各股东所持股份、股票编号、股东取得股票的日期。

三、债务资本筹资

第十二条 由公司财务部统一负责债务资本的筹资工作。

第十三条 公司短期借款筹资程序。

1. 按照筹资规模大小，分别由财务部经理、财务总监和总经理审批筹资计划。

2. 财务部负责签订借款合同并监督资金的到位和使用，借款合同内容包括借款人、借款金额、利息率、借款期限、利息及本金的偿还方式、违约责任等。

3. 双方法人代表或授权人签字。

第十四条　公司财务部在短期借款到位日按照借款类别在短期筹资登记簿中登记。

第十五条　公司按照借款计划使用该项资金，不得随意改变资金用途，如有变动必须经原审批机构批准。

第十六条　公司财务部及时计提和支付借款利息并实行岗位分离。

第十七条　公司财务部建立资金台账以详细记录各项资金的筹集、运用和本息归还情况。财务部对于未支付应计利息单独列示。

第十八条　公司长期债务资本筹资包括长期借款、发行公司债券、长期应付款等方式。

第十九条　长期借款必须编制长期借款计划使用书，包括项目可行性研究报告、项目批复、公司批准文件、借款金额、用款时间与计划、还款期限与计划等。

第二十条　公司财务部负责签订长期借款合同，其主要内容包括款种类、用途、贷款金额、利息率、贷款期限、利息及本金的偿还方式和资金来源、违约责任等。

第二十一条　长期借款利息的处理。

1. 筹建期间发生的应计利息计入开办费用。

2. 生产期间发生的应计利息计入财务费用。

3. 清算期间发生的应计利息计入清算损益。

4. 购建固定资产或者无形资产有关的应计利息，在资产尚未交付使用或者虽已交付使用但尚未办理竣工决算之前，计入购建资产的价值，超过上述期限的应计利息计入当期损益。

第二十二条　发行债券筹资程序。

1. 公司发行债券筹资必须由股东大会作出决议。

2. 公司向国务院证券管理部门提出申请并提交公司登记证明、公司章程、公司债券募集办法、资产评估报告和验资报告等。

3. 公司制定公司债券募集办法，其主要内容包括公司名称、债券总额和票面金额、债券利率、还本付息的期限和方式、债券发行的起止日期、公司净资产、已发行尚未到期的债券总额、公司债券的承销机构等。

4. 公司同债券承销机构签订债券承销协议或包销合同。

第二十三条 公司发行的债券必须载明公司名称、债券票面金额、利率、偿还期限等事项，并由董事长签名，公司盖章。

第二十四条 公司债券发行价格可以采用溢价、折价两种方式，公司财务部保证债券溢价和折价采用直线法合理分摊。

第二十五条 公司对发行的债券应置备公司债券存根簿予以登记。

1. 公司发行记名债券的，公司债券存根簿应记明债券持有人的姓名或名称及住所、债券持有人取得债券的日期及债券编号、债券总额、票面金额、利率、还本付息的期限和方式、债券的发行日期。

2. 公司发行无记名债券的应在公司债券存根簿上登记债券的总额、利率、偿还期限和方式、发行日期和债券的编号等。

第二十六条 公司财务部在取得债券发行收入的当日将款项存入银行。

第二十七条 公司财务部指派专人负责保管债券持有人明细账并定期核对。

第二十八条 公司按照债券的规定及时支付债券利息。

第二十九条 公司债券的偿还和购回在董事会的授权下由公司财务部办理。

四、公司筹资风险管理

第三十条 公司每季度召开财务工作会议，并由财务部评价公司的筹资风险。

第三十一条 筹资成本是决定公司筹资效益的决定性因素，对于选择评价公司筹资方式有重要意义。

第三十二条 筹资风险的评价方法采用财务杠杆系数法，财务杠杆系数越大，公司筹资风险也越大。

第三十三条 公司财务部依据公司经营状况、现金流量等因素合理安排借款的偿还期和归还借款的资金来源。

五、附 则

第三十四条 本制度由财务部编制呈报董事会批准后执行，解释权、修改权归财务部。

32

销售收入管理办法

第一条 凡销货或服务收入均应开具统一发票，并依序填入当天的“销货报告”或“服务收入报告”中，同时（将当天未收回款项的收入）过入“人名制应收账款明细账”中，不得漏开、短开或多开。

第二条 遇销货退回或重开发票时，均将原开统一发票的发票联收回作废，并填制“销货退回通知单”，以红字填入当天的“销货报告”或“服务收入报告”中列为其减项，同时在备注栏中注明原开发票日期，并过入“人名制应收账款明细账”中。

第三条 于销货当天若未能收回账款时，交货人（送达统一发票者）应与客户约定收款日并将填妥的“统一发票签收单”交由会计员妥善保管，“统一发票签收单”应具备下列各要点：

1. 交货人（送达统一发票者）于“统一发票签收单”上签名。
2. 经办人（成绩归属者）于统一发票副联签名。
3. 填明约定收款日期及约定付款条件。
4. 客户正式盖章后其签收人签名。

第四条 每笔未收款均应附有“统一发票签收单”。若有销货当天未交出该签收单或减少规定要件的记载等事情，会计员应于次日上班早会前报由单位主管纠正，务必按规定办理，否则应由单位主管签名负责。

第五条 会计员收回“统一发票签收单”后，应即将其“约定收款日”及“付款条件”逐笔登载于“人名制应收账款明细账”的有关各栏中备查。

第六条 会计员应将“统一发票签收单”按“约定收款日”的先后顺序排列妥为保管，遇有携出收款时应设登记簿由取单者签名备查，若于当天未能收回账款时应即向取单者收回签收单并注销登记。

第七条 凡账款约定收款日到达者，会计员应主动转告账款归属人或请单位主管派员前往收取。如有客户要求延期付款事情发生时，前往收款人应将重新更改约定收款日填明于“统一发票签收单”中，由客户签名后将该单交回会计员注销登记，并补充更正“人名制应收账款明细账”上的“约定收款日”。

第八条 凡应收账款其约定收款日不得超过一个月，若有超过此一期限者，会计员应报请单位主管在签单上签字同意。

第九条 账款收回时，会计员应即将其填入当天“出纳日报表”的“本日收款明细”栏中，并过入“人名制应收账款明细账”中，凭此销账及备查。

第十条 凡销货退回或已开发票作废者，若未取回原开发票联作废者，不得重开统一发票，唯经书面呈报总经理特准者不在此限。

第十一条 每月3日应详填“各员未收款明细表”（净额）两份，由经办人逐笔亲自签名承认未收，其约定收款日距统一发票开立日期超过1个月以上者应注意原因，填妥后一份寄总公司财务部查核，一份呈报单位主管加强催收。

第十二条 “各员未收款明细表”总合计的金额应与月底当天的“人名制应收账款明细账”的本日未收款余额的数字相符，逾期1个月及2个月以上未收款明细表随同“各员未收款明细表”一并呈报。

第十三条 凡遇客户倒闭，或收回票据无法兑现，或未事先言明而于收款时尾款不符等情况，无法取得客户正式签订的“销货折让证明单”时，均视同坏账处理。坏账的发生，除按销售人员待遇办法等规定的赔偿办法处理外，该笔交易的成交奖金不准发给，其已发者则应予追回。

第十四条 凡为维护市价事先与客户约定高于发票销货折让者，或事后同意客户尾数不付等事情发生，除应报请单位主管同意外，还应取得销货折让证明单，详填原因，由客户证明实收金额及证实签章后，交回各单位会计员处，该笔交易原交易应办退回同时再记一笔实收金额的销货记录，其销货折让后的金额若低于最低价者，仍须补办低价请示手续。

第十五条 本办法由财务呈总经理核准公司后实施，修订时同。

33

成本核算方法（分步法）

一、总　则

第一条　本公司成本会计事务处理准则及程序，除普通会计事务处理准则及程序和法令、公司章程另有规定外，悉依本准则及程序处理。

第二条　本公司的成本会计事务由财务部成本科处理。

第三条　本公司成本计算采分步成本制，每月底计算成本一次。

第四条　本准则所称成本，是以产品生产过程中的所有一切支出为限，包括直接材料、直接人工及制造费。

第五条　成本单位视实际需要设置各种辅助账，包括原材料明细分类账、在制品明细分类账、制成品明细分类账、制造费用明细分类账。

第六条　本公司生产过程中的废品损失部分，应依其性质分别按上列方式办理：

1. 生产过程中，不可能完全避免的废品，其损坏部分的成本，悉由完好产品负担。

2. 生产过程中，因意外事故发生的损坏和废品，其所耗用的成本，一概以非正常损失处理。

二、材　料

第七条　材料的请购、订购、领用、保管、退料、盘盈（亏）及废料等的处理，悉依本公司材料管理办法办理。

第八条 成本科依请购单、收料单及进货发票编制凭证。其分录，借：“原材料”；贷：“应付账款”或“银行存款”，并将数量及金额分别登录于“材料明细分类账”。

第九条 各单位领用材料时，应填制“领用单”注明领料单位、品名、规格、用途并经主管签章后，方得向仓库领料。仓库根据领用单发料，发料数量不得超过核准的数量（该料如是不可分割或不便分割时例外，但应办理退料或注明结转另批使用）。

第十条 领用单一式三联，第一联领料单位存查，第二联仓库留存，第三联送交成本科。成本科根据领用单统计汇编，“材料领用汇总表”并编制传票，其分录为：借“在产品——直接材料”或“制造费用——间接材料”；贷：“原材料”，并据以登录“材料明细分类账”各该账户的发出数量栏。

第十一条 材料领用的计价方法，依账面成本采用加权平均法，其公式为：

（上月底结存总价+本月份进料总价）÷（上月底结存数量+本月份进料数量）=本月份单价

第十二条 计入产品成本的材料分为：

1. 直接材料：凡直接供给产品制造所需，而能直接计入产品成本的原材料。

2. 间接材料：凡间接用于产品制造，但并非形成产品本质，或虽形成产品本质，但所占成本比例甚徽，或不便计入产品成本的物料。

第十三条 材料盘点采用不定期盘点办法，由成本科会同仓储科人员进行。盘点时须填制“盘点单”三联，第一联仓储科留存，第二联成本科留存，第三联挂置于材料存放处所。成本科应于盘点后15日内，编制“材料差异报告表”三联，第一联送仓储科，第二联成本科留存，第三联为编制凭证的凭证，并登录材料明细分类账和总账。

第十四条 材料盘损应由仓储科出具报告，说明短少原因，并由上级主管追究责任。

第十五条 “材料明细分类账”与“总分类账”的材料统驭科目，平时数额可不相等。但于月底，成本科应与会计科对账核符后，始得开始结算材料的单位成本。

三、人　工

第十六条　人工是指为直接或间接参加生产人员而支付之一切报酬而言。管理及推销部门的人员，属管理及销售费用，不在成本人工范围内。

第十七条　计入产品成本的人工可分为：

1. 直接人工：凡从事直接生产的员工报酬，能直接计入各产品的成本的，皆属于直接人工。

2. 间接人工：从事车间管理等工作，及不直接从事生产的员工报酬，及不能或不便直接计入产品成本者，皆属于间接人工。

第十八条　厂务部应设置“出勤卡”，每人每月一张，由人事科管理统计，据以编制薪工表两份。一份送成本科，一份由领款人签章存于人事科，并于翌年 1 月 30 日编妥扣缴凭单后送会计科。

第十九条　成本科根据薪资表，计算各生产部门及服务部门的直接人工及间接人工成本，并编制凭证。其分录为，借：“在产品——直接人工”及“制造费用——间接人工”，贷：“应付工资”，并记入“在产品明细分类账”、“制造费用明细分类账”。

四、制造费用

第二十条　制造费用是指生产过程中，除直接原材料、直接人工外，所发生之一切其他费用。包括间接材料、间接人工及其他费用等。

第二十一条　为便于计算产品成本，制造费用应分为直接费用与分摊费用。凡厂务部及技术部门的制造费用，一概依特定的分摊基础及方法，将其分阶段摊于各生产中心。各生产中心摊列的费用，称为分摊费用。凡生产部本身直接发生的费用，称为直接费用。

第二十二条　制造费用发生时，应详加分析其发生的原因及用途，并分别归纳于应行负担的部门。凡能确定其归属部门时，应于传票中注明其成本中心；凡属共同性的费用时，应按合理的分摊基础，分摊至各该产品中。

第二十三条 凡非按月发生，而其效用及于全年；或按实际发生金额计算成本，显属不合理的费用，成本科应予合理分摊，计算该月份应摊列的金额，并列入制造费用项下。

第二十四条 成本科应于每月底，根据“制造费用明细分类账”编制“制造费用汇总表”及“制造费用分摊表”，显示各服务部门制造和摊入各成本中心的内容与确实数字。其传票分录为，借：“在产品”，贷：“制造费用”，并登录于“在产品明细分类账”及“制造费用明细分类表”。

五、成本计算与簿记组织

第二十五条 生产部应于次月3日前，分别呈送下列生产月报表。包括：

制一科生产月报表、抽二科生产月报表、制三科生产月报表、材料月报表。以上各报表一式二联，第一联自存，第二联送成本科。

第二十六条 成本科根据上列的报表，编制原材料、在产品、产成品的收发存明细表。

第二十七条 成本科根据“耗用直接材料明细表”、“制造费用”及“直接人工汇总分摊表”，计算产成品及在产品的单位成本及总成本，并编制“成本计算表”。

第二十八条 成本科再根据会计科编制的销货明细表编制“产品规格类别损益表”。

第二十九条 成品的单位成本采用加权平均法。其公式为：

产品单位成本＝（上月底结存总金额＋本月生产总金额）÷（上月底结存量＋本月总生产量）

第三十条 成本科于每月结算完成后，应将其有关的成本报表汇送会计科，汇订财务报表。

34

成本核算方法（分批法）

一、总　则

第一条　成本会计处理准则是依本公司会计处理准则的规定制定。

第二条　成本是指制造产品所需提供的原材料、劳务及其他开支，即在产品制造过程所发生之一切费用支出。

第三条　本公司产品成本包括下列各项：

1. 直接材料。
2. 直接人工。
3. 制造费用。

第四条　本公司采用分批的成本计算制度，以计算产品的成本。

第五条　本公司成本计算以产品为中心。

第六条　成本结算期间以每月计算一次为原则。

第七条　计算总成本金额以元为准，但单位成本以小数点后两位为准。

第八条　生产部门每日应提供原材料领用报表、生产报表供会计部门计算成本的依据；另人事部门应于次月 5 日前提供部门别薪资资料供会计部门计算直接人工及间接人工的依据。

第九条　成本会计的计算应按产品别提出单位成本的分析，以供各单位作为生产管理或决策的参考，其有超量耗用原材料，人工或制造费用发生重大差异的时候，应查明原因，提出报告。

二、材料成本的处理

第十条　计入成本的材料：

1. 直接材料：直接计入各产品的成本。

2. 间接材料：下列各项设备维修材料以制造费用分别摊入各月的产品成本内。

（1）机械修理用料。

（2）金属五金材料。

（3）工具类。

（4）电器材料。

第十一条　材料成本的计算，采用加权平均法，其新购进材料价格除其贷款利息外，其他附加费用（如运费、保险费、关税等）均应计入进料成本。

1. 材料的领用及退回均应填具领、退料单办理领、退料手续。

2. 领料、退料的凭证应依规定填写并经权限主管核准。

3. 发料人员应将领料、退料或发货单据加以连续编号。于次日送交会计人员记入存货分类账。

第十二条　仓库部门每次月 5 日前应将本月的料品别收发存月报表送会计部门核对。

三、人工成本的处理

第十三条　人工成本为给付员工的基本工资、加班费、奖励及各项津贴补助、劳保给付等。

第十四条　人工成本依照人事部门每月编制的“薪资清册”加以区分为直接人工或间接人工。

1. 直接人工：是指生产部门直接从事生产操作、维护劳力报酬，其人工成本依其产品对象分别计入产品内。

2. 间接人工：是指服务部门员工的报酬及车间管理人员的薪资，作为制造费用之一部分并分别摊入产品成本。

第十五条 会计部门依据“薪资清册”编制转账传票记账。

四、制造费用的处理

第十六条 制造费用发生时应按其性质根据有关的原始凭证编制记账凭证，并记入制造费用明细分类账，而各项费用于每月终了结总后编制“汇总比较表”。

第十七条 每月服务部门的费用除计入“汇总比较表”外，并依“人工费用分摊基准表”分摊计算间接人工。

五、成本计算

第十八条 成本计算分为三大单元独立作业：

1. 原材料成本计算。
2. 直接人工成本计算。
3. 制造和成本计算。

第十九条 成本计算依据下列的资料：

1. 生产月报表。
2. 薪资清册。
3. 料品别收发存月报表。
4. 汇总比较表。

六、生产成本计算办法

第二十条 本公司成本计算是采用分批标准成本计算方法。

第二十一条 生产成本的分配标准。

1. 材料标准耗损率。
2. 直接人工与制造费用的分摊率。
3. 现有机台、人员配备的月标准产量等由生产管理部门设定。

第二十二条 会计人员根据生产管理部门设定的标准产量以制定出整个公司的标准材料成本、标准直接人工与标准制造费用，并依生产管理部门规定的损耗率、分摊率以产品类别标准成本表分别设定出各产品的单位标准生产成本。

第二十三条 产品别标准成本表每年视原料、直接人工及制造费用实际变动状况予以修正。

第二十四条 会计人员每月根据实际直接人工与制造费用的资料编制“工缴汇总比较表”，汇总统计当月发生的制造工缴成本，并凭以“基准单位成本分摊计算表”分摊计算各月的基准单位直接人工暨制造费用，并依据生产管理部门库管人员编制送来的“料品类别收发存月报表”的资料对会计库存账并统计其当月各类材料耗用金额，亦以“基准单位成本分摊计算表”分摊计算各月的基准单位材料成本，其计算公式详见分摊计算表说明栏说明。

第二十五条 会计人员最后以“产品类别生产成本计算表”将该月依“基准单位成本分摊计算表”计算得出的基准单位材料，直接人工与制造费用成本过入本表各基准单位成本栏内，并以“人工费用分摊基准表”及“材料耗用分摊基准表”设定，各规格定格的直接人工、制造费用视材料的分摊率分别过入成本计算的分摊率栏内，并以此计算材料、直接人工及制造费用的单位成本，且合计为实际制造单位成本。

七、统制账户及报告

第二十六条 公司成本账户与普通账户采用合一总账制，在总账中设统制科目，控制成本明细分类账。

第二十七条 总账上的科目，其月底余额应与各该有关成本明细账余额的总和相符合。

第二十八条 成本会计报告的内容须与普通会计报告的内容相互联系者，应互相钩稽，其编制应依会计账簿的记录为依据。

第二十九条 本制度呈总经理核准后实施，其修改亦同。

八、经营管理报表类别

1. 比较损益表属于经营类报表，出表日期为每月 15 日，具有提供公司当月经营损益状况的功能。制表部门为总务科。

2. 产品别销售毛利分析表属于经营类报表，出表日期为每月 15 日，具有提供各产品销售毛利状况的功能。制表部门为总务科。

3. 各机台动用状况表属于生产类报表，出表日期为每月 10 日，具有提供生产部门各机台动用状况的功能。

4. 人工分析表属于生产类报表，出表日期为每月 10 日，具有提供生产部门人员生产力状况。制表部门为生管科。

5. 客户类别销售趋势图属于经营类报表，出表日期为每月 10 日，具有提供主要客户销售量毛利额的趋势资料的功能。制表部门为总务科。

6. 产品类别销售趋势图属于营业类报表，出表日期为每月 10 日，具有提供主要产品销售毛利额的趋势资料。

7. 说明：

（1）为促使公司经营管理制度化，乃制定上列 6 种经营管理报表。

（2）上列报表应定期由制表部门编制提供。

（3）为使报表资料有效提供管理的资料及指标，故每月定期科长级以上人员参加的“经营会议”，就报表各项数据资料进行检查及谋求各项问题解决方案。

（4）对“经营会议”各项决议应执行事项应指定专人负责执行结果的追踪，并于下次会议中提出报告。

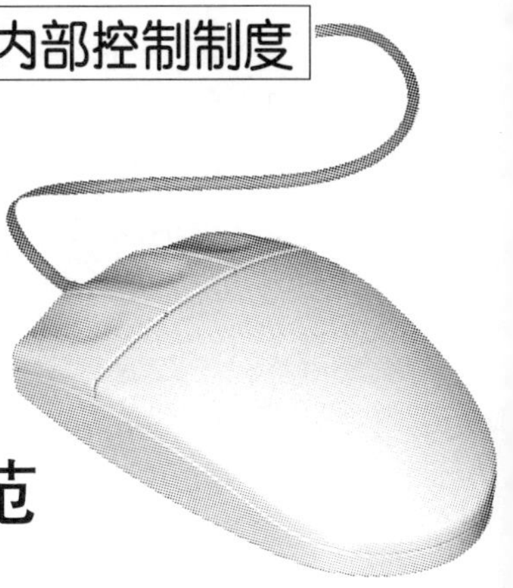

35 会计人员审核费用规范

一、审核凭证

外来凭证：

（1）费用发票。

（2）事业性收费收据。

二、审核方法及说明

1. 原始凭证内容：

（1）审核发票所载名称是否为本公司，并盖有“统一发票专用章”。

（2）审核发票专用章是否有开票单位全称、住址、增值税一般纳税人统一税务编号。

（3）审核“日期”是否为收款日或费用发生日期，是否为跨年度使用。

（4）审核“摘要”栏所列品名与请购单所列品名是否相同。若为一般费用，内容与费用性质是否相同；若为商品代号，应经请款部门翻译为一般中文名称。

（5）审核数量乘以单价是否等于总价，并需与中文大写金额相符。

（6）如果总价金额与中文大写不相同时，除“实付金额”外，应以中文大写为准。

（7）审核增值税的计算是否正确。

（8）审核商号发票是否有加盖“销货专用章”，并注意商号全称、地址及增值税一般纳税人统一编号。

（9）审核单据内容若有更改或名称更正，应加盖原商号或立据人章，金额更改者，必须重新取得有关单据。

2. 付款凭证应具备要件：

（1）统一发票：

①本公司抬头、统一编号、地址。

②开具年、月、日。

③收款商号、地址及统一编号章。

④购物品名称、数量、规格、单位、单价及总额。

⑤增值税税额。

（2）收据：

①本公司抬头。

②开具年、月、日。

③出具单位全称及地址。

④同“统一发票”。

三、审核凭证

租金支出：租金发票。

四、审核方法及说明

1. 审核租金支付年期是否重复或遗漏。
2. 审核租金支付方式与合同书约定是否相符。
3. 审核租金支付坐落地段与实际及租约所载是否一致。
4. 审核押金给付与合同是否相同。合同期满退租应即收回押金。
5. 审核逾期缴纳违约金与合同规定是否相符。
6. 审核支付仓租是否附租赁合同书。
7. 审核寄库租金，单价乘以寄库数量是否正确。

五、审核凭证

税款（房地产税、车船使用税、印花税等）：缴纳通知书、收据联。

六、审核方法及说明

1. 审核房屋、土地坐落地段与账列是否相符，税籍是否一致。

2. 审核房地产税通知书所列面积与账列是否一致，房屋用途别与实际用途相符。

3. 审核缴纳通知联所列车辆牌照号码，是否为本公司公务车辆牌照号码。

4. 审核缴纳年期是否重复，税率适用及税额计算是否相同。

5. 审核缴纳日期是否超逾通知缴纳期限。

七、审核凭证

交际费：

（1）统一发票。

（2）事业性收费收据。

八、审核方法及说明

1. 审核在外宴客及招待费用，应以统一发票为凭。

2. 审核是否于正当的场所宴客。

3. 对于私人应酬或业务无关的交际不准报支。

4. 审核是否依核决权限核准。

九、审核凭证

邮资：

（1）邮政大宗包裹收据。

（2）邮票购买证明。

十、审核方法及说明

1. 审核邮费报销与“邮寄信件登记簿”所载是否相符。
2. 审核有没有私人邮件或索取非本公司邮寄的其他收据报销。

十一、审核凭证

电话费：电信局电话发票、通知联。

十二、审核方法及说明

1. 审核请款明细与长途电话登记簿所载时间、地点、次数是否一致。
2. 审核叫号或乎人，每次单价是否与标准单价一致。
3. 审核单价×次数，是否与总额相等。
4. 审核收据内容与原通知单所载是否相符。
5. 审核收据是否为本公司抬头，并加盖收款经办人印章。

十三、审核凭证

电报费：电信局电报通知联、发票。

十四、审核方法及说明

1. 审核请款单是否依核决权限呈核。

2. 审核计费单价与标准表所列费用是否相符。

3. 审核通知联所附明细表各栏，与国内、外电报收发文登记簿所列地点、时间、字数一致。

4. 审核机号是否属本公司租用者。

5. 审核收据联内容与原通知联所载内容是否一致。

6. 审核计费单价、国际电报费是否以时间计价，交换业务电报费是否以字计价。

十五、审核凭证

交通费（自用车辆）：

1. 短程出差车费报销单。

2. 过桥（路）费、停车费发票。

十六、审核方法及说明

1. 审核报销单内各栏是否详填。

使用单位、职别、姓名、牌照号码、用车起讫点、公里数及时间、目的、车费、日期。

2. 审核是否经车辆调度员证实无车可派用。

3. 审核是否经主管（经理级以上）核决。

4. 审核金额计算是否正确。

5. 审核用车起讫时间及目的是否合理及必须。

6. 停车费、过路费等凭证依实核销。

十七、审核凭证

交通费（公务车）：

（1）购油票券。

（2）统一发票、收据。

（3）过桥费或停车费发票。

十八、审核方法及说明

1. 油料耗用费用：

（1）审核购油票券内所列“车辆号码”是否为公务车号码。

（2）审核金额计算是否正确，加油次数、间隔期限是否合理。

2. 过桥（路）费、停车费：

（1）审核过桥（路）费发票金额是否与规定相符。

（2）审核日期、桥别、地点与派车单内容是否一致。

（3）审核收据是否经车辆管理员签认，并经经理级以上主管核准。

十九、审核凭证

书报杂志：

（1）统一发票。

（2）收据。

二十、审核方法及说明

1. 审核连续性刊物的申请，是否经权责主管核准，并核对订阅起讫期间。

2. 审核支付加续性刊物，其数是否重复。

3. 审核书籍的购买，连续性刊物的新订、续订，应经专人登记、编号，并列入管理。人员移交时，列入部门财产办理移交项目。

二十一、审核凭证

文具印刷（打字油印、复印、文具用品）：

（1）统一发票。

（2）事业性收费收据。

（3）签收单。

二十二、审核方法及说明

1. 审核印刷表单是否必须、数量是否正确。

2. 审核复印费分摊表的计算是否正确。

3. 审核各单位复印金额、数量是否合理，上下月是否差异过大。

5. 审核各单位文具用品领用统计表的计算是否正确。

二十三、审核凭证

差旅费：

（1）差旅费报销清单。

（2）交通费单据。

（3）住宿费发票。

（4）无单据证明单。

二十四、审核方法及说明

1. 国内出差：

（1）审核差旅费报销清单是否按规定呈核。

（2）审核报销日期、日数与出差申请单所载是否相符。

（3）审核交通费起讫地点与出差申请单所列是否一致。

（4）审核餐宿杂费报支标准是否依规定单价计算。

（5）审核在同一地区驻留半个月以上者，自第 16 日起照规定膳宿杂费标准，以 8 折支给，自第 31 日起以 7 折支给。

（6）审核交通费需凭证明核支，否则以对号快车计支，机票以票根报销。

（7）对住宿费未检具凭证者，按规定 5 折报支。

（8）审核各细数核算是否正确，若事先暂借预支者，应由应付金额内扣除。

2. 国外出差：

（1）审核出国前后的国内旅费，应合并于国外旅费报销清单内一并报销。

（2）审核交通费应检附凭证，否则应附经理级以上主管核准的无单据证明。

（3）审核是否于返国后次日起算，10 日内办理旅费报销，并缴回旅费差额，逾期应依规定办理追缴。

（4）审核出差在同一城市，继续驻留 30 日以上者，自第 31 日起，膳宿杂费按 8 折支给。

（5）审核住宿费用出规定时，应检附凭证呈总经理核准后按实报销。

二十五、审核凭证

水费：水费通知联、收据。

二十六、审核方法及说明

1. 审核通知联抬头是否为本公司。

2. 审核收费期间所属月份是否正确，是否重复。

3. 审核收据与通知联所载内容是否一致。

4. 审核用水数量是否与水表记录一致。

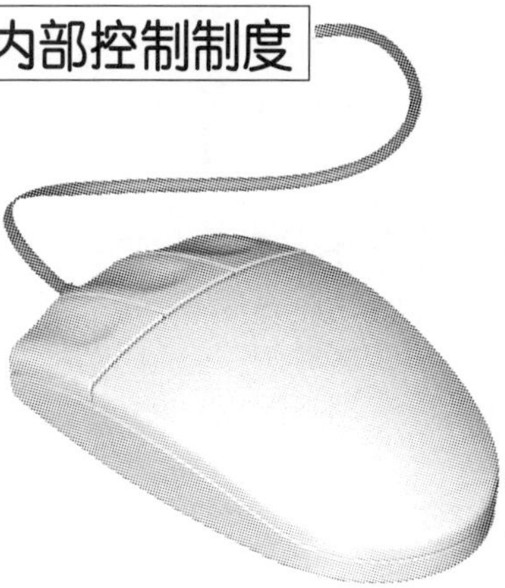

二十七、审核凭证

电费：电费通知联、收据。

二十八、审核方法及说明

1. 审核收费期间是否重复，所属月份是否正确。
2. 审核单价乘以使用度数是否等于应付金额。
3. 审核收据联与通知联所载内容是否一致。
4. 审核用电度数是否与电表记录一致。

二十九、审核凭证

运费：
（1）统一发票。
（2）事业性收费收据。

三十、审核方法及说明

1. 对运费的申请，需审核：
（1）客户是否签收。
（2）依路途（程）长短，判断运输时间与出入厂时间是否异常。
（3）货运品名是否相符。
（4）数量是否一致。
（5）交运地点是否相符。
（6）交运中意外事故的索赔款，是否依合同核算索赔款。
2. 依地点、费率、数量核算金额是否相符。
3. 是否依核决权限呈核。

三十一、审核凭证

广告费：

（1）统一发票。

（2）报社收据。

（3）杂志社、出版社、电视台、广播电台广告收据。

三十二、审核方法及说明

1. 审核计价行数与样张的行数是否相符。

2. 审核单价与计费标准是否一致，刊登天数是否相符。

3. 审核应付金额计算：应付金额 = 单价 × 行数 × 刊登天数

4. 审核收款人及报社签章是否属实。

5. 审核是否附有全张的报纸，并在广告处以红笔画出。

三十三、审核凭证

海运费：

（1）申请付款单。

（2）海运发票。

三十四、审核方法及说明

1. 审核请款单是否依核决权限核准。

2. 审核请款单所载的“船名”、“起讫地点”、“航次”、“提单号码”、“装运数量”等是否与装箱单相符。

3. 审核请款单的材料和装箱单所载是否相符，若差异在 5% 以上时，会同营业单位签注差异原因。

4. 审核发票的抬头是否为本公司。

5. 审核提单的材料及起讫港是否与装箱单相符。

6. 审核发票所载的提单号码与原提单的号码是否相符。

三十五、审核凭证

保险费：

（1）结汇证明书。

（2）保险费送款簿存根。

（3）保险公司收据。

三十六、审核方法及说明

1. 审核保险费率及保险费的计算是否正确。

2. 审核结汇证明书中银行所扣的保险费，是否与所计算的保险金额相符。

3. 审核保险费收据的抬头是否为本公司。

三十七、审核凭证

外销佣金：

（1）结汇通知书。

（2）佣金信（电）汇回条。

（3）佣金汇出款证实书。

（4）发票。

三十八、审核方法及说明

1. 审核请款单是否依核决权限核准。

2. 审核请款单、销售确认书和受订通知单所载的受订编号、数量、单价、销售金额、佣金条件和佣金收款人的名称地址等是否相符。

3. 审核依约定的佣金条件所计算的佣金金额是否正确。

4. 审核佣金汇款回条或证实书的申请人是否为本公司。

5. 审核佣金汇款凭证的受款人是否与受款通知单的受款人相符。

6. 审核佣金汇款凭证的汇出金额与请款单和结汇证书的佣金金额是否相符。

7. 审核发票的抬头是否为本公司。

8. 审核发票的出具人是否与受订通知单的受款人相符。

9. 审核外币折算是否与发票的人民币值金额相符。

三十九、审核凭证

陆运费：发票。

四十、审核方法及说明

1. 审核发票的抬头是否为本公司。

2. 审核发票是否依核决权限核准。

3. 审核计费重量是否与交运单相符。

4. 审核运费是否与公司规定的支付标准相符。

5. 审核运费的计算是否正确，与发票的金额是否相符。

四十一、审核凭证

报关杂费：

（1）发票。

（2）事业性收费收据。

四十二、审核方法及说明

1. 出口报关杂费应由与本公司签订合同报关行，依各批的出口案编制“费用通知单”，并检附所有凭证送国外部复核，依核决权限核准后，再送会计部门请款。

2. 审核报关杂费“费用通知单”是否注明“出口编号”、“货名”、“件数”、“重量”、“出口日期”、“运往港口”、“提单号码”、“货物进仓地点”、“输出许可证号码”等。

3. 审核报关杂费各请款项目的金额，是否与合同及海关所规定的支付标准相符。

4. 审核各项凭证是否齐全，抬头是否为本公司。

5. 审核报关杂费的总金额是否正确，与“费用通知单”的金额是否相符。

6. 如有退关、滞报逾期仓租等发生异常费用，是否已于请款单内注明异常原因处理对策和费用的归属等。

36

费用开支标准

第一条 为便于掌握费用开支，根据有关规定，结合本公司实际情况，特制定出本开支标准。

第二条 差旅费。

1. 公司职工出差乘坐车、船、飞机和住宿、伙食、市内交通费，按有关规定执行。各部门负责人应严格控制外出人员，并考虑完成任务的期限，确定出差日期。

2. 工作人员出差的交通费一律按相关标准套用。具体对下列情况均以有关规定执行如下：

（1）工作人员趁出差或调动工作之便，事先经单位领导批准就近回家探亲的，其绕道车、船费，扣除出差直线单程车、船费（按出差人应享受标准），多开支的部分由个人自理。如果绕道车、船费少于直线单程车、船费时，应凭车船票价按实支报，不发绕道和在家期间的出差伙食补助费、住宿费和交通费。

（2）出差人员在出差地因病住院期间，按标准发给伙食补助费，不发交通费和住宿费。住院超过一个月的停发伙食补助费。

（3）公司工作人员参加在外地召开的各类会议，除有会议主办单位出具的食宿费自理的证明，可回公司按出差标准领取伙食费补助，住宿费凭住宿处发票按公司的规定标准执行外，其余情况一概不领发有关费用。

3. 员工探亲交通费按国家规定办法执行。

第三条 加班、夜班、值班和误餐费的规定。

1. 加班费规定：

（1）法定节假日因工作需要加班，按下列公式计发加班费：

法定节假日加班费＝本人日平基本工资×加班日数×300%

（2）法定假日以外平时因工作需要加班，按下列公式计发加班费：

非法定节假日加班费＝本人日平基本工资×加班日数×150%

（3）员工加班要从严控制，事前报部门经理批准。加班只限于工程抢修、节假日值班和完成其他紧急生产任务等，但月累计不得超过48小时。

（4）员工加班后，可以补休而不领加班费，但须办理补休的登记手续。

（5）员工出差期间，如遇法定节假日和超过工作时数不计加班费。

（6）加班费经人事部审核后，由财务部发放。

2. 夜班费规定，员工在每日22时至次日6时的时间上班工作，不能睡觉，夜班费可每人每夜××元。

第四条　外勤津贴规定。

1. 生产人员从事露天、井下、高空施工作业按出勤天数，每人每天津贴××元。当天出工在2～4小时，得按半天计发，不足2小时者不发津贴。

2. 管理人员和工程技术人员跟班作业，可以按生产人员标准领取外勤津贴。

3. 工程管理的基建办及业务部室勘察人员，基建办安装人员、基建管理人员、财务部市内采购员、报关员、行政部食堂采购员等，即按实际天数每人每天津贴××元（有勘察设计、安装提成奖领取者则停发该项津贴）。

4. 汽车司机的各类补贴另见专题发文。

第五条　本规定解释权在公司财务部。

37

借款和各项费用开支标准及审批办法

第一条 为进一步完善财务管理，严格执行财务制度，依据公司的规范化管理实施大纲，特制定本标准及程序。

第二条 借款审批及批准。

1. 出差人员借款，必须先到财务部领取“借款审批单”，填写好该凭证后，先经部门经理同意，再由主管领导批准，最后经财务经理审核后，方予借支。

2. 借款出差人员回公司后，3 天内应按规定到财务部报账，报账后结欠部分金额或 3 天内不办理报销手续的人员欠款，财务部门有权在当月工资中扣回。

第三条 业务招待费标准及审批。

1. 总公司本部各业务部的业务招待费，由部门经理掌握，总公司本部的各行政职能部门，按总公司分配下达指标使用，由财务部经理掌握，下属公司根据完成的营业收入，由经理掌握开支，超过部分一律在年终利润分配公益金中予以扣除。

2. 属指标内的业务招待费，报销必须有税务部门的正式发票，数字分明，先由经手人签名，注明用途，部门经理加签证实，再报财务经理审核，然后由各级主管领导审批，方能付款报销。

第四条 其他费用开支标准及审批。

1. 属生产经营性的各项费用，2000 元以内的凭税务部门的正式发票，先由经办人和部门经理签名后，报分管领导批准，然后送财务经理审核报销。超过 2000 元以上的须报财务总监批准。

2. 属非生产经营性的各项费用，报财务总监批准或报董事长批准。

[注] 权限设置由各企业内部自定。

第五条 补充说明

如经费开支审批人出差在外，则应由审批人签署指定代理人，交财务部备案，指定代理人可在规定期间行使相应的审批权力。

公司出差管理制度

1. 本公司员工因公务上的需要，受命出差国内外（包括迁调）依照本章的规定办理。

2. 员工出差均依各部经理的命令或指示，视实际的需要，限定日期呈请总经理核准后执行。

3. 出差员工应于出发前，依式填写所定表格，通知财务部登记，如情形特殊事前不及办理时，需尽快补填表格，送交登记。

4. 员工出差按实报支出差旅费，其最高标准除特殊情况，经总经理核准者外，其余如有超额报支，一律剔除。

5. 员工出差前，可按实际需要预借差旅费，其预借款额，经由各经理初审，呈请总经理核准后暂付之，出差完毕，向财务部报销后应于三日内呈报核销，如三日后，仍未报支者，会计组应将该员之预借差旅费在薪资下先予扣回，待报支时，再行核付。

6. 员工在本市及郊区或其他同日可往返的出差按实支给交通费及误餐费。

7. 交通费包括旅程中必需的舟车等费，按实际报支，其他零星费均在膳杂费内开支，不得另行报支。

8. 员工出差除中途患病及天然不可抗力之原因，并有确实证明者外不得任意改变起程日期，或延长出差时间，但事后经总经理特准者，得追认之。

9. 员工报销差旅费，应据实提出发票单据，核发之，但如发现有虚报不实情况，除将所领款项追回外，并视情节的轻重，酌予惩处。

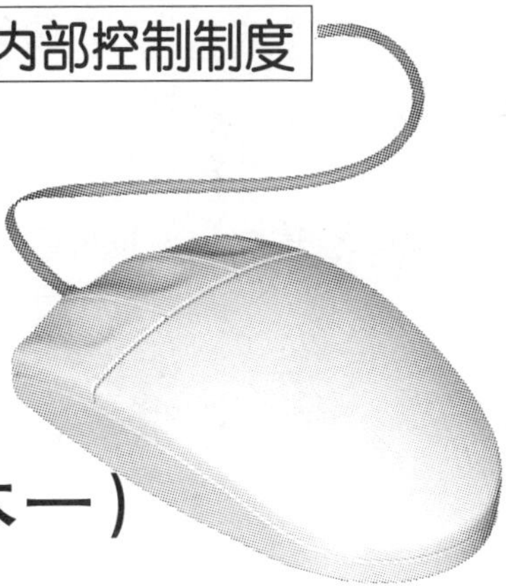

39

员工工资管理制度（范本一）

一、总　则

第一条　本公司员工的工资支付方式及具体方法，由本制度确定。

第二条　工资分为基准内工资和基准外工资两部分，其结构如下：

1. 基准内工资。

（1）基本工资：

①年龄工资。

②资历工资。

③工龄工资。

④职务工资。

（2）各种津贴：

①家属津贴。

②职务津贴。

③交通费津贴。

④全勤津贴。

⑤特别津贴。

⑥职别津贴。

2. 基准外工资。

（1）加班津贴。

（2）节假日工作津贴。

（3）夜班津贴。

第三条 基本工资分为月额和日额，其支付制度分为月薪制、日薪月给制和日薪制。

第四条 月津贴（家属津贴、交通费补贴、职务津贴、特别津贴）在员工连续一个月以上缺勤时，不予支付。

第五条 不按照公司的指示上班者，不发给工资。

第六条 长期休假者在休假期间不发给工资。

二、基准内工资

第七条 工龄工资以在本公司工作年数为标准发放。

第八条 职务工资（或技能工资）按其资历，由另行制定的工资结构标准确定。

第九条 资历按下列标准计算确定：

1. 学历。

资历标准表

学历	折算资历	学历	折算资历
初中以下	一年	大专	六年
初中	三年	本科	八年
高中	四年	硕士	九年

2. 进本公司前的工作经历，按　　%计入资历年数。

3. 进本公司后的工作经历，按100%计入资历年数。

第十条 因其特殊的经历，本章有关规定难以适用者，经公司同意，个别决定其基本工资。

第十一条 职务津贴按下列标准发放：

职务津贴标准表

等级	职务津贴	等级	职务津贴
一级	元	六级	元
二级	元	七级	元
三级	元	八级	元
四级	元	九级	元
五级	元	十级	元

1. 日薪月给者按月基本工资的1/25；

2. 日薪者按天的工资。

月薪者没有全勤津贴。但对其迟到、早退等也不扣工资。

第十二条 特别津贴是指下列津贴：

1. 驻外人员津贴。

2. 技术人员津贴。

3. 管理人员津贴。

4. 特别工作津贴。

第十三条 驻外人员津贴每月在　　元。

第十四条 技术人员是指具有中专以上学历或被政府机构授予技术职称并在本公司担任技术工作者。技术人员津贴每月　　元。

第十五条 管理员是指从事专项管理工作的人员，如卫生管理员、安全管理员、危险物处理主任等。管理员津贴每月　　元。

第十六条 特别工作津贴发给下列人员：

特别工作津贴发放标准

类别	特别工作津贴	类别	特别工作津贴
保安	每月　　元	电话交换员	每月　　元
司机	每月　　元	描图员	每月　　元
锅炉工	每月　　元		

三、基准外工资

第十七条 员工在规定的工作时间之外工作时，按工作时间支付加班津贴。但经理以上职务者不享受加班津贴。

第十八条 在节假日工作时，发给节假日工作津贴。但取得补休者不再享受节假日工作津贴。

第十九条 在晚10时至次日晨5时工作时，发给夜班津贴。

第二十条 基准外工资的具体计算方式如下：

1. 月薪者：

$$\text{每一小时的基准外工资}=\frac{\text{基本工资}+\text{职务津贴}+\text{特别津贴}}{200}\times 1.25$$

2. 日薪月给者：

$$\text{每一小时的基准外工资}=\frac{\text{基本工资}+\text{职务津贴}+\text{全勤津贴}+\text{特别津贴}}{200}\times 1.25$$

3. 日薪者：

$$\text{每一小时的基准外工资}=\left(\frac{\text{基本工资}+\text{职别津贴}}{8}\right)+\left(\frac{\text{职务津贴}+\text{全勤津贴}+\text{特别津贴}}{200}\right)\times 1.25$$

第二十一条 基准外工资中的加班津贴与夜班津贴重合时，其系数按1.5计。

第二十二条 计算基准外工资的最小时间单位为30分钟，不满20分钟的尾数舍去。

四、其他规定

第二十三条 下列有关项目需从工资中代扣。

1. 个人所得税、社会保险费中个人应负担部分。

2. 已到归还日期的个人借款。

第二十四条 对试用期间的职工，按本规定确定临时的基本工资。

第二十五条 本制度从　　年　　月　　日起实施。

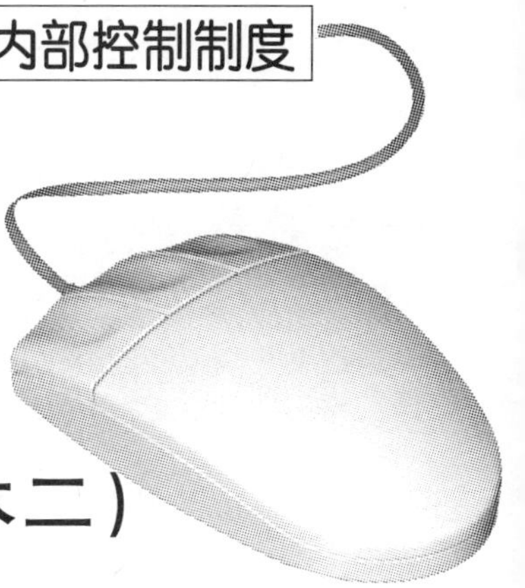

40

员工工资管理制度（范本二）

一、总　则

第一条　本公司员工的工资根据本制度进行支付。

第二条　工资结构如下所示：

1. 工资
   - 基准工资
     - 基本工资
     - 职级津贴
     - 职务津贴
   - 基准外工资
     - 特别津贴
     - 家属津贴
     - 交通费补贴
     - 加班津贴
     - 深夜加班津贴
     - 值班津贴
     - 易歇业津贴
2. 奖金
   - 效益奖金
   - 全勤奖金

第三条　工资按月支付，每月的工资在下月 5 日支付。但当支付日为节假日时，在其前一天支付。

第四条　在支付工资时，需从工资中代扣下列部分：

1. 个人所得税、社会保险费、其他法定的项目。

2. 受工会委托代收的工会会费。

3. 应返还的个人借款。

4. 公司宿舍的使用费（房租）。

第五条 员工在下列情况下，因需要用钱而提出申请时，可在工资支付日前将属于本人的那部分工资支付。

1. 本人或以其收入维持生计者在生育、疾病、受灾、结婚时。

2. 其他公司认可的员工需要用钱时。

第六条 员工死亡或退职时，经本人或其权利代理人申请，在7天之内支付给其工资、归还其储蓄存款及其他任何应属于该员工的钱财及物品。

第七条 员工因工作外的伤病或其他不得已的事情，经正式的手续缺勤时，按下面的分类，支付给其基准工资及家属津贴。

员工缺勤工资支付标准

担任职务	级别	支付期限
管理职务	三级以上	6个月
管理职务 技能职务	二级 七级	5个月
管理职务 技能职务	一级 六级	4个月
一般职务 技能职务 特别职务	五级 五级 五级	3个月
一般职务 技能职务 特别职务	四级以下 四级以下 四级以下	2个月

第八条 长期休假中的工资，除上一条规定之外，原则上不再支付。

第九条 进公司、复职、退职等情况下的工资，按时计算。每天的工资等于月工资额除以22.5计算。

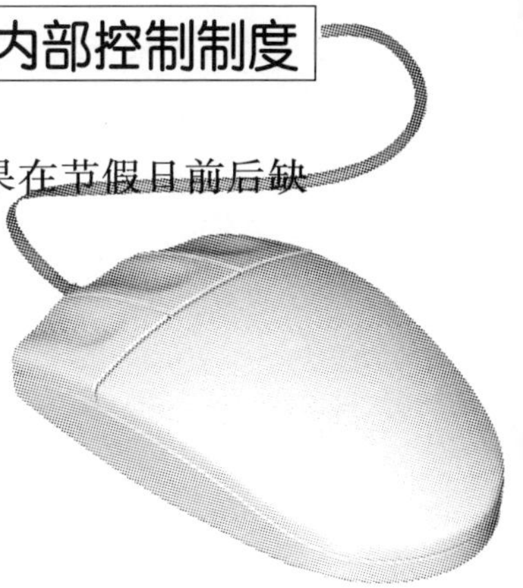

第十条 节假日的工资，按通常上班时对待。但如果在节假日前后缺勤时，节假日也视为缺勤。

二、工资标准

第十一条 基本工资为月工资。

第十二条 学校毕业后的初级任职工资如下所示：

博士毕业　　　　元

硕士毕业　　　　元

本科毕业　　　　元

上述人员以外的初次任职工资根据其担任的职务及技能、资历等而定。

第十三条 职务津贴根据担任的职务，按下面标准支付。

职务津贴支付标准表

担任职务	元
部门经理、代理部门经理	元
部门副经理、主任	元
副主任	元
组长（含代理）	元
副组长	元

三、基准外工资

第十四条 交通费补贴发给利用公共交通工具上下班者，按每月××元支给。

第十五条 员工一天工作超过 8 小时，其超出部分为加班，发给加班津贴。每一小时的加班津贴按一小时的工资乘以 1.25 计算。

第十六条 由于公司的责任，使员工暂时无工作时，每天按平均工资

60% 支付给员工。

四、提　薪

第十七条　提薪每年进行一次，原则上在 × 月进行。

第十八条　有资格参加提薪者为正式在公司工作 6 个月以上者。每次提薪的总额、分配标准及其他重要事项视当时具体情况而定。

五、奖　金

第十九条　根据公司的经营状况发放。

第二十条　有资格参加资金分配者为正式在公司工作 6 个月以上者，奖金发放总额、分配标准及其他重要事项视当时具体情况而定。

六、附　则

第二十一条　本制度从　　　年　　月　　日起实施。

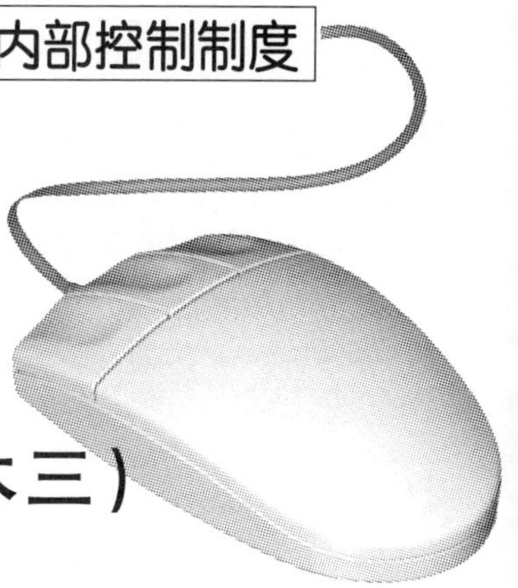

41

员工工资管理制度（范本三）

一、总 则

第一条 为加强本公司工资管理，提高员工的工作积极性，特制定本制度。

第二条 员工工资包括下列两项：

1. 固定工资。
2. 奖金。

第三条 本公司工资体系的构成如下：

- 工资
  - 每月固定工资
    - 基本工资
      - 年龄工资
      - 职能工资
    - 补贴
      - 资格等级津贴
      - 职位津贴
    - 基准外工资——津贴
      - 住宅津贴
      - 抚养津贴
      - 交通津贴
      - 调驻津贴
      - 特殊工作津贴
      - 外勤津贴
      - 时间外工作津贴
    - 其他津贴
  - 奖金

第四条 工资计算期间及支付日规定如下：

1. 工资的计算期间从上个月 21 日起至当月 20 日止，并于每月 25 日支付。

2. 采用工作绩效工资制度的计算期间，则从上个月的 11 日至当月 10 日止，并于每月 15 日支付。

3. 工作支付日遇休假日，则提早于前一日发放，但若遇连续两日以上的休假时，则在休假上班后第一日发放。

第五条 出现下列情形时，可不依前条之规定，由员工提出书面申请即可发放工资，但以员工已经进行的工作时间为限。

1. 本人或家属因生产、疾病、结婚、丧葬或因其他灾害需要费用时。

2. 其他因情理之中迫不得已的原因，并经由员工提出书面申请后，由部门主管人员签准，交人事部门评定后给予非常支付。

第六条 工资支付的形式如下：

1. 正式员工的工资原则上以月工资制为准。

2. 所谓月工资制是以基准工资为工资制度的标准，对休假日未执行勤务时的工资不予扣除。但非因公受伤的请假、停职或无预先依规定请假的缺勤，要从工资中扣除 100% 的缺勤工资。

第七条 新进员工与退职员工的工资规定如下：

1. 新进及退职员工的工资，根据该月实际出勤工作日数，按日计算并给付。

2. 新进及退职员工的工资，除依前项的规定计算外，还须由基准内工资中提取 10% 的金额，按当月缺勤比例扣除。但对于退休或死亡退职者，则不予扣除。

第八条 工资计算还包括计日与计时，其规定如下：

1. 计日及计时工资的计算公式如下：

$$计日工资 = 月基准工资 \times \frac{1}{176} \times 每日规定工作小时数$$

$$计时工资 = 月基准工资 \times \frac{1}{176}$$

注：每月平均工作时数的标准如下：

[一年 365 天 - 休假日 101 天（其中法定假日 13 天、星期例假日 78

天、春节及特别休假日10天)] ×每日工作时数（8小时）÷12个月=176（小时/月）。

2. 出勤工作日未达15天以上时，仅补助半额的抚养津贴，但该月全部缺勤时，则不予津贴。

第九条　每年在11月21日实施定期加薪，但加薪决定在11月21日以后时，可于下一个工资支付日追补。

第十条　下列员工不在定期加薪的范围之内：

1. 临时工、公司特别制定工资的员工。

2. 外聘人员。

第十一条　凡具晋升资格者，则依照各等级所制定的标准实施升级加薪，并于升级后的下一个工资支付日开始实施。

第十二条　下列情形应实施特别加薪，并在发布后的下一个工资支付日开始实施。

1. 技术进步明显并足以成为同事之楷模者，经由部门主管人员推荐及人事部评定后，认为其绩效优良有加薪必要时。

2. 任职于特殊职务的员工，经人事部评定后认为有加薪必要时。

3. 其他有优异表现员工，受到表彰而使公司认为有加薪必要时。

二、基准内工资

第十三条　基准内工资包括基本工资（年龄工资和职能工资）、补贴（资格等级津贴和职位津贴）等两大部分。

第十四条　年龄工资的规定如下：

1. 公司根据员工的年龄区别，制订“年龄工资参照表”并于每年的12月31日实施调薪。若物价上涨时，年龄工资表亦承受其比例变动而调整。

2. 初次任用员工的年龄工资，除了第一年应依照“标准学年毕业年龄”的工资标准任用外，工作满一年时，得依照“自然年龄”工资标准支付。

第十五条　职能工资的规定如下：

1. 公司依人事考核的成绩来制定员工的职能工资。若物价上涨，则职能工资额应随之发生变动。

2. 各等级的职能工资，以该等级的初级工资作为调升级职工资的标准依据。

3. 员工有增资时，以晋级前的职能工资加上资格等级的晋级加薪标准，晋级后的金额若不满晋级的级职工资标准时，应以标准职能工资为基准。

第十六条 初任职位人员的工资规定如下：

1. 新进员工的年龄工资与职能工资，原则上以进入公司的员工的最高学历及录用年度作为毕业年度，其标准如下表：

新进员工年龄与职能工资标准表

学历	标准年龄	职能等级	基本工资
研究生毕业			
本科毕业			
专科毕业			

2. 中途任用者的初任工资，除考虑其学历外，在衡量员工之间的工资均衡性后，再决定其任用工资标准。

3. 初任工资标准，除依照公司规定办理外，对于同行业间的工资标准也须一并考虑。

4. 公司对于初任者的工资，可在 10% 的范围内，依员工表现状况来决定其增减。

第十七条 凡具有资格等级第五职等到第九职等的以及特别职第一职等的员工，公司依下列资格等级给予津贴。

员工资格等级津贴表

资格等级	五等	六等	七等	八等	九等
资格津贴					

第十八条 凡负责管理及监督职务的员工，公司依下述规定支付职位津贴。

员工职位津贴支付表

职位	组长	主任	部长	副部长	总经理	执行董事	董事长
职位津贴	600 元	800 元	1000 元	1200 元	1600 元	1600 元	2000 元

三、基准外工资

第十九条 基准外工资包括下列七项：

1. 住宅津贴。

2. 抚养津贴。

3. 交通津贴。

4. 调驻津贴。

5. 特殊工作津贴。

6. 外勤津贴。

7. 时间工作津贴。

第二十条 住宅津贴是对因无自用住房而必须租赁房屋的职工所做的补贴，其标准按下列规定办理。

1. 需抚养家属且住房人数在 3 人以上者，每月津贴 400 元。

2. 凡具有下列情形的员工不另行补助住宅津贴。

（1）居住于公司员工宿舍的单身员工。

（2）已接受公司所补助的住宅资金利息津贴者。

3. 员工资格或家属抚养状况有所变动时，应提出申请变更住宅津贴。具有或丧失津贴接受资格时，也应于事实发生日的那个月（下一工资支付日前）内，根据申请事由办理津贴增额或减额。

4. 非居住公司宿舍或工厂宿舍的员工，因地利之便可居住于非直系亲属的家中者，每月给予 100 元的住宅津贴。已接受公司所补助的住宅资金利息的员工亦适用此项规定。

第二十一条 抚养津贴的规定如下：

1. 抚养津贴是公司对于需负担家庭生计，并提供抚养家属最低生活保障的员工所补助的津贴。抚养津贴的标准如下：

（1）配偶的抚养津贴额，每月 500 元。

（2）配偶以外的直系亲属（抚养人数以不超过 4 个人为原则），每月每人 100 元。

2. 欲接受抚养津贴或抚养家庭人数增加时，则需提出申请变更抚养津贴。津贴享受资格丧失或抚养人数减少时，也应于事实发生日的当月内（下个工资支付日之前），根据申请的事由决定津贴额的增减事宜。

3. 员工亲属具备下列资格者可申请抚养津贴。

（1）配偶。

（2）满 60 岁以上的父母、祖父母。

（3）未满 18 岁的子女。

（4）身体残疾且无工作能力的直系亲属，不受年龄限制。

4. 其他。

（1）夫妻 2 人同时在本公司工作时，按一人发给补助抚养津贴。

（2）员工本人为养子时，可向公司申请抚养父母。

第二十二条 员工奉命调外地执行勤务时，公司以下列方式支付津贴：

1. 经公司承认的房屋租金或旅馆费用，可依实际费用的使用采取实报实销的方式处理。

2. 调驻津贴除作为补助员工的租赁费用外，另拨出基准内工资的 5% 作为员工调驻外地的开销和补贴。

3. 调驻津贴的计算，依调派到达之日开始算起。

第二十三条 特殊工作津贴支付的资格包括保安员和设备管理员，每月以补助 600 元津贴为基准。

第二十四条 依据人事管理规章的规定，对于规定时间外的工作和休假日的工作，依下列计算方式给付时间外工作津贴：

1. 规定工作时间外及休假日工作的津贴标准为（单位：元/小时）：

$$\frac{\text{基准内工资}+\text{住宅津贴}}{176}\times 1.33=\text{时间外工作津贴}$$

2. 一般工作时间外，自晚上 10 时至次日清晨 5 时为止的超时工作津贴标准为（单位：元/小时）：

$$\frac{\text{基准内工资}+\text{住宅津贴}}{176}\times 1.50=\text{时间外工作津贴}$$

3. 规定工作时间为晚上 10 时至次日清晨 5 时，应依下列标准支付津贴（单位：元/小时）：

（1）自晚上 10 时至 12 时：

$$\frac{\text{基准内工资}+\text{住宅津贴}}{176}\times 0.33=\text{夜班津贴}$$

（2）自晚上 10 时至次日清晨 5 时：

$$\frac{\text{基准内工资}+\text{住宅津贴}}{176}\times 0.50=\text{夜班津贴}$$

4. 第七职等以上的员工不予补助时间外工作津贴。

5. 带薪休假及特别休假日出勤上班者，则依时间外工作津贴的方式处理。

四、其他津贴

第二十五条 下列情形下的休假，则依人事管理规章的规定不予扣除工资：

1. 行使公民权时。
2. 调驻休假。
3. 婚假。
4. 丧假。
5. 灾害休假。
6. 年度带薪休假。

五、奖金

第二十六条 公司根据当年度的经营业绩并考虑到员工的表现，原则上在每年 6 月及 12 月分两次确定并发放奖金。

第二十七条 奖金的计算及发放依下列规定办理：

1. 上期奖金。计算期间为上年10月21日至本年4月20日，于6月发放。

2. 下期奖金。计算期间为本年4月21日至本年10月20日，于12月发放。

第二十八条 从奖金计算期间开始到奖金发放日一直在公司任职者，方有资格领取奖金。但对于届满退休者，应视其工作时间按日计算并发放。

第二十九条 员工若已达58岁，则其奖金在按一般计算方式计算出来以后，以其金额乘以80%作为奖金支付标准。

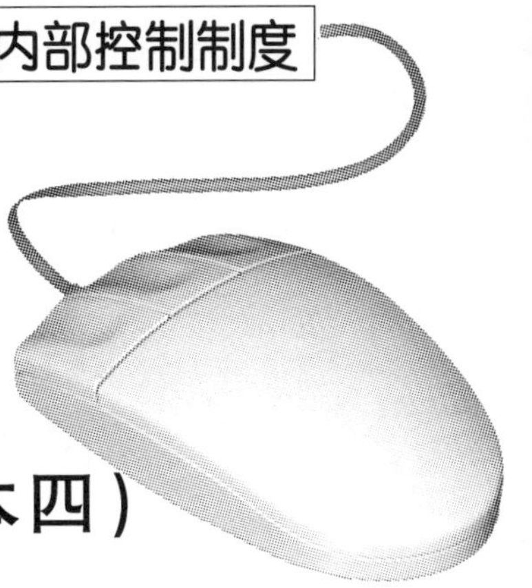

42

员工工资管理制度（范本四）

一、总　则

第一条　为明确本公司的工资标准与核算方式，使工资管理更加规范化，特制定本制度。

第二条　本公司执行的工资体系如下：

- 全部工资
  - 工资
    - 基准内工资
      - 基本工资
      - 家庭津贴
      - 工场劳务津贴
      - 责任津贴
    - 基准外工资
      - 超时加班津贴
      - 假日加班津贴
      - 深夜加班津贴
      - 值班津贴
      - 特殊工作津贴
      - 房屋津贴
  - 奖金

第三条　员工工资以月工资制为基准。

第四条　本公司所用工资计算期间为上个月 21 日到本月 20 日。

第五条　本公司的工资支付日规定如下：

1. 工资原则上以在每月 25 日支付，如遇支付日为休假日时，则提早于前一天支付。

2. 在下列情形下，可以不依前项之规定，由员工本人或其家属申请非常支付，但给付金额以员工实际工作时间应得的工资为限。

（1）本人死亡时。

（2）本人退职或被解聘时。

（3）本人及抚养人生育、疾病、受意外灾害时。

（4）本人或抚养人结婚或丧葬时。

（5）其他经人事部门所认可的事情。

第六条 除依照法令应做的扣除外，劳工组织与公司协议的费用亦由工资中扣除。

二、基准内工资

第七条 基本工资的决定标准，原则上以本人对工作的完成能力为依据。

第八条 初任职人员的基本工资规定如下：

1. 学校毕业后直接进入公司服务的员工的基本工资，依“初任工资表”的规定办理。

2. 中途录用同行业人员时，其工资除考虑到员工的学历外，还需参考同行业之间的工资标准及年龄因素，且不得低于基本工资标准。

第九条 本公司采取定期调薪制，具体规定如下：

1. 基本工资以每年定期调升一次为原则，但在此期间受惩戒者不在此列。

2. 员工进入公司服务满一年之后，遇第一次调薪时，可根据员工表现调升其职级 2～3 级，并将相应调薪额加入基本工资中。

3. 员工年满 50 岁以上时，其职能等级工资即保持不变，不在定期调薪范围之内，但在物价上涨提高基本工资时则可按比例上升。

第十条 晋升后的调薪依下列规定办理：

1. 员工晋升职级时，基本工资也随之上升，并依“员工等级数加薪表”和“晋升职等年数调升工资表”的规定办理。

2. 晋升的金额未达到规定的标准时，应依下列标准给予加给，但是，职等数在 4 年内（标准晋升）晋升时，则不支付加给。

Ⅱ等→Ⅲ等，Ⅲ等→Ⅳ等：　　　　　　调升 150 元

Ⅳ等→Ⅴ等，Ⅴ等→Ⅵ等：　　　　　　调升 300 元

第十一条　参与车间工作或工作时间内在车间执行公务者，应支付基本工资的 14% 作为各工场劳务津贴。

第十二条　具有管理监督职位的员工，依“责任津贴表”领取责任津贴，凡领取责任津贴的主管人员则不再支付超过工作津贴。

第十三条　在工资计算期间，员工缺勤的日数依下列标准从工资中扣除：

员工缺勤工资扣除标准表

请假日数	工资扣除率	标准扣除额
3～5 日	1%	80 元
6～8 日	2%	160 元
9～11 日	3%	240 元
12～14 日	4%	320 元
15 日以后	5%	400 元

1. 员工缺勤时的工资扣除额，得依上列工资扣除率乘以基本工资再加上标准扣除额的总和，从工资中扣除。

2. 车间作业津贴及家庭津贴，实行减额方式计算。

3. 特别休假（结婚、服丧、公民选举与召集、受不可抗拒自然灾害而缺勤）应视同上班。

4. 迟到、早退、私自外出时的缺勤，以 30 分钟为计算单位（未满 30 分钟者按 30 分钟计），合计达 7 小时者，视为缺勤一天。

第十四条　新进人员与离职人员的工资按下列规定办理：

1. 新进人员的初任工资，以基本工资为基准，并依实际出勤上班日数计算支付。

2. 死亡或离职人员的工资，按日计算并依实际出勤日数计算并发放工资总额。其他津贴（如工场劳务津贴、抚养津贴等）亦按日计算。

3. 停职或复职时的工资，依下列公式计算：

$$停职前或复职前的基本工资 \times \frac{实际出勤日数}{当月出勤日数}$$

三、基准外工资

第十五条 在要求工作时间外加班时，公司得依规定工作时间的工资的一定比率支付工作津贴，其津贴标准包括下列三项：

1. 规定工作时间外工作津贴。早到、晚上加班，依计时工资标准乘以130%计算。

2. 休假日津贴。星期日或节假日加班，依计时工资标准乘以200%计算。

3. 深夜加班津贴。晚上10时至次日清晨5时后延长加班，依计时工资标准乘以200%计算。

第十六条 本公司业务繁忙时需要员工加班，津贴核算如下：

1. 执行三班制工作时间者，若因业务上的需要而必须连续执行工作时，其加班费应按下列比率增加给付：

（1）连续执行两班者，依实际加班时数增加20%的津贴。

（2）连续执行三班者，依实际加班时数增加50%的津贴。

（3）不得重复计算深夜加班津贴。

2. 在指定休假日，替代休假人员执行公勤务时，每次以基本工资的计时工资乘以3.5%加上300元，作为值班津贴。

第十七条 对于执行安全保卫工作的人员每月支付特殊工作津贴300元。

第十八条 对于未居住公司住宅或宿舍的员工，按下列标准支付房屋津贴：

1. 员工住地距离上班地点单程距离未超过10公里时，原则上由员工自行负担交通费用。

2. 员工居住地距离上班地点单程距离超过10公里时，公司负担定期月票费用。

3. 定期月票遗失，由员工本人负责。

四、停职金

第十九条 员工因工伤而停职时，工资依下列规定办理：

1. 因公受伤时的缺勤，应视同上班；但超过一个月的缺勤原则上不得支付工资。

2. 非因公受伤的缺勤不支付停职工资。

第二十条 外调支援中因其他特别原因（如赴外考察时）而停职者，其工资则因时因地而定，但工资的变动必须在事实发生的当日算起。

五、奖　金

第二十一条 公司根据营业成长比例，并考虑员工的工作绩效及贡献程度，于每年6月或7月、11月或12月分两次发放奖金。

第二十二条 依据人事部及各单位主管人员评定出的员工的考绩、出勤率、对公司贡献程度，决定奖金发放的标准。其计算公式为：

$$奖金=\frac{实际上班日数}{应上班日数}\times 考绩百分比$$

六、附　则

第二十三条 本制度自　　　年　　月　　日开始实施。

43

机械制造业薪金管理制度

一、总　则

第一条　目的。

本制度依据人事管理规章的规定，对员工的工资、奖金、津贴等事项加以科学与规范的管理，以提高员工工作积极性，提高产品质量，扩大生产规模，完成本公司中长期目标。

第二条　薪金支付原则。

薪金在支付原则上，应与公司分配的工作成正比。因此，非规定的休假及非公司分配的工作，不支付薪金。

二、薪金的分类与支付

第三条　薪金的分类。

薪金包括基准内薪金及基准外薪金两大部分，其内容如下：

1. 基准内薪金：

（1）基本工资。

（2）特殊工作津贴。

（3）责任津贴。

（4）住房津贴。

（5）抚养津贴。

（6）交通津贴。

2. 基准外薪金：

（1）提早上班、加班津贴。

（2）夜班津贴。

（3）假日加班津贴。

（4）轮班制工作津贴。

（5）休假日工作津贴。

（6）保卫津贴（比例分）。

（7）值班津贴。

（8）调驻津贴。

（9）交通津贴。

（10）春节加班津贴。

（11）临时传呼津贴。

第四条 缺勤扣除基本额。员工缺勤时：

$$缺勤扣除基本额 = 基准内薪金 \times \frac{1}{176} \times 缺勤小时$$

第五条 基本工资。

基本工资支付原则，包括下列三项：

1. 基本工资依员工的职务及执行能力决定。

2. 新进员工的基本工资计算方式，依“初始基本工资表”的标准支付。

3. 工作满一年以上的员工，依“员工年龄最低基本工资表”的标准支付。

第六条 职等津贴。

经公司试用期满的员工，由人事部评定员工的职等，依“职等津贴表”的标准给付。

第七条 抚养津贴。

公司对于家庭负担较重的员工给予抚养津贴，支付额依“抚养津贴支付额表”标准办理。

第八条 住房津贴。

住房津贴是为补贴员工因没有自有住房，而须租赁房屋的情况。住房津贴的支付依有关标准办理。

第九条 调驻津贴。

员工因调职居住公司宿舍时，可中止住宅津贴，另依调驻津贴补助的规定办理。

第十条 轮班制工作津贴。

属于轮班工作的员工，依轮班工作津贴（定额分）的规定办理津贴支付。

第十一条 保安津贴。

凡公司的保安人员，依保卫津贴（定额分）的规定办理。

第十二条 福利津贴。

员工的福利津贴，依福利津贴的办理。

第十三条 基准外薪金。

基准外薪金的支付标准，依有关规定办理。

第十四条 薪金计算期间及支薪日。

1. 每月薪金计算期间从上个月 16 日到本月 15 日止，并于该月 25 日支薪。

2. 若发薪日遇假日时，则提前一日支付。若发薪日遇连续假日时，则于休假后第一天上班时支付；但不可延至 27 日以后支付。

第十五条 尾数计算。

薪金计算时，有未满 1 元的尾数产生时，以 1 元计算。

第十六条 支薪方法。

1. 薪金发放时，一律以现金直接支薪给员工。

2. 员工死亡时或因事无法直接交付员工时，可通知家属携带有关证件代领。

第十七条 禁止抵消、冻结。

员工事先借支时，不得以薪金相抵，也不得以此作为债权担保，而予以冻结。

第十八条 紧急时支薪。

下列情况发生时经员工的请求，可不依照第十四条的规定，视情况支付其已工作时间的薪金。

1. 本人或抚养的家属因生产、生病或发生意外事故时。

2. 本人或抚养的家属结婚或死亡时。

3. 本人离职时。

三、扣除事项

第十九条 薪金扣除。

下列规定，可自薪金中直接扣除。

1. 个人薪金所得税及其他法令规定须代扣的事项。

2. 劳动保险费、团体意外保险费。

3. 福利金。

4. 工会会费。

第二十条 缺勤的薪金。

1. 员工缺勤时，每缺勤 1 天，扣除 1 天的缺勤薪金。

2. 每计薪期间，因私人事由请假时，缺勤天数超过 16 天者，以基本工资的 80% 乘以出勤天数，作为该月的薪金。

3. 迟到、早退及私自外出时间以 30 分钟为一单位，在一计薪期间达 10 次时，则视为缺勤一天。

第二十一条 完全缺勤及停职中的薪金。

每计薪期间完全缺勤或停职时，不支付薪金。但因派遣国外而停职时，可支付基本工资的部分或全部。

第二十二条 不支薪。

下列情况，不支付该部分薪金：

1. 在上班时间举行劳工组织活动时。

2. 未经公司许可下，在上班时间内，自他处接受公司以外的业务时。

3. 受惩戒处分减薪或停止工作时。

第二十三条 不视为减薪的情况。

下列情况不视为减薪的对象：

1. 因业务上的伤残疾病，须外出或早退。

2. 行使公民权时。

第二十四条 计薪期间中途任职、离职及解雇。

1. 在计薪期间中途进入公司时薪金按天计算。

2. 离职及解雇时的薪金支付，依照已出勤的工作天数乘以基准内薪金和基准外薪金的津贴，为该月的薪金基准。

第二十五条 日薪的计算。

1. 以日薪计算的薪金支付时，以月薪的 1/22 乘以基准薪金，即日薪的支付标准。

2. 隔日工作制的保安人员，其日薪计算按月薪的 1/44 计算。

注：日薪计算的标准＝[一年(365 日)－休假日(101 日)]÷12(月)＝22 日/月工作

四、初始薪金与升级

第二十六条 初始薪金。

新进员工的初始薪金，依“初始基本工资表”的规定办理。

第二十七条 升级。

1. 公司原则上于每年 12 月 31 日办理升级。

2. 员工的年龄在升级时达 56 岁以上者，其升级标准，按下列方式处理。

（1）薪金管理方法。

依薪金基准线的规定办理。

（2）升级方法。

年度升级时，即使已为降级，仍以基准线为标准。

（3）受降级处分，导致目前基本工资降低时，提高至目前的基本工资水平。若因严重违规，而受惩戒处分时，则另行考虑。

（4）基准线以各职等 55 岁为基准，一直到 59 岁的比率，其标准如下：

4 级	93%	8 级	88%
5 级	92%	9 级	87%
6 级	91%	10 级	86%
7 级	90%	11 级	85%

第二十八条 奖金及其他。

奖金及其他临时性支付，视公司经营情况，另行规定具体支付标准和支付办法。

五、附　表

初始基本工资表（月）

学历	基准年龄	基本工资	附加	合计
博士	27 岁	2800 元	600 元	3400 元
硕士	26 岁	2500 元	500 元	3000 元
本科	22 岁	1800 元	300 元	2100 元
大专	21 岁	1420 元	280 元	1700 元
高中	19 岁	1300 元	270 元	1570 元
初中	16 岁	1200 元	215 元	1415 元

注：录用超过基准年龄者，每超过基准年龄（12 月 31 日前）1 岁，即增加 80 元（依比例增加在基本工资上）。但不包含本科、硕士及博士。

44

家电制造业薪金管理制度

第一条　目的。

本规定依据人事管理规章制定，旨在规范员工薪金管理。

第二条　薪金发放依据。

员工薪金是以社会经济水平、公司支薪能力、物价指数变化以及本人的工作能力、经验、年龄等作为发放依据。

第三条　薪金内容。

薪金包括固定薪金及奖金两部分。

第四条　支薪方法。

1. 薪金支付原则上由直属主管直接将薪金交给本人，或委托会计部的经办人直接交给本人。

2. 薪金支付也可直接将薪金（含临时奖金）全额或部分汇入员工银行账号内。

第五条　薪金扣除事项。

下列事项可从员工每月薪金中直接扣除：

1. 法令规定事项。

2. 基于薪金扣除规定，并与工会取得协议的事项。

第六条　薪金误发处理。

1. 员工薪金虚报、怠于申报及误算时的多领，必须在发现后立即偿还。

2. 因误算给支的薪金，公司在支付后一个月内可向员工行使追索权。

第七条　离职时的薪金。

1. 薪金计算期间员工遭解雇或申请离职时的薪金，凡采用日薪月给制或月薪制者，仍支付基本工资。

2. 附加额的支付则依当月工作天数乘以月薪比例（以1/25计算）；各项津贴则不予支付。

3. 退职金的计算依离职前六个月内的平均基本工资乘以基准比例所得的基本额支付。

第八条 薪金计算期间及支付日。

1. 薪金计算期间从上个月21日开始到本月20日止，并于该月27日发放。若支薪日为休假日时，则提早于前一日发放。

2. 年度结算薪金期间，从1月1日开始到12月31日为止，以公历年为薪金会计制度。

3. 奖金的支付依据本规则后面的相关规定办理，支薪日期则视其需要由人事部自行制订。

第九条 特别支付。

凡有以下情况者，可由本人或抚养亲属申请支付已工作时间的薪金。本条中第一、第二项的申请，应于提出申请后七日内尽快支付；第三项以后者，则视其需要支付：

1. 本人去世时。

2. 离职或被解雇时。

3. 结婚或生产时。

4. 生病或受意外灾害时。

5. 有葬仪费用时。

6. 其他经公司认可的事由。

第十条 基本工资核定。

基本工资在考查员工的年龄、学历、经验能力、职务及业绩等因素后，决定支付标准。

第十一条 基本工资的种类。

基本工资，分为月薪制及日薪月结制两种。

第十二条 月薪制适用标准。

月薪制适用的资格如下：

1. 主管级以上职位者。

2. 薪金计算期间的出勤率达98%以上，并符合下列资格者。

（1）在公司工作满两年以上者。

（2）表现优异的员工，经部门主管及人事部评定后认可者。

第十三条 附加薪金。

通过试用期间转为正式录用员工时，则应视该员工适用的资格制度，并从该月起确定其资格等级，并依照有关规定支付其附加薪金。

第十四条 职等制度。

其他职等工作，则按“职等制度概要”的规定事项另行办理。

第十五条 责任津贴。

担任管理职位及专门职位者，依其所担任的职位支付津贴额。

第十六条 责任津贴的支付。

责任津贴支付原则上于正式任职当月开始支付，卸任时的第二个月取消其支付资格。

第十七条 住房津贴。

1. 住房津贴须依各地区员工正式任职时起算。

2. 缺勤达一个月以上者，则从第二个月开始不予支付。但恢复工作时，则从下个支薪日起依工作天数支付。

3. 薪金计算期间中途任职者，其工作时间未达 15 日以上时同，不予支付津贴。

4. 因调职而派至其他地区的调动，从事实发生的第二个月，应视其调派地区支付津贴。但申请变更津贴额时则必须在事实发生的当月提出申请。

第十八条 抚养津贴。

公司对于家庭负担较重的员工依下列条件支付津贴：

1. 抚养对象。

（1）配偶。

（2）其他抚养亲属。

①责任津贴二职等以上者，其抚养家属最多不得超过两人。

②夫妇皆在公司上班者择一人支付。

2. 抚养亲属是指和本人共同生活（依靠本人收入，赖以维持生计者，在二等亲属范围内）者。但有不得已原因而必须与抚养亲属分居时，须提交相关证明文件并经由人事部确认后，可依规定办理津贴支付。

第十九条　抚养津贴支付规定。

1. 新进员工其亲属增加者，应从事实发生当月起开始支付抚养津贴；抚养亲属减少者，则应于事实发生的第二个月起实施减少津贴。

2. 缺勤一个月以上时，从第二个月起即不支付。连续缺勤两个月以上者再度上班时，则从恢复上班当月份开始支付。

3. 欲接受抚养津贴而有调动者，原则上应于事实发生的一个月内提出申请，并经由直属主管向上呈报。

第二十条　职务津贴的种类。

凡具有下列资格者，可支领职务津贴（但已接受责任津贴者，不在此范围内）。

1. 机械津贴：

（1）重作业。

（2）轻作业。

（3）其他。

2. 出差津贴（定额）。

3. 驾驶津贴（基本津贴额）。

4. 保卫津贴。

5. 电话接线津贴。

第二十一条　职务津贴支付职务津贴的发放额由各部门依据该职务的具体情况确定，并报人事部备案，由会计发放。

第二十二条　职务津贴调整。

遇下列情形时，公司视需要限期调整津贴：

1. 合并或重整公司时，新负责人认为有调整津贴必要时。

2. 停薪留职者复职时，经人事部评定有调整津贴必要时。

3. 有关薪金支付标准及相关制度修订后，认为有补偿差额必要时。

第二十三条　加班津贴。

工作时间外的加班（不含假日加班及深夜加班），每小时以正常薪金的 150% 作为加班津贴。

第二十四条　假日加班津贴。

假日加班时，依下列标准乘以计时工资作为假日加班的津贴。

星期六、日	150%
法定假日	200%
春节	300%

第二十五条 特殊工作加班津贴。

特殊工作者的加班津贴，则视实际需要另行规定。

第二十六条 出差津贴。

因业务上的需要，而必须赴外地考察或洽谈业务时，依下列支付标准，以固定金额加固定比率金额的总额为津贴的基准。

1. 固定金额每次津贴额为 300 元。

2. 固定比率基准薪金 × 固定比率

第二十七条 停业津贴。

公司因经营权变更、重整、受自然意外灾害或不可抗拒的灾害而必须部分或全部停业时，应于停止工作期间支付员工 80% 的基准内薪金，作为停业时的津贴。

第二十八条 事故休假。

因意外事故缺勤时，分下列两种方式处理：

1. 年度带薪休假时，薪金照常予以支付。

2. 下列特别休假时，薪金亦照常支付：

（1）婚假。

（2）丧假。

（3）产假。

（4）自然意外灾害，公司认为必须休假时。

（5）公司与工会特别协定的休假。

第二十九条 工会活动。

员工从事工会活动而停止工作的时间不支付薪金，但公司与工会共同举办的活动不在此限。

第三十条 停职。

员工在工作时间内申请离职或被解雇不给予缺勤时的薪金。

第三十一条 行使公民权。

员工因行使公民权时的缺勤，薪金照常支付。

第三十二条 奖金。

奖金支付原则上每年分两次发放，并于7月5日和次年1月5日支付。

第三十三条 奖金支付的对象。

1. 奖金支付的对象，为从奖金计算期间到发放日止一直在职的员工。

2. 奖金计算期间工作满6个月以上者，应支付100%的金额，但未满6个月者，则依下列方式支付。

（1）服务满5个月以上未满6个月者，支付90%奖金。

（2）服务满4个月以上未满5个月者，支付75%奖金。

（3）服务满3个月以上未满4个月者，支付50%奖金。

（4）服务满2个月以上未满3个月者，支付25%奖金。

（5）服务满1个月以上未满2个月者，支付10%奖金。

（6）服务未满1个月者不予支付。

3. 非正式员工，其奖金视工作表现，由人事部另行制订。

第三十四条 奖金计算期间。

1. 上期奖金的计算期间从本年1月1日至6月30日止。

2. 下期奖金的计算期间从本年7月1日至12月31日止。

第三十五条 奖金的计算方法。

1. 个人资金计算方法如下：

计算基础额×支付率=个人奖金额

2. 奖金计算基础额以奖金计算期间内员工最高基准金（基本工资、附加）加上各项津贴（责任津贴、住房津贴、抚养津贴及特殊职务津贴）的总额为计算基础额。

3. 支付率则视公司业务的增长及员工业绩等因素，由人事部具体制订。

第三十六条 实施日期。

本规定从　　　　年　　月　　日起开始实施。

45

食品制造业薪金管理制度

第一条 薪金的体系。

薪金体系如下图所示。

- 标准薪金
  - 工资
    - 基准内工资
      - 基本工资
      - 家庭津贴
      - 劳务津贴
    - 基准外工资
      - 责任津贴
      - 超时加班津贴
      - 假日加班津贴
      - 深夜加班津贴
      - 值班津贴
      - 特殊工作津贴
      - 警卫工作津贴
      - 交通工资
  - 奖金

第二条 薪金支付方式。

员工薪金以月薪制为基准。

第三条 薪金的结算日。

1. 基准内薪金计算期间以月底为结算日。

2. 基准外薪金计算期间以上月月底为结算日。

第四条 薪金支付日。

薪金给付原则上在每月 25 日支付。但如果支付日恰逢休假日时，则提早于前一天支付。

第五条 特殊支付。

下列情况，可不依公司的规定，由本人或亲属申请非常支付：

1. 本人或抚养人去世时。
2. 本人退职或被解雇时。
3. 本人及抚养人生产、疾病、受意外灾害时。
4. 本人或抚养人结婚时。
5. 其他经人事部认可的事由。

第六条 薪金扣除。

除法令规定的扣除额外，工会会费也从薪金中扣除。

第七条 基本工资的决定。

基本工资原则上以本人工作完成能力为依据。

第八条 初始基本工资。

1. 学校毕业后直接进入公司工作者基本工资依“初始工资表”的规定办理。

初始工资表

职称	学历	等级在级年数	初任工资额
A职	硕士毕业	Ⅳ－2	
	本科毕业	Ⅲ－4	
	大专毕业	Ⅱ－4	
	中专毕业	Ⅱ－4	
	高中毕业	Ⅱ－1	
B职	中专毕业	Ⅱ－2	
	大专毕业	Ⅱ－1	
	高中毕业	Ⅰ－4	
C职	初中毕业	Ⅰ－1	

2. 中途录用人员的工资，除考察员工的学历与经验外，还以同行业的工资水平及年龄为工资计算的依据，但不得低于基本工资的标准。

第九条 定期调薪。

1. 基本工资每年定期调升一次，但受惩戒处分者不在此列。

2. 员工进入公司工作届满一年后，遇第一次调薪时，可视其表现调升职级 2～3 级为其调薪，并加入基本工资中。

3. 员工年满 50 岁以上的职等工资，不在定期调薪范围之内，应依 50 岁时的职等工资为基准。

第十条 晋升调薪。

1. 员工晋升职级时，基本工资也随之调升，并依下表所列资料作为计算标准。

员工职等级数工资表 **单位：元**

等级	在级年数	特 A	A	B（标准）	C	D
Ⅰ	1～6 年					
Ⅱ	16 年以上 7～15 年 1～6 年					
Ⅲ	16 年以上 7～15 年 1～6 年					
Ⅳ	16 年以上 7～15 年 1～6 年					
Ⅴ	16 年以上 7～15 年 1～6 年					
Ⅵ	16 年以上 7～15 年 1～6 年					

晋升等级年数调升工资表

职等	调升年数		
	5 年（迟升）	3 年（特升）	4 年（标准）
Ⅰ等调升Ⅱ等			
Ⅱ等调升Ⅲ等			
Ⅲ等调升Ⅳ等			

2. 晋升的薪金额未达规定标准时，可依下列标准加薪。但是，等级职数在 4 年内（标准晋升）晋升时，则不支付加薪。

（1） Ⅱ等→Ⅲ等，Ⅲ等→Ⅳ等　　　　调升 300 元

（2） Ⅳ等→Ⅴ等，Ⅴ等→Ⅵ等　　　　调升 500 元

第十一条 劳务津贴。

参与工厂劳务者或于工作时间内到工厂工作的员工，应支付基本工资的 14% 作为劳务津贴。

第十二条 减薪。

每一计薪期间，员工的缺勤日数，可依下列标准自薪金中扣除。

薪金扣除标准表

请假日数	工资扣除定率	标准扣除额
3 ~ 5 日	1%	80 元
6 ~ 8 日	2%	160 元
9 ~ 11 日	3%	240 元
12 ~ 14 日	4%	320 元
15 日以上	5%	400 元

1. 员工缺勤时的薪金扣除额，可依上列的薪金扣除定率加标准扣除额总和，自薪金中扣除。

2. 工厂劳务津贴及抚养津贴，不采取减额方式。

3. 特别休假（结婚、服丧、公民选举、受不可抗拒的意外灾害时的缺勤）应视同出勤上班。

4. 迟到、早退、私自外出时的缺勤，以30分钟为计算单位（未满30分钟则视为30分钟），合计达7小时者，视为缺勤一天。

第十三条 新进、离职员工的薪金。

1. 新进人员的初始薪金，以基本薪金为基准，并依实际工作天数计算支付。

2. 死亡或离职的员工薪金按天计算，并依实际出勤天数的计日工资总额支付。其他津贴（如劳务津贴，抚养津贴）亦按日计算。

第十四条 工作时间外的加班津贴。

员工被安排于工作时间外加班时，可依规定工作时间的薪金比率增加并支付。其津贴标准包括下列三项：

1. 加班津贴。

早到、晚上加班时，依计时工资标准的130%支付。

2. 休假日津贴。

法定假日加班时，依计时工资标准的200%支付。

3. 深夜加班津贴。

晚上10时至第二天清晨5时的延长加班，依计时工资标准的165%支付。

第十五条 交通津贴。

1. 员工居住地距离上班地点的单程距离未超过10公里时，由员工自行负担交通费用。

2. 员工居住地距离上班地点的单程距离超过10公里由公司负担定期月票费用。定期月票遗失时，则由本人自行负责。

第十六条 因公受伤而停职。

1. 因公受伤时的缺勤，应视同出勤上班；但超过一个月的缺勤不再支付薪金。

2. 非因公受伤者的缺勤，不支付停职时的薪金。

第十七条 外调支援或其他原因停职。

外调支援或因其他特别原因（如赴外考察等因素）停职者，其薪金根据具体情况确定。但薪金的变动，必须从事实发生日起计算。

第十八条 奖金发放原则。

人事部依据各部门主管评定在职员工的考绩、出勤率、公司贡献程度决定奖金发放的标准。其计算公式如下：

$$奖金=\frac{基本工资\times实际工作天数}{应工作天数}\times考绩百分比$$

第十九条 实施。

本规定自　　　年　　月　　日起制定实施。

46

百货公司薪金管理制度

一、总　则

第一条　目的。

为加强本公司薪金管理，特制定本制度。

第二条　薪金发放原则。

对于遵守公司规定并诚实工作的员工，依职务的高低度，并权衡工作的绩效、态度及工龄等有区别地发放薪金。

第三条　适用范围。

本制度适用于公司全体员工但不包括试用期间的员工。

第四条　薪金的种类。

薪金包括工资、奖金、奖励金、补助金及津贴等。

第五条　薪金的支付与扣除。

1. 薪金发放通常以现金直接支付给本人。经员工本人书面申请也可通过金融机关直接转入其个人账户。

2. 下列各项必须从薪金中扣除。

（1）个人所得税。

（2）劳动保险费、团体意外保险费。

（3）代付伙食费、住宿费。

（4）工会协定事项。

第六条　平均工资。

1. 平均工资的计算方式是自员工第一天到公司工作起三个月的工资总

数除以实际工作时间。

2. 平均工资的计算不含公司在3个月内所补助的各项津贴。

第七条 尾数处理。

薪金计算时，若有达到元以下的尾数时，各项四舍五入到元。

第八条 工资体系。

工资由基本工资及津贴两大部分构成。

1. 工资计算期间是自上月26日至本月25日止，并于每月29日发放工资。支付日若遇法定假日时，则提前一天发放，若遇连续2日以上的假期，则在休假后上班的第一天发放。

2. 加班津贴、假日工作津贴及深夜工作津贴的计算期间从上月26日开始到本月25日止。

3. 该月16日以后进入公司的员工，其该月的工资于一个月后合并发放。

第九条 工资的非常支付。

员工或依靠员工收入赖以维持生计者，基于下列原因并经由公司认为有其必要时，可由员工或其家属提出书面申请提前发放工资，但以员工应支领的工资额为限：

1. 结婚。

2. 生产、疾病。

3. 死亡、意外灾害。

第十条 缺勤扣除。

员工缺勤或因迟到、早退、私自外出等私人理由，而未工作时，按下列方式扣薪。

1. 缺勤一天，扣除基本工资日额。

2. 因迟到、早退、私自外出等缺勤而未工作时，应视实际缺勤时间，自基本工资中直接扣除。

第十一条 行使公民权的处理。

员工为行使公民权而未能工作时的工资，不予以扣除。

第十二条 特别休假的处理。

员工申请特别休假时，其薪金应按下列方式处理：

1. 婚假、丧假及自然灾害的特别休假不扣除工资。

2. 因伤残疾病而无法工作时，其前3天的工资照付，但第四天以后的缺勤，则依基本工资支付；超过20天以上的缺勤时，则不予以发放工资，但可依员工的请求，代为申请劳保伤残补助及团体意外险补助，并给予停薪留职。

二、其准内工资

第十三条 基本工资。

基本工资指在规定工作时间内应支付的工资。

第十四条 等级。

依员工所担任的职务性质来划分等级，并依据“资格规定”中所制定的资格分等标准来划分。

第十五条 级数。

依员工的年龄、经验及考绩来制定级数。考绩的评估则由另行制定的“成绩评价规定”为基准。

第十六条 加薪。

视公司的业绩和同业间工资水平的动向，对于基本工资偏低的部分员工，可依基本工资的一定比例或一定额，或两者并用等方式来计算加薪额。必要时，可将加薪的一部分或全部转入基本工资。

三、基准外工资

第十七条 加班津贴。

1. 基于业务上的需要而必须在工作时间外继续工作时，所支付的津贴为加班津贴。

2. 加班津贴的计算，以基准内工资的计时工资乘以133%，为其津贴额。

第十八条 假日工作津贴。

员工于假日工作所支付的津贴。假日工作津贴的计算同第十八条第二项方法计算。但员工于假日后补休者不予以支付津贴。

第十九条 深夜工作津贴。

深夜工作津贴的支付对象以晚上 10 时到第二天凌晨 5 时止的员工，其津贴金额则以基准内工资的计时工资乘以 133% 为基准。

第二十条 责任津贴。

1. 经理、副经理等管理监督职位者，则依有关规定支付责任津贴。

2. 依人事管理规章的规定凡领取责任津贴的主管，则不再支付资格津贴及超时工作津贴。

第二十一条 资格津贴。

经理、主任、组长等职位者，依有关规定支付资格津贴。

第二十二条 特殊作业津贴。

为配合职务及作业环境的特殊性需要，可依有关规定支付特殊工作津贴。

第二十三条 采购津贴。

为购入商品而须外出采购者，应就其外出采购的远近及频率，并依有关规定给付采购津贴。

第二十四条 销售津贴。

管理职以外的售货人员（担任伙食者除外），依有关规定支付销售津贴。

第二十五条 住房津贴。

凡未使用员工宿舍者，依有关规定支付住房津贴。但夫妇皆为公司员工时，仅择一人支付。

第二十六条 交通津贴。

1. 员工自住所到工作地，单程距离达 10 公里以上者，须根据下列的区分，并依有关规定支付交通津贴。

（1）使用公共交通工具者。

（2）使用自用汽车及摩托车者，但以领有驾驶执照者为限。

2. 利用公共交通工具者，当定期月票发生新旧差额时亦须算清。

3. 员工申请或变更交通津贴时，应利用交通津贴申请书提出书面申请并于下一个支薪日生效。

第二十七条 抚养津贴。

1. 对于须抚养亲属的员工，则依有关规定支付抚养津贴。

2. 员工所抚养的亲属有所变动时，可依规定申请并于受理申请的当月工资中变更津贴支付额。

第二十八条 宿舍所住人数达 8 人以上时，可在室中推选一名宿舍长，并经由人事部评定后，每三个月依有关规定支付宿舍津贴。

四、奖 金

第二十九条 奖金的核定。

公司根据当年度业绩及员工贡献程度于每年 1 月及 7 月两次发放奖金。但当公司无发放能力时，则不予发放。

第三十条 奖金发放对象。

奖金发放对象是奖金计算期间开始及发放日为止一直在公司任职的员工。中途任用的员工，应视其工作时间及考绩，采用不定额发放的方法。

第三十一条 个人资金的分配。

1. 个人奖金则依下列方式计算：

个人奖金 =（基本工资比例部分 + 考绩比例部分）× 出勤率

2. 考绩比例部分的计算，依照公司奖金决定发放额除以总考绩比例即为总考绩比例奖金，并依照考绩的平均额乘以个人考绩比例部分即为个人奖金发放的标准。

3. 出勤率的计算：

$$出勤率=\frac{应出勤天数-缺勤天数}{应出勤天数}$$

注：迟到、早退及私自外出累计达三次、出勤天数视为缺勤一天。

五、附 则

第三十二条 本制度自　　　　年　　月　　日起实施。

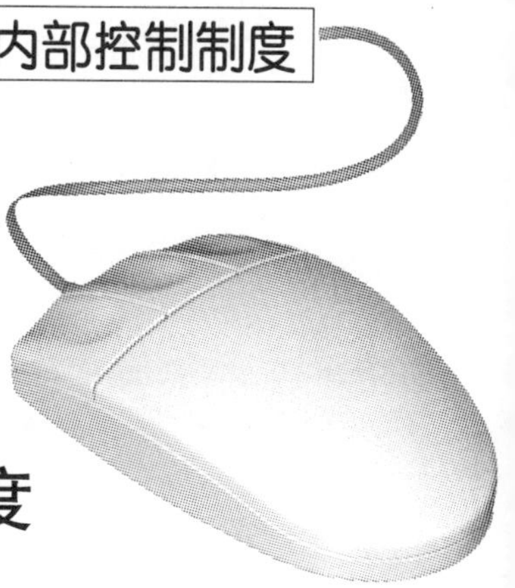

47

连锁商业薪金管理制度

一、总 则

第一条 目的。

本制度指在规范公司员工的薪金管理，合理分配，充分激发员工的工作热情。

第二条 适用范围。

凡在公司编制范围内的各职等人员均适用，临时人员不适用本制度。

第三条 薪金内容。

薪金包括基准内薪金及基准外薪金两大部分。另外，有关奖金发放的原则本制度也一并规定。

第四条 薪金计算期间及支薪日。

1. 门市及专柜人员薪金的计算，应于指定日期前由各营业部主管汇总、统计后，送回总公司办理核算工作。

2. 各事业部门人员薪金的计算，统一由财务部负责。

3. 薪金计算，从每月 1 日起至当月底为止，并于下月 5 日发放。

4. 支薪日若适逢节假日时，则顺延到休假后第一个工作日发放。

第五条 薪金支付方式。

1. 薪金发放均以转账为原则。员工应于任职日起 7 日内，告知本人的发薪账号码，以便薪金发放。

2. 新进人员自任职起至当月计算期间结束为止，其工作时间未满 14 日者，薪金应并入次月发放。

第六条 试用期间薪金。

新进人员一律有3个月的试用期，并由各直属主管对试用人员进行评估考核；主任级以上则由人事部评核。

第七条 计日或计时工资。

计日或计时工资的计算公式如下：

1. 计日计算的工资为=基本工资×1/178×每日工作时间

2. 计时制工资=基本工资×1/178

第八条 薪金变动处理。

公司由于业务成长与社会经济变动的原因，认为有变动薪金的必要时，可由部门直属主管依员工表现重新核定薪金标准，并实施加算或减算的支付。

第九条 非常支付。

下列情况发生时应由员工视其需要程度，提出书面申请，请求非常支付。但支付金额以员工已工作时间为限。

1. 本人或抚养家属因下列事项发生时，可申请：

（1）结婚、丧葬。

（2）生产。

（3）受意外灾害。

2. 其他非常原因并经由员工提出紧急申请后，由部门主管批准呈报人事部办理。

第十条 缺勤扣除。

员工因私事请假时，或因迟到、早退、私自外出等而未能工作的缺勤时，则须依照规定，从基本薪金中扣除其缺勤金额。

第十一条 扣除额计算。

下列规定事项可从薪金中直接扣除。

1. 个人薪金所得税。

2. 劳动保险费（个人应负担部分）。

3. 员工福利金。

4. 其他法令所规定事项。

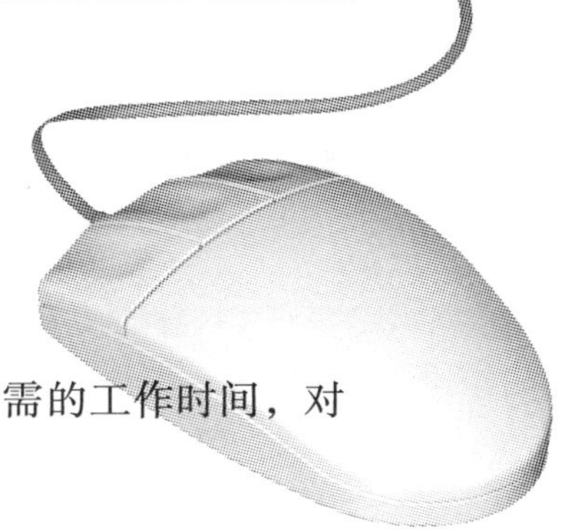

二、工作时间及缺勤计算

第十二条 规定工作时间。

公司依据人事管理规章的规定并参考公司业务上所需的工作时间，对员工出勤时间的规定，可按下列规定办理核算：

1. 一般内勤人员的工作时间如下：

星期一至星期五从上午 9 时至 12 时，下午 1 时至 5 时 30 分止。

2. 门市部营业人员：

（1）上班时间：营业时间前 30 分钟。

（2）下班时间：营业结束后 30 分钟。

（3）按照轮班制及轮休制的编排，应由门市主管排定，送交人事部备查。

3. 特殊工作人员：

（1）保卫、临时员工等人员的出勤时间则各所属部门主管视其业务需要另行制定后，送交人事部备查。

（2）从事特殊职务专职人员的出勤时间，根据工作情况的需要由人事部另行制定；但每周出勤时间，以不超过规定的工作时间为原则。若因业务上需要而不得不延长工作时间时，则须依规定支付超时工作津贴。

第十三条 出勤规定。

员工若违反下列规定，则须从薪金中扣除其缺勤额：

1. 迟到：超过规定出勤时间在 30 分钟以内者，视为缺勤一次；30 分钟以后的缺勤，每 30 分钟算缺勤一次；每一计薪期间的缺勤次数，累计达 10 次者，则视为旷工一日，并自薪金中扣除其缺勤额。

2. 早退：在规定下班时间前 30 分钟离开公司者，每 30 分钟算一次缺勤；每一计薪期间的缺勤次数，累计达 5 次者，则视为旷工一日，并自薪金中扣除其缺勤额。

3. 私自外出：未经部门主管同意或因私人事由而擅离职守者，每一小时算一次缺勤；每一计薪期间的缺勤次数累计达 3 次者，则视为旷工一日，并应自薪金中扣除其缺勤额。

4. 打卡：除经理级以上管理人员不需打卡外，其余工作人员皆须依照规定按时打卡；但因公务需要，而未能打卡，或忘记打卡及代打者，按下面规定处理。

（1）因公务需要，而未能打卡时，须于当日早上或前1日下午，填具未打卡证明单，并由部门主管签准后交由人事部备查。

（2）忘记打卡时，亦须填写未打卡证明单，除办理上项手续外，并视为缺勤一次。

（3）委托及受委托他人代打者，均以临工一日处理。

5. 旷工：员工违反下列规定者，均视为旷工。

（1）未办理请假手续者。

（2）未依上列第一项到第三项的规定者。

（3）轮班人员擅自调班，且未经许可者。

（4）上列旷工人员，每旷工1日，则扣除3日基本金额。

第十四条 特别休假。

1. 下列特别休假，薪金则仍照常支付：

（1）婚假、丧假。

（2）年度带薪休假。

（3）行使公民权时。

（4）女性职员产假。

（5）法定假日。

（6）休假日加班后的补休。

2. 轮班制工作人员的休假标准由各门市部主管编排后，交由人事部核定。

第十五条 因业务伤残缺勤。

因业务上的伤残疾病而缺勤时，可于一周内出示医院证明，薪金则仍照常支付；但薪金支付一年为限。

第十六条 请假标准。

依据人事管理规章中所制定的请假类别，可依下列规定自薪金中扣除：

1. 病假：员工因病请假时，除须出示医院证明（请假一日内则免）外，并按实际缺勤天数总和，依日薪金额的半数支付。

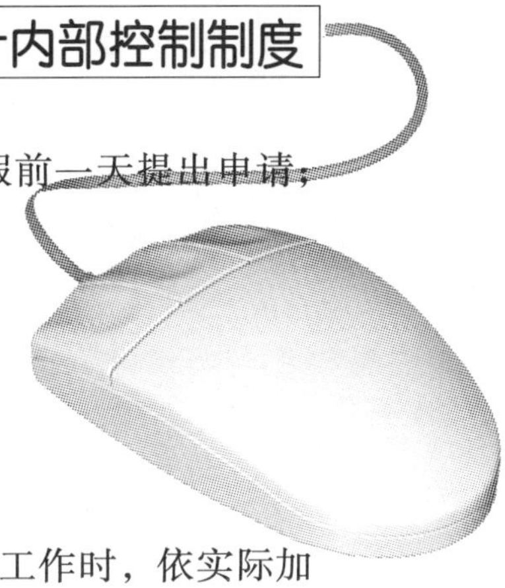

2. 事假：员工因私人事由须亲自处理时，可于请假前一天提出申请；其薪金，则视实际缺勤天数，全额扣除。

三、加班津贴

第十七条 平时加班津贴。

公司因业务需要而要求员工于规定工作时间外继续工作时，依实际加班时间，按下列计算公式计算应给付津贴额：

1. 固定月薪制的加班津贴＝基本薪金×1.25×实际加班时间

2. 计时制的加班津贴＝基本薪金×1.33×实际加班时间

第十八条 休假日工作津贴。

公司因业务上需要，而要求员工于休假日返回公司工作时的津贴计算如下：

休假日工作津贴＝基本薪金×2×实际加班时间

第十九条 深夜工作津贴。

从事特殊工作者（如保安人员、厨师、锅炉工等）必须在夜间（从晚上10时至第二天清晨5时止）工作时，依下列方式支付津贴：

深夜工作津贴＝基本薪金×1.30×实际工作时间

四、基准内薪金

第二十条 基本薪金。

基本薪金的构成，包括下列两项：

1. 基本工资。

2. 职位津贴。

第二十一条 基本工资。

基本工资支付原则，包括下列两项：

1. 基本工资是依照员工所担任的职务及执行能力决定。

2. 基本工资是由职等级职级所构成。

第二十二条 职位津贴。

担任管理监督职位者，可依有关规定办理职位津贴支付。

第二十三条 初始薪金。

1. 公司对于刚从学校毕业，或未曾从事相关行业的新进人员，其薪金支付标准依照有关规定办理。

2. 试用期满后由其部门主管考核该员工的成绩，并呈人事部评定无误者，按照有关规定办理薪金调整。

第二十四条 中途聘用者的薪金。

1. 中途聘用者的薪金除考虑其学历经验外，并衡量员工之间的薪金平衡性以后，再行决定聘用者的薪金标准。

2. 公司对于中途聘用者的薪金应预留 10% 的薪金调整范围，视员工的能力、表现来决定增加或减少。

五、基准外薪金

第二十五条 特殊工作津贴。

从事特殊工作的专业人员，则依照有关规定支付其津贴。

第二十六条 出差津贴。

员工因业务上需要而必须赴外地考察或洽谈业务时。则依有关规定给付其津贴。

六、晋升及调薪

第二十七条 晋升资格。

公司因业务需要或在编制上有空缺职位时，可由各部门主管提报具有该项资格的人员并经由人事部评核该员工绩效、职务能力、贡献度等评估事项后，转呈总经理批示。

第二十八条 晋升时的薪金。

员工晋升后的薪金调整须视其晋升职位而有所不同，从晋升当月起调整其薪金；除基本薪金应调整外，并于下个支薪日起，支付调整后的职位津贴。

七、奖　金

第二十九条 奖金的支付。

公司在评估该年度盈余比例后，根据人事部及各部门主管所评核在职员工考绩及出勤率等项目，决定发放奖金的标准。

八、其　他

第三十条 完全缺勤及停职中的薪金。

每一计薪期间完全缺勤或停职时，不支付薪金；但因业务伤病超过一年以上者，由其部门主管向人事部代为申请停薪留职。

第三十一条 计薪期间离职或被解雇者的薪金。

离职或解雇者的薪金，依照已工作天数乘以基准内薪金计算。

九、附　则

第三十二条 修订。

本制度若有修订必要时，需经员工过半数同意后，由员工代表向人事部申请修订并转呈总经理批核。

第三十三条 实施。

本制度自　　　　年　　月　　日起实施。

48

餐饮业薪金管理制度

一、总　则

第一条　目的。

为真正发挥薪金的效用，合理分配，规范管理，特制定本制度。

第二条　薪金结构。

本公司薪金结构如下：

- 标准薪金
  - 基准内工资
    - 基本薪金
      - 基本工资
      - 加班工资
    - 责任津贴
    - 现场作业津贴
    - 工作绩效津贴
    - 抚养津贴
    - 房屋津贴
    - 特殊作业津贴
    - 调驻津贴
  - 基准外工资
    - 时间外工作津贴
    - 假日工作津贴
    - 深夜工作津贴
    - 交通津贴

第三条　薪金支付种类。

薪金计算包括下列四项：

1. 月薪制：员工因休假而停止工作时，依规定不得扣除缺勤额。但全月不上班者，则不支付该月薪金。

2. 计时制：依员工工作时间来决定。

第四条　支付方法。

1. 薪金支付通常汇入事先告知的个人银行账户内。但在特殊情况时可由人事部申请以现金直接支付。

2. 员工死亡时的薪金，可由人事部通知其家属带相关证件领取。

第五条　扣除额。

下列项目可自薪金中直接扣除。

1. 个人薪金所得税。

2. 劳动保险费。

3. 工会协议的事项。

4. 其他法令所规定事项。

第六条　薪金计算期间及支付日。

1. 采用月薪制的薪金计算期间，从每月 18 日开始到次月 17 日为止并于当月月底支付。支薪日若遇休假日时，可提前发放。

2. 采用日薪制及计时制的薪金计算期间，则以制订的工作天数作为计算基础；薪金支付日应与月薪制相同，于当月月底发放。

3. 薪金计算期间遇年度调薪时，高薪日前后工作时间分别计算。

第七条　缺勤扣除。

员工以欺骗或不正当事由来逃避工作的或勒令停止工作时，则不予以支付薪金。

二、基准内薪金及基准外薪金

第八条　基准内薪金及基准外薪金。

1. 薪金支付原则上依附表的有关规定作为基准内薪金及基准外薪金的依据。

2. 工作时间的单价计算公式如下：

基准内薪金（不含抚养津贴）

$$\text{时间单价}=\frac{\text{基准内薪金（不含抚养津贴）}}{\text{一个月平均规定的出勤时数}}$$

第九条 调薪。

1. 凡具有调薪资格者，应于10月31日前将材料送入人事部审核，并于12月31日前根据个人考绩给予定期的调薪。定期调薪以每年调整一次为原则。

2. 中途聘用人员、停薪留职者、试用期工作人员及兼职人员均不属于定期调薪的范围内。

3. 临时调薪的相关事项，另行制定。

4. 受行政处分的员工，不予以调薪。

5. 有调整的必要时，依下列公式计算：

$$\text{平均薪金}=\frac{\text{薪金的结算日前3个月的薪金总额}}{90\text{日}}$$

三、奖　金

第十条 奖金计算期间及支付对象。

奖金包括定期奖金及结算奖金两大部分，其规定如下：

1. 定期奖金的计算期间每年分两次在7月及次年1月分别支付给在职员工。

2. 定期奖金是由基准奖金、级别加算及连续工作年限等构成。

3. 基准奖金的级别加算方法是以基本工资及责任津贴为基础乘以支付比率再乘以出勤率。

4. 基准奖金的支付率是以公司业绩及其他变动因素的衡量而决定。

5. 级别加算及支付率的规定见附表。

6. 出勤比率的计算，则根据下列公式：

出勤率 = 1 − [（0.007 × 请假日数 + 0.0035 × 带薪休假的调换天数）+（0.0025 × 迟到、退退、私自外出次数）+（0.0035 × 迟到、早退、私自外出次数）]

7. 连续工作年限加算：

3～5 年未满	每年加发	300 元
5～10 年未满	每年加发	350 元
10～15 年未满	每年加发	400 元
15 年以上	每年加发	450 元

8. 结算奖金是依据年度中的收益及成果分配规则，以前年度进入公司且于奖金支付日仍在公司工作的员工为支付对象。

四、临时津贴

第十一条　临时津贴支付的对象及支付额。

凡具有下列资格者，可申请支付临时津贴：

1. 因公务而受伤，须长期休假者，可支领平均薪金 3 个月；但已申请劳保灾害补助及团体意外险补助时，须从平均薪金中扣除相等的金额。

2. 其他经由公司认为有必要者。

五、特别事项

第十二条　特殊职务津贴。

凡从事特殊职务的员工，可依下列规定支付津贴：

1. 特殊职务的资格：

（1）酒店服务人员。

（2）兼职性质的员工。

（3）洗碗工、清洁工。

2. 以上津贴，凡适用于公司的薪金规定者则例外。

3. 奖金可视其绩效，不定时发放。

4. 不支付奖金时，可采用不同的奖励方式。

六、附　则

第十三条　本规章自　　　　年　　月　　日起实施。

49

商业银行薪金管理制度

一、总　则

第一条　目的。

本制度依据人事管理的规定制定，旨在规定如何支付员工薪金的办法，包括薪金计算期间、方法、支薪日和期限以及晋升或奖金支付等事宜。

第二条　薪金的决定原则。

员工薪金应综合考虑社会物价水平、公司支薪能力以及员工年龄、年资、职务等因素。

第三条　薪金的结构。

薪金包括基准内薪金及基准外薪金两大部分，其结构如下图所示。

- 薪金
  - 基准内薪金
    - 基本工资
      - 年龄工资
      - 工龄工资
      - 职能工资
    - 附加薪金
    - 责任津贴
    - 抚养津贴
    - 住宅津贴
    - 全勤奖金
    - 调驻津贴
  - 基准外薪金
    - 出勤时间外工作津贴
    - 假日工作津贴
    - 交通津贴

第四条 薪金计算期间及支薪日。

每一计薪期间从上个月 28 日至当月 27 日为止，并于当月 30 日支付。支薪日若遇节假日时，则提前发放。

第五条 特殊支付。

员工在下列情况中，可向公司申请支取已工作的薪金。

1. 员工或依靠员工收入来维持生活者，因下列情况，可向公司申请特殊支付：

（1）结婚。

（2）死亡。

（3）疾病或受意外灾害时。

2. 员工停职或被解聘时。

3. 其他获得公司同意的事项。

上述规定，除第 2 项外，在申请特别支付时，须由本人（本人死亡则由其家属）提出书面申请。

第六条 缺勤扣除。

1. 薪金支付，采用月薪制。

2. 下列特别休假，原则上薪金照常支付：

（1）婚假、丧假等。

（2）年度带薪休假。

（3）行使公民权时。

3. 员工缺勤时，则扣除额依下列方式处理：

（1）$\text{非工作上的负伤疾病} = \dfrac{\text{基本工资}}{\text{平均一个月的出勤}} \times \text{缺勤天数}$

（2）$\text{迟到、早退、驻自外出} = \dfrac{\text{基本工资}}{\text{平均一个月的出勤天数}} \times \text{迟到、早退、私自外出时的缺勤天数}$

第七条 中途聘用、离职或退职的薪金。

在薪金计算期间，中途聘用、离职或退职时的薪金，则按当月员工实际工作天数计算；或以离职、退职前的工作天数为计算的基准。其计算公式如下：

中途聘用、离职或退职的薪金 =［基准内薪金（每月固定额）+ 交通津

贴］× $\frac{\text{工作天数}}{\text{平均一个月的工作天数}}$

第八条 薪金支付扣除额。

1. 下列规定，须从薪金中直接扣除：

（1）个人薪金的所得税。

（2）劳动保险费（个人应负担部分）

（3）团体意外保险费。

（4）过半数员工开会同意的福利基金。

2. 上述的扣除额经扣除后，余额应以现金直接付给本人。

3. 薪金所得可以应员工的要求，直接汇入指定的金融机构本人账户内。

二、基准内薪金

第九条 基本工资。

基本工资的构成，包括下列三项：

1. 年龄工资。

2. 工龄工资。

3. 职能工资。

第十条 年龄工资。

年龄工资的施行细则，依“年龄工资表”的规定办理。

第十一条 工龄工资。

1. 工龄工资支付的原则，以工作满 3 年以上的员工适用工龄工资，并根据“工龄工资表”的规定办理。

2. 凡退休员工，依规定不再支付工龄工资。

第十二条 职能工资。

1. 职能工资支付的原则，依各职能及职等的分类，根据“职能资格表”的规定，分为五个等级，并依职等的高低，而决定支薪的标准。

2. 每一职等都有最低支付标准，公司应就人事部所评定员工的考绩，根据“职能等级及运用表”的规定，办理有关职能等级、最低标准支付额、升级、考绩评定等事项。

3. 各等级的职能工资，根据“职能工资表”的规定办理。

第十三条　附加薪金。

从事特殊职务专业人员，若因其职务难度高、责任重大或本身的基本工资偏低时，应以附加薪金方式，予以调整。

第十四条　责任津贴。

责任津贴是支付给担任监督管理的职务者，并根据“管理职务津贴支付额表”的规定办理。

第十五条　抚养津贴。

公司对于须负担家庭生活，并提供抚养家属最低生活保障的员工，依下列方式，办理抚养津贴的支付。

1. 配偶每月津贴额为600元。

2. 子女每月津贴额为300元。

第十六条　住房津贴。

住房津贴补助员工因无自有住宅，而须租赁房屋时的津贴。其津贴标准则依下列规定办理支付。

1. 有配偶者或抚养家属者每月津贴额为700元。

2. 单身者每月津贴额为400元。

第十七条　全勤奖金。

全勤奖金为奖励员工在每一计薪期间内全勤。其支付标准如下：

1. 全勤者。

每月津贴额为200元。

2. 该月达成公司预定的工作目标时。

每月津贴额为300元。

三、基准外薪金

第十八条　加班津贴。

1. 公司因业务上的需要，而要求员工在规定工作时间外加班，则依照员工加班时间，采用计时制方式计算应支付的津贴额。

2. 加班津贴，则依下列方式计算：

$$\text{加班津贴}=\frac{\text{基本工资}+\text{附加薪金}+\text{责任津贴}+\text{住房津贴}+\text{全勤奖金}}{\text{一个月规定平均工作天数}}\times 1.33$$

第十九条 休假日工作津贴。

1. 公司因工作需要，要求嗣在休假日返回公司工作时，所支付的津贴。若第二天补休者，则不另外支付津贴。

2. 休假日工作津贴的计算以计时制为基准，其计算公式如下：

$$\text{休假日工作津贴}=\frac{\text{基本工资}+\text{附加薪金}+\text{责任津贴}+\text{住房津贴}+\text{全勤奖金}}{\text{一个月规定平均工作天数}}\times 1.50$$

第二十条 夜间工作津贴。

夜间工作津贴是针对夜间从事工作者，以晚上 10 时至次日清晨 5 时为止，所支付的津贴。其计算公式如下：

$$\text{夜间工作津贴}=\frac{\text{基本工资}+\text{附加薪金}+\text{责任津贴}+\text{住房津贴}+\text{全勤奖金}}{\text{一个月规定平均工作天数}}\times 0.30$$

第二十一条 加班津贴的特例。

担任管理职务者，则不适用第十八条及第十九条的规定。

第二十二条 交通津贴。

公司应承担员工的每月乘车费用，根据员工实际乘车费用发放交通津贴。

四、高薪及升级

第二十三条 调薪。

公司于每年年底视营业情况，调整员工薪金。

第二十四条 调薪的分类。

定期调薪包括自动调薪和核定调薪两大部分，其规定如下：

1. 自动调薪就是在基本工资内，所包括的年龄工资和工龄工资两项。其计算方法则按第十条（年龄工资）及第十一条（工龄工资）的规定办理。

2. 核定调薪考核的原则，是依照基本工资内所包括的职能工资，并以人事部评估员工年度职务完成的能力、工作绩效等考核结果，依据第十二条（职能工作）的规定办理。

第二十五条　基本工资提高的原则。

1. 公司应按物价水平的上涨程度及员工抚养家属的变化情况，适当提高员工的基本工资。

3. 基本工资的计算，原则上按第二十四条的规定办理。

第二十六条　临时调薪。

1. 员工在下列情况中，可由其部门主管向人事部申请临时调薪。

（1）有特殊功劳表现。

（2）中途聘用的员工，具有优秀的技能与成绩。

（3）同业间竞相争取的人才。

2. 临时调薪的标准，则依照第十二条（职能工资）或第十三条（附加薪金）的规定。

第二十七条　升级。

1. 公司视员工的表现，审核员工职务完成能力、责任度大小、企划能力、判断能力、工作绩效等事项后，依据第十二条（职能工资的等级晋升标准）的规定办理升级。

2. 员工升级后的工资，则就调升的当月起，调整升级后的工资。

第二十八条　新进员工的薪金。

1. 初入公司的应届毕业生，经公甄选后成为正式员工时，其薪金支付的原则，应参照一般同业间的新进薪金水平，及基准内薪金标准办理。

2. 新进员工的基本薪金支付的标准，则应按下列规定办理。

（1）年龄工资依照第十条。

（2）工龄工资依照第十一条。

（3）职能工资依照第十二条。

3. 当社会物价水平或同业间的新进薪金水平与规定的基准内薪金有所提高时，应附加薪金津贴。

第二十九条　其他。

1. 中途聘用的员工其薪金支付原则上除按第二十八条的规定外，并确认员工任职前的经历及工作经验后，再决定该员工的职能薪金等级。

2. 担任单纯的体力劳动工作者，则应一律以职能级等 I 等 1 级办理。

五、定期奖金

第三十条 定期资金的支付。

公司支付资金的原则，应以公司业绩增长比例及员工贡献程度，于每年7月及12月支付。

第三十一条 奖金计算期间。

1. 上期奖金的计算期间，从去年11月21日至该年度5月20日，并于7月份与当月的工资一起发放。

2. 下期奖金的计算期间，从该年度5月21日至11月20日，并于12月与当月的工资一起发放。

第三十二条 定期奖金支付的原则。

定期奖金金额的高低，是依据员工工作表现、绩效评估、出勤及贡献程度等审核结果决定的。

第三十三条 定期奖金领取的资格。

1. 在奖金计算期间，中途进入公司并未满两个月者，则不予以支付定期奖金。

2. 奖金计算期间，对于已离职者或当月申请离职者，则取消领取资格。

六、附　则

第三十四条 本制度自　　　　年　　月　　日起开始实施。

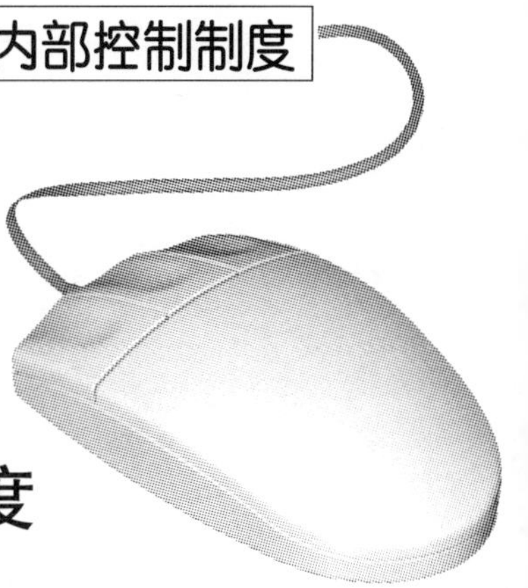

50

公司技能工资管理制度

一、总 则

第一条 目的。

为确定有关技能工资方面的管理规范，特制定本制度。

第二条 决定技能工资的要素。

技能工资根据下述要素综合确定：员工所具有的知识、经验、能力、体力、精力及其他在开展工作时所必需的综合技能。

第三条 技能工资的考察期限。

技能工资每年进行一次调整。每年×月为考察期，×月决定调整。

第四条 新参加工作者的技能工资。

新参加工作者，原则上在一年之内不享受技能工资。但对其中成绩优秀者，经特别审查，可支付其技能工资。

第五条 技能工资的评审。

技能工资的评审，不局限于提薪。对于能力低下者，亦可实行降薪。

第六条 评审委员的任命。

任命评审委员，必须严肃、公正。

第七条 严守秘密。

评审委员对已进行的评审结果，必须严守秘密，不能向他人泄露。

第八条 评审委员会的评审结果，经公司总经理及有关方面负责人审查后予以公布，但任何人不得泄露各评审委员的立场。

二、评审标准

第九条 技能工资的评审原则。

技能工资的评审，以过去一年内本人的技能水平及其工作成绩的审核为基础，在此基础上，评定技能等级。

第十条 技能工资的评审范围。

技能工资的评审，在员工现任的职务范围内进行。

第十一条 评审标准。

技能工资的标准，如下表所示：

技能工资标准表

等级	1	2	3	4	5	6	7	8	9	10
部门经理	1500	1200								
室主任			1000	800						
室副主任					800	600				
组长							600	500		
一般员工									400	
辅助人员										200

三、评审方法

第十二条 评审委员会。

技能工资的评审，由公司总经理任命的技能工资评审委员会分管。评审委员会提出评审意见，由公司总经理及有关部门负责人协商后确定。组成评审委员会的各委员原则上由各有关部门负责人提名，经公司总经理与有关部门负责人协商后确定。

第十三条 评审方法。

技能工资的评审，按各自的职务等级进行。对同一职务等级者进行比较对照，按业务种类分别进行考查，其具体内容在下一条及以后诸条中规定。

第十四条　工程人员评审要点。

1. 对工程的规划、部署、准备能力。
2. 对转包者及作业人员的使用方法。
3. 对最新工程施工法的知识掌握程度。
4. 关于土木机械方面的知识和经验。
5. 有关工程的报告、结算及其他事务的处理能力。
6. 对安全保卫、防灾等的处置能力。
7. 对经费使用的妥切程度。
8. 其他业务处理能力。

第十五条　经营人员评审要点。

1. 对新的经营方式的适应程度。
2. 与现在客户的交涉能力。
3. 对工程的预见及对工程情报的处理方式的合理程度。
4. 争取订货技术及其努力程度。
5. 与客户保持关系及信用的能力。
6. 对经费使用的妥切程度。
7. 获取有利的工程技巧及能力。
8. 有关经营的报告、联络、结算及其他事务的处理能力。

第十六条　材料管理人员评审要点。

1. 是否购入了较好的（价格及质量）材料及工具。
2. 机械设备及工具等的保管及管理。
3. 资材是否做到经济实用，是否能正确地收货和发货。
4. 有关机械设备及材料的收发及其他记录、计算的正确性。
5. 能否争取有利的进货渠道。
6. 对材料及机械器具等的消耗是否建立了适当的消耗管理。
7. 对机械工具、材料的正确使用知识及对使用者的指导能力。
8. 在运输业务及车辆管理方面的能力。

第十七条　事务人员评审要点。

会计、总务、人事及其他事务人员的评审要点如下所述：

1. 开票、记账、计算、做表的正确性。

2. 开票、记账、计算、做表的及时性。
3. 现金出纳，收支事务的正确性。
4. 工程、会计、人事及其他业务文件的系统处理和保管的正确性。
5. 办公用品的购买、订货、保管的正确性与迅速性。
6. 银行交易及其他融资上的交涉能力。
7. 内外联络、通知、传达等的正确性与迅速性。
8. 对所担任的事务性工作迅速、正确地处理能力。

四、附　则

第十八条　本制度自　　　　年　　月　　日起实施。

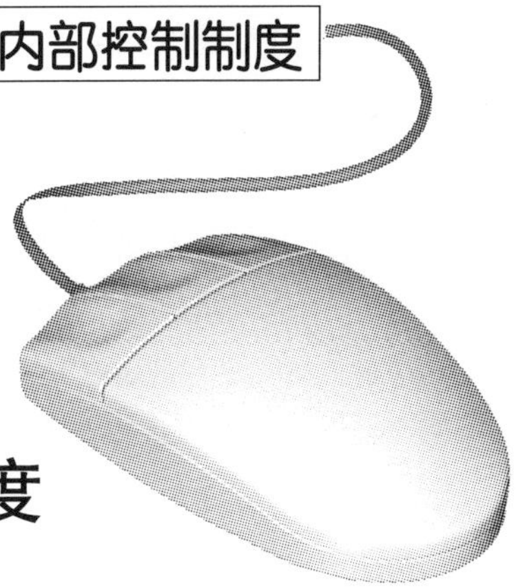

51

公司计件工资管理制度

第一条　本公司为适应订货量常随季节变化、临时加班时间多、人员需求量不稳定的市场环境及内部特点，以及为提高工作绩效，激励作业人员的工作积极性，特制定本制度。

第二条　本制度的适用范围为本公司直接参与生产的男女（包括从事包装、整理作业）工作人员。

第三条　本公司计件工资分为固定金额与浮动金额两部分。

第四条　固定工资部分（约占全部工资的1/4～1/2）。

1. 固定工资的核定分为五个方面，分别赋予一定的比例，合计后评定等级并按工资标准的规定核发工资。这五方面内容及相应比例为：

技能	50%
工作的重要程度	15%
资历年限	15%
工作环境	10%
学历	10%

2. 固定工资核发标准表。

固定工资核发标准表

级别	一	二							三	四	五
评定分数（分）	98～100	96～97	93～95	89～92	85～88	82～84	79～81	76～78	66～75	53～65	52以下
金额（元）	1700		1600		1500	1400	1200		1100	800	
	1700	1600	1600	1500		1450	1400	1350	1100	1000	700

第五条 浮动工资部分：

1. 标准基数的确定。由生产部根据各订单所要求产品的不同形式（规格）设定所需要的标准工时，每一工时设定为一个基数，以此作为产量、工资计算的依据，则每人每天上班8小时的标准基数为8。

2. 基数单价的确定。根据各人技术的高低及轮班时间的不同而分别确定，其标准为：

基数单价表

班别 / 基数单价 / 级别	早班	中班	晚班
AA级 （特殊技术）			
A级 （技术性）			
B级 （半技术性）			
C级 （非技术性）			

3. 浮动工资应得金额的计算。

（1）当实际基数≤标准基数时，其计算公式为：

浮动工资=基数单价×实际生产基数

（2）当实际基数≥标准基数时：

浮动工资=基数单价×（实际基数-标准基数）×生产效率+基数单价×实际基数

$$其中，生产效率=\frac{实际生产基数}{标准基数-异常基数}$$

第六条 各级工作人员试用期间前3个月的工作效率目标分别规定如下页表：

试用期工作效率目标表

月份 / 目标 / 级别	第一月	第二月	第三月
A 级	50%	70%	90%
B 级	70%	80%	90%
C 级	80%	100%	100%

第七条　新进人员实习期间前后共一个月，其奖金一律按规定金额发给。

第八条　为减少新进人员离职、确保工作量，对新进人员实行基数补偿，补偿时间为 3 个月，新进人员到职后前两周进行培训，然后判定技术等级，并按下列标准进行补偿。

新进人员基数补偿表

资历 / 补偿基数 / 级别	第一个月		第二月	第三月
	实习	投入生产		
A 级（技术性）	4		2.4	1.6
B 级（半技术性）	3.2		1.6	0.8
C 级（非技术性）	1.6		0	0

第九条　新进人员若在试用期间表现良好，随时可以加入正式人员行列。除其浮动工资部分维持外，另外可以提早进行固定工资的调整（100～200 元）。

第十条　公司安排加班时支付加班费，加班费标准为 10 元/小时，对于政策性加班一律准予报加班费。

第十一条　特殊加班规定：

1. 为缓解生产线过量的负担，鼓励员工主动自发地协助公司克服困难，各部门以自愿方式选择最优员工，组成特殊加班工作小组。

2. 加班费的计算公式为：

加班费 = 基数单价 × 生产基数 × 1.5 倍 + 加班时数 × 12 元/小时。

3. 每人每天加班 4 小时的基数为 4。

4. 轮班男性员工实施两班制（12 小时），超过 8 小时部分，准予依特殊加班方式计发。

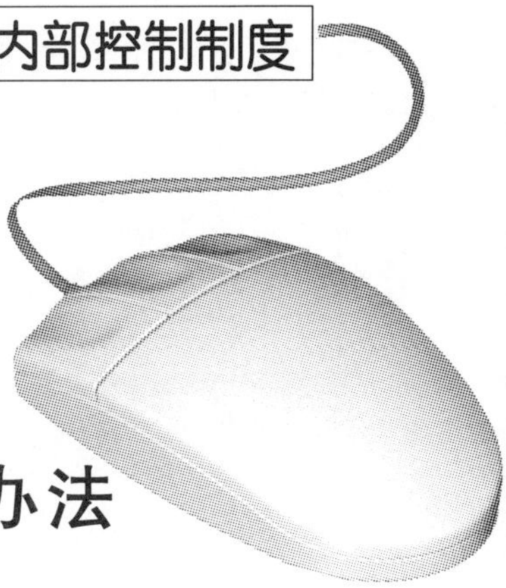

52

生产内勤人员工资管理办法

一、一般规定

第一条 本办法是根据本公司的员工管理条例及任用办法制定的，涉及员工工资及各项津贴给付的各种事项。

第二条 凡是本公司有关的工资津贴的确定、计算、发放、调整，均应按照本规定各节中所叙述的内容办理。

第三条 本公司根据实际情况的需要，由董事长召集部门经理级以上人员组成工资评审委员会，评议、会审本公司各类人员（副总经理以上人员除外）的工资政策及制度、工作评价、工资调整、新进人员的工资标准、各职位的工资等级、各项津贴支付等各种事项。

第四条 各部门主管人员应对所属员工个人具体的工作加以评价、考核，依照规定拟订所属员工的公正合理的工资津贴，填写“职务工资核定申请表”，经过人事管理部门主管人员转报总经理核定。

第五条 人事管理部门依照规定的程序审核各部门填写的“职务工资核定申请表”，确认其符合规定之后，填写“职务工资核定申请表”，经过人事管理部门主管人员转报总经理核定。

第六条 人事管理部门应根据本公司工资评审委员会所制定的有关规定，拟订员工的工资津贴，并报请总经理核准。但部门经理级以上人员的工资应由总经理初核，董事长最后核准。

二、工资项目

第七条 本公司员工的工资包括下列各项：

1. 基本工资。

2. 工作津贴。

根据工作的难易程度、责任的轻重程度、工作环境、效率、产品质量要求及工作性质，依照工作津贴支给办法核定工作津贴。

担任总经理助理、经理、副经理、主任、副主任、组长及其他同等职务的研究人员，按各自所担任的职务，依照职务津贴支给标准核定职务津贴。

3. 全勤津贴。

以每个月为一期，每期全勤者，按照全勤津贴给付标准核定全勤津贴。

4. 加班津贴。

凡在规定工作时间以外，延长工作时间者，依照加津贴支付标准核定加班津贴。

三、工资计算

第八条 本公司员工工资的计算方法如下：

1. 凡员工的基本工资一律采取“月计月给制”，全年每月均以30天计算，如需按日计算时，可将基本工资除以30天得出每日基本工资。

2. 工作津贴及其他各项津贴，均按照标准所制定的计算方法进行计算。

3. 本公司可根据实际情况的需要，对一部门的职员采取“计件制”工资计算方式，其计算标准另行制订。

4. 本公司工资计算起止时间是自每月1日起至当月底。

四、工资发放

第九条　凡本公司新进人员，其工资自报到上班之日起开始计算。

第十条　经过批准辞职（包括辞职、停职、解聘人员）或停薪留职员工，于离职之日起停发工资。

第十一条　属于前条所列人员者，若于离职之日前尚有未领的工资，按日计算并于下次工资发放日（每月10日）一并发给。

第十二条　本公司对员工在请假期间的工资支付作如下规定：

1. 各项津贴依照各项规定标准办理。

2. 基本工资除另有规定外依照下列规定办理：

（1）事假：假期内一律不发给基本工资、工作津贴。

（2）病假：病假期间发给基本工资及工作津贴的1/2。

（3）公假：工伤假、婚假、丧假、产假、特别休假等基本工资及工作津贴照发。

（4）对迟到、早退、旷工扣减工资的规定另外制订。

五、附　则

第十三条　本办法报总经理核准后实施，修改时亦同。

53

销售人员工资管理办法

第一条 本公司销售人员的工资除另有规定外，一律依照本办法执行。

第二条 本办法由人事处制订，并报总经理核准后实施，如有未尽事宜，可由营业部经理提出，与人事处、财务处共同协商，然后由人事处根据协商结果进行修正，并依照相同程序公布实施。本办法每年度根据情况重新修订一次。

第三条 本公司外销人员的工资包括：

1. 基础工资。
2. 销售费津贴。
3. 成交奖金。
4. 年终红利。
5. 竞赛奖金或奖品。
6. 员工福利。

第四条 本公司销售人员的月份销售实绩统计计算期间是每月 1 日至该月月底当天。销售实绩的计算一律要求待货款收妥后，才能依据实销售价格进行计算。如果存在下列情形而未报营业部门经理核准，一律不予计算为销售实绩，并且如果公司因此而发生损失，销售人员要负赔偿的责任。

1. 实际销售价格低于指定价格。
2. 将货物售给满天飞（非公司指定的经销商）使其得以转手倒卖者。

第五条 本公司销售人员以 3 个月为试用期，试用期间的基本工资为正式任用时间的 1/3，销售津贴与成效奖金同正式人员相同，但无其他任何红利与福利。

第六条 本公司正式销售人员的基本工资按下列规定核发：

1. 高中毕业者基本工资点数为 25 点，大专毕业以上者为 30 点。

2. 在本公司服务时间每增加半年，基本工资点数增加 3 点。

3. 上两个月平均销售实绩在 2500 元以下者为 5 点，每增加销售额 1000 元则基本工资点数增加 4 点。

4. 将上列三者的基本工资点数相加即为各销售人员的基础工资点数，每点代表 5 元，基础工资点数乘以 5 元即为各销售人员的基础工资额。

第七条 销售费用津贴。

销售人员在销售过程中所产生的费用由公司补助，本公司所补助的津贴包括车辆津贴、出差费用津贴、交际费等项目。

1. 车辆津贴：销售人员均需自备交通工具，其燃料费根据发票实报实销。

2. 出差费用津贴：销售人员因公出差至外地者，每日可领取食宿费 200 元。

3. 交际费：销售人员因销售商品的需要而发生的交际费用，应事先报单位主管人员核准之后才能动用，并应取得适当的凭证以作报销依据。

第八条 绩效奖金。

本公司销售人员的绩效奖金是由其所销售商品的实际价格同指定价格的比率、销售商品以及货款收回兑现期间的长短所共同决定的。

第九条 年终红利。

本公司正式销售人员的年终红利依照下列规定发给：

1. 本公司将每会计年度利润的 20% 提取为营业部门的年终红利。

2. 工作满 3 个月者发给相当于月工资额 1/4 的红利，工作满半年者，发给相当于月工资额 1/2 的红利，工作满一年者，发给相当于一个月工资额的红利。

3. 上述所谓工资额是指以全公司人员基础工资加津贴加职位补贴的平均数作为计算的标准。

4. 如果所提取的红利不够发放，由公司进行补贴。

第十条 销售竞赛。

1. 本公司每年举办一次固定的销售竞赛，选出 3 ~ 5 名优胜者，奖励为携带家属一名免费国外浏览一周。因故不能出国者可换取旅费的 80% 作为奖金。

2. 上述竞赛评选标准为销售目标达成率、销售毛利累积额和平时的工作情况。

第十一条 销售人员福利待遇。

1. 意外保险：销售人员一律投保金额为 2 万元的意外保险，由公司负担 60%，销售人员本人负担 40%，从工资中扣除。

2. 其他福利：销售人员同样享受其他员工的福利，包括劳工保险、福利委员会的福利。

第十二条 销售人员在销售货物时应负责收回全部货款，如果遇到倒账致使货款无法收回或收回的票据不能兑现时，销售人员应赔偿损失 80%，但若能取得客户宣告倒闭清算的证明或有向有关单位举报的证明者，可改为赔偿 40%。

第十三条 各销售人员领取货物后应负责商品的安全，若商品在该销售人员的保管过程中或客户试用期间遗失，则经办销售人员应负责赔偿指定价格的 100%。若商品在该员的保管过程中发生损坏，则修理费应由该销售人员负责赔偿。

第十四条 销售人员若有违规舞弊行为，经查证属实者，根据情节轻重，其部门主管人员应受警告、记过与降级的处分，如部门主管人员有隐匿不报的情况，则应加倍处分。

第十五条 本办法上报总经理核准后执行，修改时亦同。

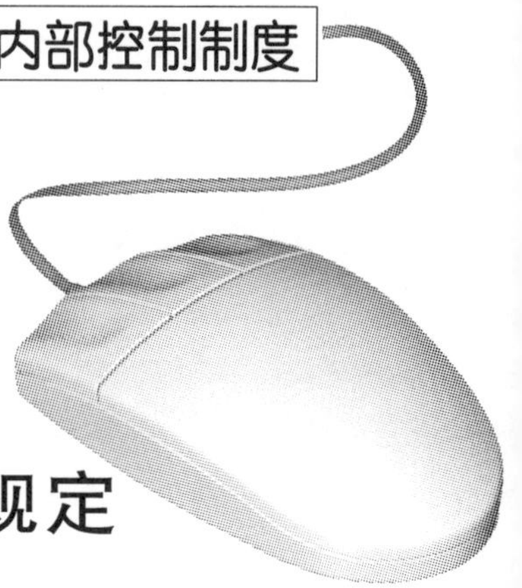

54

公司销售人员薪金管理规定

第一条 本公司根据各销售员的营业能力、工作实绩、出勤状况、劳动态度等要素，将销售人员划分为一级、二级、三级 3 个等级。等级划分首先由市场部主管考核，再报呈公司总经理确定。

各级别的标准如下：

1. 一级：能够协助上级工作，对其他员工能起到指导、监督作用的，具备优秀品格的模范员工。一级销售人员要有两年以上从事销售工作的经历，并且在近半年的销售工作中取得优异的成绩。

2. 二级：有半年以上销售工作经历，工作努力，经验丰富，勇于承担责任的业务骨干。

3. 三级：经过短期培训的其他员工。

第二条 员工薪金为月薪制，由基本工资和津贴构成。

第三条 基本工资实行职务等级工资制。各职级内级差相同。如下表：

职务等级工资表

等级	一	二	三	四	五	六	七	八	九	十	十一	十二
金额（元）												

第四条 工资等级的确定和升降，根据考核的结果，在每年 2 月、5 月、8 月、11 月进行。对业绩显著低下者，要适当降级。

第五条 销售津贴以班组为对象，根据本公司考核办法，用下述方法支付：

1. 对突破销售目标的班组，每得 1 分增加　　元。

2. 不属于上述情况的班组，每得 1 分增加　　元。

3. 具体支付时间确定在次月薪金发放日。

销售人员每人每月付给　　元销售津贴。

凡旷工一日或迟到早退三次以上者，不发给津贴。如果是由于生病或其他难以避免的原因造成迟到、早退或旷工，经过上级主管批准，可以照常发放。

第六条　薪金的支付时间和方法如下：

1. 薪金的计算截至每月 20 日，25 日是发放日，发放日为节假日时，改为前一日或次日发放。

2. 月中进入公司者或中途退职、复职的情况下，按实际工作日对月标准工作日所占比例计算。每月计算基准日定 30 日。

3. 工作实绩不佳或出勤状态差的职员，最多发给基本工资的 90%。

第七条　有关销售分数的计算和离、退休人员的报酬，另作规定。

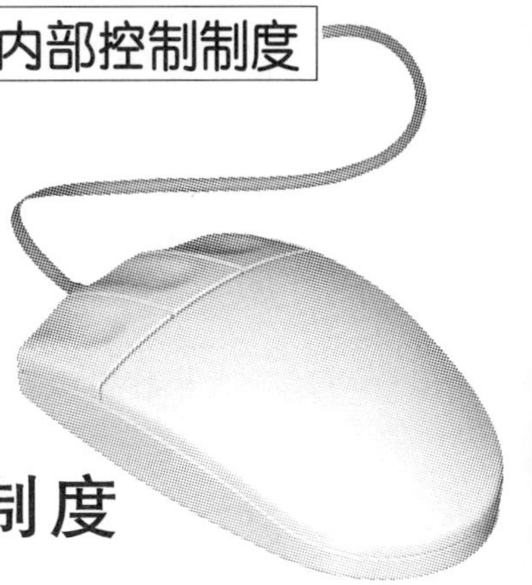

55

公司管理人员薪金管理制度

一、目　的

第一条　为加强本公司管理人员薪金支付的科学化和规范化管理，特制定本制度。

第二条　本制度所管理人员为下述人员（不含总经理、董事）：

1. 本公司职务系列中部门副经理以上者（不含代经理）。

2. 分公司副经理以上的分支机构管理人员。

上述所有管理人员，必须拥有本公司××股以上股票。

二、报酬体系

第三条　管理人员薪金体系如下：

1. 固定工资。

2. 业绩工资。

3. 奖金。

管理人员没有任何津贴待遇。遇有出差，按公司员工出差旅费规定办理。

三、固定工资

第四条　固定工资按职位确定，其额度范围如下：

1. 部门经理××～××元。

2. 部门副经理××～××元。

3. 分公司经理××～××元。

4. 分公司副经理××～××元。

固定工资决定权在公司总经理。固定报酬的升降及管理人员的解聘根据本人能力、经验、工作实绩、学历、年龄等因素综合考虑决定。

5. 固定工资实行完全月薪制。除停职外全额发放。停职指由于疾病或其他原因连续5个月不能上班的情况。停职的报酬另行规定。

四、业绩工资

第五条 业绩工资按照本公司各科室、部门、分支机构每月核算结果确定。

五、完成目标时的支付额

第六条 凡达到事前规定的盈利目标的，按固定工资标准发给业绩工资。

六、盈利增减情况下的工资

第七条 每月实际盈利与预定盈利目标上下不一时，业绩工资随之浮动。

以预定盈利目标为100%，根据增加或减少的百分点确定业绩工资。具体办法另定。

七、奖　金

第八条 发给管理人员的奖金，根据半年期决策结果确定。奖金额根据公司总的经营情况和各自努力程度由总经理确定。

第九条　工资提升指根据管理人员各自情况，提升固定工资部分。

提升时间与一般工人相同。提升幅度要参照物价、生活费上涨等因素。提升由总经理决定。

56 公司兼职人员薪金管理制度设计

一、兼职人员存在的社会因素

1. 当今社会经济高速发展、科学迅速进步、服务业范围不断扩大，并且出现了一批不需要专门技术者或年定时上班的工作岗位，这样使许多科技及专业技术人员甚至一般劳动者只要有精力，都可以趁空闲时间去从事一兼职工作，获得一定的报酬。

2. 一些企业由于从事季节性的生产销售活动，或需要临时应付大宗订货，加速生产，使采用聘请兼职人员的办法，这样一方面可以满足企业经营的需要，另一方面也因为不必保持过多力而节约了人力成本开支。在一些企业，甚至只维持数量有限管理人员和技术人员，而生产工作只到生产季节来临时聘用。

3. 在经济不稳定的情况下，很多企业面临亏损的困境，采取裁员的做法，使劳动力市场上存在众多的失业者，很多失业者只能兼职工作。

二、兼职人员薪金管理的基本原则

1. 兼顾企业的工作要求与兼职人员的资格。

不同的企业或同一企业在不同的时候需要兼职人员从事的工作内容是不一致的，甚至工作难度、质量要求也有很大区别，在这种情形中，企业就要选择不同类型和不同层次的兼职人员，对于从事能力要求较高工作的兼职值得支付较多的薪金。有些企业是根据工作的难易及数量多少，对一些相对独立而可自成一体的工作，规定一个计件价格，承包给兼职者去做。

2. 分析劳动力市场状况。

一般情况下，在人力较为欠缺的地区或时期，兼职人员的报酬可能稍有提高，其计算标准参照市场一般水平再予以调整，此外，由于行业的差异，兼职者的薪金标准往往也有所不同。

3. 考虑兼职工作的时期长短。

对于一般的兼职人员，可粗略地划分为下列两种，一是暂时性就业，以收入为目的者。二是长期性就业，具有专门技术的人，对于大多数兼职者来说，企业可以不考虑提升薪金以及其他的福利待遇问题，但对于那些工作时间超过一年，很少流动的兼职人员来说，由于在一个单位中工作时间久了，虽然不是编制内人员，其工作经验非常丰富或者工作效益甚高，并不逊色于正式在职人员，这样企业就要考虑如何对待，充分发挥他们的潜能。

4. 明确兼职人员的薪金项目。

兼职人员薪金除按计时单位，以工作时数计算出来的基本工资部分以外，如果兼职人员在规定时间以外或者法定节假日为企业工作，企业还须支付加班费津贴和节假日津贴。此外，企业有时还支付交通津贴。

57

公司兼职人员薪金管理制度

一、总　则

第一条　本公司兼职人员的薪金支付，均按本制度的内容办理。

- 基准内薪金——基本工资
- 基准外薪金
  - 超时工作津贴
  - 交通津贴
- 其他薪金
- 奖金

第二条　兼职人员的薪金计算期间规定如下：

1. 兼职人员的薪金计算期间，从每月 11 日起至当月月底止，并于每月 15 日支付薪金。若当日薪金支付日中恰逢休假日，则提前一日发放。

2. 兼职人员的薪金计算期间，也可依照聘用合同书所规定的日期支付。

3. 退职或被解聘者的薪金，应于当日在办理完解职手续后，立即支付其应得的薪金。

第三条　公司与兼职人员所签订的协议中，如果有写明应有下列规定的扣除金额，或法令所规定的扣除事项，则应由公司从薪金中扣除，扣除之后的其他部分以现金形式直接支付给兼职员工本人。

1. 个人所得税。

2. 社会保险费（个人应负担部分）。

3. 团体意外保险费。

4. 违反公司规定的罚款（罚款金额全部转入员工福利金）。

5. 公司与工会代表协议经半数以上同意的代扣事项。

第四条　兼职人员工作时数的计算规定如下：

1. 薪金计算期间的加班、假日出勤、深夜执行公务以及迟到、早退、私自外出的缺勤时间，均须按照实际的加班时数、缺勤时数计算。

2. 时数若有不满 1 小时的尾数产生时，则依下列方式计算：

（1）30 分钟以上，以 1 小时计算。

（2）15 分钟以上但未满 30 分钟时，以半小时计。

（3）未满 15 分钟时，则不予以计算。

第五条　薪金支付类型共有下列三种：

1. 日薪制：采用此种计算方式的薪金，应以每天的固定薪金额乘以实际工作日数，于每月薪金支付日发放。但如果在聘用合同规定的工作时间内缺勤时，则须从薪金中扣除实际缺勤时数的薪金。

2. 小时薪金制。依每小时的固定薪金额乘以实际工作时数，即得兼职人员应得奖金额。

3. 计件制。依每一单位产品的固定薪金乘以个人于每一薪金计算期间的总产量，即为员工应得薪金额。

薪金支付类型应在聘用合同中明确作出规定。

二、基准内薪金

第六条　兼职人员的基本工资规定如下：

1. 基本工资决定的标准，应在签订聘用合同书时，经双方协议后制订。

2. 基本工资的支付标准，不得低于劳动部门所制定的最低支付标准。

3. 在决定基本工资标准时，须对同行业间的基本水平一并加以考虑。

三、基准外薪金

第七条 兼职人员若因业务上需要，必须在规定工作时间外继续执行工作，导致其实际工作时数超过原聘用合同书所规定的工作时数时，则须依照加班津贴标准的规定办理。

第八条 交通津贴的支付对象，是因上班执行公务而须负担额外交通费用的兼职人员，原则上，公司根据其实际发生的必要交通，采用全额发给的办法。

四、其他薪金

第九条 于休假日返回公司继续工作时，应按第八条的规定，办理休假日工作津贴的支付。

第十条 依据人事管理规章的规定，向公司申请特别休假时，其薪金按下列方式处理：

1. 婚假、丧假等特别休假，不支付薪金。

2. 因公负伤、疾病而缺勤时，若有代办保险的医疗补助及团体意外险的灾害赔偿等事宜，薪金则不予以支付。

五、奖　金

第十一条 公司根据年度经营增长比例，且考虑到兼职人员的工作绩效及贡献，根据其不同表现程度，分别制订奖金金额。

第十二条 奖金的支付日期原则上根据聘用合同书的内容来决定。

六、薪金调升

第十三条 公司为激励兼职人员的士气，在提高工作绩效的前提下，应视个人在工作上的表现及考绩（含出勤率），制订薪金调升标准，并定每年的 12 月 31 日为薪金调升日。

七、附 则

第十四条 本制度自　　　　年　　月　　日起实施。

58

公司调查人员薪金管理制度

第一条 为加强调查人员管理，保障本公司调查业务的顺利开展，特制定本规定。

第二条 调查员是按合同规定从事本公司调查工作的临时职员，其薪金支付须照本规定办理。

第三条 按照本人调查技巧、知识、经验等有关情况，调查员分为以下三等：

1. 一等。
2. 二等。
3. 三等。

第四条 调查成绩优秀、表现优异的调查员，经审查可转为正式职员。

第五条 每年考评一次调查员的业绩，据此升等或调动。

第六条 按照调查员的资格等级，每月给付从××元到××元不等的资格津贴。本项津贴在缺勤半个月的情形下扣发一半，全月缺勤的全部扣发。

第七条 连续工作一年以上时，以后每月增加资格津贴×元。

第八条 每年分5月末、12月末两期，按照本人能力、实绩、劳动态度因素考察，适当地增加资格津贴。

第九条 每结束一项调查任务，发给调查员一次性调查报酬。报酬标准规定如下：

调查报酬标准表

分类	金额	备注
通常调查	元	
特殊调查	元	
	元	
	元	
三级急件	元	
二级急件	元	
一级急件	元	

第十条 对从事特别繁重、困难调查任务的调查员，发给特殊补贴。

第十一条 调查员1月完成25项以上调查任务的，发给××元积极工作奖。

第十二条 调查报酬计算截至为每周四。周六以现金支付。

此外，资格津贴从每月21日始，至次月20日止。每月25日支付。

第十三条 公司经营情况良好，高出一般水平时，每年7月和12月分两次根据实际情况支付奖金。

第十四条 调查员从自己家到工作地点的交通费按普通实际标准金额支付。

59

公司顾问薪金管理制度

第一条 顾问薪金总额由董事会决定。

第二条 由政府官员转任顾问者，其薪金总额不超过原单位薪金的200%。具体额度根据其经验、年龄、工作态度等因素，由总经理决定。

第三条 外来顾问的薪金，由总经理根据其资格、年龄、经验等因素决定。

第四条 薪金总额的修订和调整，每两年进行一次，由董事会批准。

第五条 由于顾问过失、怠慢，导致业绩明显下降情况下，总经理可以适当降低顾问的薪金总额。

60

汽车维修工人薪金管理制度

第一条　目的。

为加强本公司汽车维修工人的薪金管理，特制定本规定。凡属于本规定未定事项（如薪金计算日、支付日等），按政府就业制度办理。

第二条　工资体系。

修理岗位员工的薪金体系构成如下：

1. 基本工资
    - 起点工资
    - 经验工资
    - 工龄工资
2. 附加津贴
    - 资格津贴
    - 技能津贴
3. 奖金
    - 工作业绩奖
    - 集体成绩奖

第三条　基本工资构成。

基本工资由起点工资、经验工资和工龄工资三部分组成，分别按照下述规定处理。

第四条　基本工资支付方法。

支付方法分为月工资月付制、月工资日付制和日工资制三种，根据各人情况分别确定。

1. 月工资月付制。

工资按月计算，除整月缺勤者外，全部按月额支付。

2. 月工资日付。

工资按月度确定，本人缺勤时，每日按月工资的1/25扣除。

3. 日工资制。

工资按天确定，每月按实际出勤日数乘以日工资标准计算。

第五条 起点工资。

本公司维修人员的起点工资标准为：

1. 应由毕业生。

高中毕业××元。

初中毕业××元。

2. 有工作经验者。

以本人实际就职时工资为基础，根据工作年限、工作经验，对照本公司同等工作人员工资标准确定。

3. 应届毕业生以外的非熟练工。

以本人初次就职时工资为基础、考虑工作年限、技术能力等因素确定。

第六条 经验工资。

对有工作经验者，以汽车维修经验为基础，作如下划分：

1. 同种经验每年××元。

2. 相关经验每年××元。

3. 非同种经验每年××元。

第七条 工龄工资。

工龄工资是进入本公司后，随着工作年度增加，每年有一定增额的基本工资的一部分。

第八条 资格津贴。

当维修工获得汽车修理师资格或取得汽车驾驶执照时，发给如下资格津贴：

1. 资格津贴。

（1）一级××元。

（2）二级××元。

（3）三级××元。

2. 汽车驾驶执照。

（1）大型车辆××元。

（2）普通车辆××元。

（3）小型车辆××元。

第九条 技能津贴。

公司定期进行维修工技能测验，按照本人测验成绩，分别给予同等技能津贴：

1. A级××元。

2. B级××元。

3. C级××元。

4. D级××元。

5. E级××元。

技能测验细则另定。

工作业绩是在工作完成后，根据修理工薪金水平，按一定比率计算发放的奖金。计算比率另行规定。

第十条 集体成绩奖。

当各班组修理工取得特别优异成绩时，发给集体成绩奖。集体成绩奖按班组内不同情况进行分配。

61

出租汽车公司司机薪金管理制度

一、通　则

第一条　本公司出租汽车司机的薪金管理，按本规定执行。

第二条　出租汽车司机薪金的计算、发放等有关标准的确定，一律以本规定为准。除退休津贴和特别指令的项目外，不执行一般员工的薪金规定。

第三条　出租汽车司机的薪金体系如下：

1. 基本工资。

2. 工龄工资。

3. 业绩工资。

4. 各种津贴。

（1）家属津贴。

（2）全勤津贴。

（3）无事故津贴。

（4）指导津贴。

（5）修理津贴。

（6）深夜津贴。

二、薪金计发

第四条　除特别规定者外，薪金一律采用金额、现金方式发放。

第五条 薪金的计算，从每月 21 日始，到次月 20 日止，发放日在每月 28 日，遇节假日及非出勤日顺延一日。

第六条 按照法律和协议规定，公司扣除下述部分：

1. 个人所得税。
2. 健康保险金。
3. 失业保险金。
4. 其他协议规定应扣项目。

三、工 资

基本工资。

第七条 基本工资原则上实行日工资月付制。由于本人原因缺勤情况下，扣除相应部分。

第八条 基本工资标准为：

日工资标准××元。

月工资额××元。

第九条 当员工因正当理由缺勤时，经公司认定，按协议规定发给因缺勤而应扣除金额的部分或全部。

第十条 司机因迟到、早退、因私外出耽误劳动时间，按日工资额中耽误的部分扣除。此项计算单位为 30 分钟，不足 30 分钟者按 30 分钟计。

第十一条 当发生下述情形之一时，按照情况发生之前的工资标准计算：

1. 本人死亡。
2. 本人退职或被解聘。

四、工龄工资

第十二条 工龄工资是工作每满一年发给的工资。具体规定如下：

工龄工资表

区段		金额
1	工作 1 ~5 年	每年增 × ×元
2	工作 6 ~10 年	每年增 × ×元
3	工作 10 年以上	每年增 × ×元

第十三条 工龄的计算以每年 4 月 1 日为起止日。

五、业绩工资

第十四条 按照出租汽车司机每月营业额，发给相应比例的业绩工资。

1. 月营业额在 × ×元以下者，计发营业额的 9%；月营业额在 × ×元以上者，业绩工资为超过部分的 40%。

2. 当出租车回车时间超过规定时刻，或超过最高运行公里界限，或未按公司规定做好营业记录等情况发生时，按规定扣发部分业绩工资。

（1）回车超过规定时间时，每迟到一小时扣发 × ×元业绩工资。

（2）超过运行公里最高限时，每超过一公里扣发 × ×元业绩工资。

（3）未按规定做好记录时，酌情扣发 × ×元业绩工资。

3. 扣发金额不超过日平均工资的 1/2，月累计不超过月平均工资的 1/10。

六、各种津贴

第十五条 家属津贴的发放范围是与本人共同生活的、无谋生条件的、主要依靠本公司出租汽车司机抚养的直系亲属。符合规定者，从提出申请次月开始发放。

1. 配偶。

2. 未满 18 岁的子女。

3. 60 岁以上的父母及祖父母。

4. 未满 18 岁的弟妹。

5. 残病亲属。

第十六条　家属津贴标准如下：

配偶	××元
子女	××元
父母	××元
其他	××元

第十七条　出租汽车司机在1月中无迟到、早退、无缺勤，即全勤劳动情况下，发给全勤津贴。

第十八条　在工资计算期间内未发生任何交通事故、车辆完好者，发给安全津贴。

领取交通安全津贴每月实际出勤营业必须在20天以上。

第十九条　当出租汽车司机同时承担指导助手工作时，发给指导津贴。

半天指导	××元
整天指导	××元

第二十条　当公司指派司机修理车辆时发给修理津贴。

一小时	××元
两小时以上	××元
三小时以上	××元

修理时间预计不足一小时或实际超一小时但不足两小时的，按一小时计。

修理时间不足整小时的尾数亦可酌情发放。

第二十一条　在晚上10时至清晨5时这一时间段工作者，按法定标准发给深夜津贴。

七、奖　金

第二十二条　奖金的发放按照《奖金发放规定》办理。

八、附　则

第二十三条　本规定自　　　　年　　月　　日起实施。

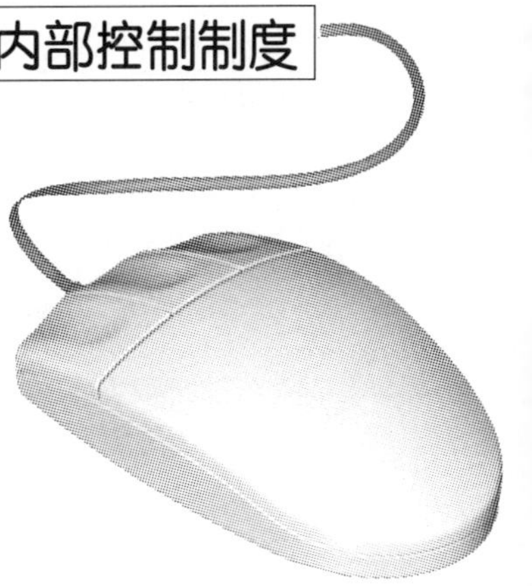

62

公司奖金管理制度

一、一般规定

第一条　公司根据经营情况，对有敬业精神、遵守规章制度和作出贡献的员工给予适当奖励。

第二条　对于本制度所订的各种奖金，如有下列情形之一者，要将奖金的一部分或全部予以停止或减少。

1. 公司业务状况不良。
2. 奖金规则执行无效。
3. 所发奖金与政策法令相抵触。
4. 公司遇到人力不可抵抗的灾难。

第三条　本制度所订各项奖金的申请，应由具有奖金申请资格员工的直属部门主管人员填写申请书，并签注意见送人事部门，加注有关人事记录资料及考核意见后送请规章执行委员会审议，然后执行。

第四条　各种奖金的核准日在上半月的，须从上半月开始发，核准日在下半月，须从下半月起发。

第五条　凡有下列情形之一者，除依照公司管理规则有关规定处罚外，6 个月内不得享受本条例所规定的各项奖金，已享有奖金权的，应自当月份起予以停止，直到表现良好时，再依本部分第三条规定办理奖金申请手续。

1. 工作不力者或不能胜任工作者。
2. 有赌博、斗殴、诈骗、偷窃、经手钱财不清或拖欠他人钱财不偿还行为者。

3. 在言语或行为上对公司、公司负责人及公司同事不利、不忠实者。

4. 在公司外的行为足以妨碍其应执行的工作及损害公司声誉或利益者。

5. 利用工作之便图取私利者。

6. 经办公文或工作时因积压公文而损及公司或其他人利益者。

7. 公司遭遇任何灾难或发生紧急事件时，负责单位或在场员工未能及时加以抢救者。

第六条 凡因故应停止或减少部分奖金权者，应由其部门主管会同人事部门共同提出理由意见书及有关资料，送请规章执行委员会审议后执行。

第七条 凡因故被停止奖金权的核准日在发本期工资以前者，应在本次发放工资时执行，核准日在发本期工资以后者，则在下次工资发放日执行。

第八条 各部门主管人员应于每年 1 月 15 日及 7 月 15 日前提该部门享受奖金权员工在过去半年内的生活与工作报告，经人事部门加签考核意见后，送规章执行委员会作享受资格总审查。

二、资历、全勤奖金管理制度

第九条 为奖励资历长的员工与遵守公司管理规则的全勤员工，特设立本奖金，凡本奖金的核实发放、增减及停止，均按本部分制度执行。

第十条 凡经公司正式任用的员工，自到职期满一年的次月份起，享有本奖金的申请权。

第十一条 本奖金的申请，应由享有申请资格的直属部门主管人员填写申请书，并按下列标准签注意见，送人事部门办理。

1. 能否胜任工作。

2. 勤怠情况。

3. 责任心。

4. 品德。

5. 个人与公共卫生。

6. 服装仪容。

第十二条 凡享受奖金权的员工，有下列情形之一者为缺勤，除按有关规定处分外，在当月份内不予本奖金的奖励。

1. 有迟到、旷工或任何做假记录者。

2. 打卡上班后，未到达工作场所开始工作者。

3. 工作时间离开工作岗位，借故走动、嬉笑、吸烟、睡觉、闲聊、吃零食、因私事会客、拨打私人电话或阅读与本业务无关的报纸、杂志以及怠工或疏忽工作者。

4. 在工作时间内吵架、斗殴者。

5. 在未下班前停工盥洗或换衣服等候下班者。

6. 凡部门主管人员对所属员工管理不善或该部门在当月内违规人数达10%者。

第十三条 凡在当月份内有上条所订任何缺勤记录合计达 3 次者，除停止其当月份奖金权外，还要另外自次月份起停止其享受本奖金权 3 个月，在停止期间无缺勤记录者，期满由人事部门报请恢复，否则仍予顺延。

第十四条 本奖金的支付率随员工的工作年限及工作成绩递增，但最高不得超过当月工资的 30%，本奖金递增率规定如下：

1. 第一年发放当月工资的 5%。

2. 第二年递增为当月工资额的 10%。

3. 第三年递增为当月工资额的 15%。

4. 第四年递增为当月工资额的 20%。

5. 第五年递增为当月工资额的 25%。

6. 第六年达到最高支付率即当月工资额的 30%。

第十五条 全勤员工应享受的奖金于每月的下期与工资一并发放。

三、荣誉奖金管理制度

第十六条 本公司为使员工养成良好的生活和工作习惯，培育良好的职业道德，特制定本制度，规定奖励事项如下：

1. 奖励服装仪容合乎“服装仪容规定”者。

2. 奖励整洁性合乎“个人与公共卫生规定”者。

3. 奖励个人品德合乎“品德修养规定”者。

4. 奖励责任感合乎“工作与职责规定”者。

第十七条 凡享有本奖金权的员工，因自身关系无法遵守本部分所规定奖励事项中的任何一项者，要停止享受本奖金的全部。

四、年节奖金管理制度

第十八条 公司奖励及慰劳工作成绩优良的员工，须在当年年度财务状况许可下，发给年节奖金，奖金的发放和停止均照本制度办理。

第十九条 凡正式员工在当年年度内无事假、迟到、旷工等缺勤记录者都要发给。

第二十条 凡正式员工在当年年度内有事假、迟到、旷工等记录，并依照规定所折合天数不超过 6 天者，应发给半数奖金，超过天数者不发。

第二十一条 凡到职满 3 个月以上而未满一年的员工，其请假总天数应从到职之日起计算。在当月内工作满 20 天者以一个月计算，满 10 天者按半个月计算，此项计算方法不得用于平时工资的计算。

第二十二条 到职不满一年的正式员工，在该年度内因婚、丧、病及生育所请的事假有合乎请假规定的证明的，也不影响本奖金的发放，但须按其当年年度内实施工作的月数比例计算其奖金额。

第二十三条 奖金额的计算，均以各员工在本年年度内的平均工作为准，此项平均工资不包括加班费及其他奖金。

第二十四条 各员工应享受的奖励或资金等级，一律由各部门主管人员及人事部门提供工作成绩及有关资料由规章执行委员会审议后发给。

第二十五条 奖励等级评定项目及资料如下：

1. 一等奖：总分满 100 分者。

2. 二等奖：总分满 70 分不足 100 分者。

3. 三等奖：总分满 40 分不足 70 分者。

第二十六条　凡被评分数总分在 40 分以下者，不予奖励。

第二十七条　按评定后应享受的奖金等级，计算其实得奖金额。

第二十八条　本制度所指的全年度，是指从 1 月 1 日起至 12 月 31 日止的一年度。

五、奖助升学管理制度

第二十九条　本公司为所属各事业机构奖助员工升学进修，培养人才，特制订本制度。

第三十条　凡在本公司所属有关机构工作两年以上，成绩优异，并合乎下列条款规定的员工，可由所属事业机构的主管人员选送升学。

1. 工作上有特别表现者。
2. 学上可以造就者。
3. 思想纯正，品行优良者。
4. 体格健全者。
5. 年龄、资格等合乎升学规定者。

第三十一条　受奖助人员有下列情形之一者，应对其停止奖助，并予以处分。

1. 有严重不忠实公司行为者。
2. 品行不良或受开除学籍处分者。
3. 擅自中途辍学者。
4. 不呈交报告及成绩单者。
5. 学业总成绩不及格者。

第三十二条　受奖助员工毕业后，应立即回本公司工作，其继续工作年限不得少于受资助年限，其合同另外再订。

第三十三条　受奖助人员回本公司工作后，其在校年数计算为其工作年限。

第三十四条　各事业机构应将受奖助员工的姓名、职称、部门及毕业学校等项，在每学期开学后列表汇报公司主管人员备查。

63

公司绩效奖金制度

第一条 目的。

本制度制定的目的是使员工的年度考绩评核能够达到公正、公开、客观的要求，从而保障绩效奖金的效用。

第二条 适用范围。

凡经本公司正式任用的员工，均依本制度办理考绩评核。实际执行勤务满 6 个月以上者（含试用及合同制人员），亦在本制度评核范围之内。

第三条 计算期间。

绩效奖金的计算期间根据会计年度来定，从公历年 1 月 1 日起至 12 月 31 日止，并于农历春节前一个工资支付日与当月工资一同发放。

第四条 适用考绩办法。

本制度所制定的考绩办法除作为年度绩效奖金外，还可以作为人员晋升、调动、调薪、训练、辅助、辞退资遣等的评核参考。

第五条 评核项目。

绩效评核包括下列四项：

1. 勤务考绩。

依计算期间内个人在工作上绩效及贡献程度等，来评核考绩。

2. 出勤记录。

依据从业人员年度出勤记录（包括迟到、早退、私自外出、事假、病假、旷工日数等考勤分数），作为评核出勤比率的标准。

3. 奖惩记录。

根据从业人员工作上的表现而给予的奖惩记录来加减考绩分数。

4. 考核范围、内容及考核项目、基准等，按“考绩评核表”及“员工考绩评分表”的规定办理。

第六条 评核权限。

各部门从业人员考绩的评核应按评核资格权限的规定，由各部门具有评核资格的人员进行评定。当核定或审核人员对于从业人员的考绩有所异议时，应于呈报或核定前与所属主管及评定主管作充分沟通。

第七条 考绩评定。

从业人员考绩经由第七条所列具有评核资格人员评定后所得的成绩，按考绩等级的规定予以划分等级，并依下列规定进行评核：

1. 当年度考绩被列为丁等或连续两年考绩等级被列为丙等时，人事部除应予以列册管理外，其所属主管人员应负起辅导追踪责任，必要时可建议人事部予以调职或惩戒处分。

2. 经人事部直属部门主管人员辅导及追踪后，仍未改善者，并有下列任何一项情形发生时，公司则予以解雇：

（1）连续三次考绩等级被列为丙等者。

（2）连续两次考绩等级列为丁等者。

第八条 出勤限制。

除第七条所评核的考绩等级外，凡计算期间内缺勤次数超过出勤记录的规定时，则不得列入原评定等级范围内，并给予降一职级处分。

第九条 奖惩记录。

奖金计算期间内曾有奖惩记录者，除依第八条规定外，还须依下列方式增减其考绩分数：

1. 奖励部分：

（1）记大功一次加 15 分。

（2）记小功一次加 5 分。

（3）记嘉奖一次加 1 分。

2. 惩罚部分：

（1）记大过一次扣 18 分。

（2）记小过一次扣 6 分。

（3）记警告一次扣 2 分。

3. 计算期间内的奖惩可互抵，不足或增加部分，则从考绩中增减其分数。

第十条 施行细则。

1. 人事部应于每年 6 月 15 日前（上半年考绩评核）及 12 月 15 日前（下半年考绩评核），将考绩评核送各部门负责评核人员评定，并于 15 日内依据“评核资格权限表”的规定转呈各审核主管人员评定后，在 1 月 1 日及 7 月 1 日前，送回人事部。

2. 各级主管人员在考核员工的工作绩效时，必须以客观事实为依据，力求在公平、公正、公开的原则下办理。

3. 计算期间内若有变动发生时，新单位主管应负责评定，但变动未满 3 个月者，则应征询原主管人员意见后再行评定。

4. 人事部对各负责评核人员应负起监督及审核之责。

第十一条 施行。

本制度经呈董事会议通过后，自 × 年 × 月 × 日起开始实施。

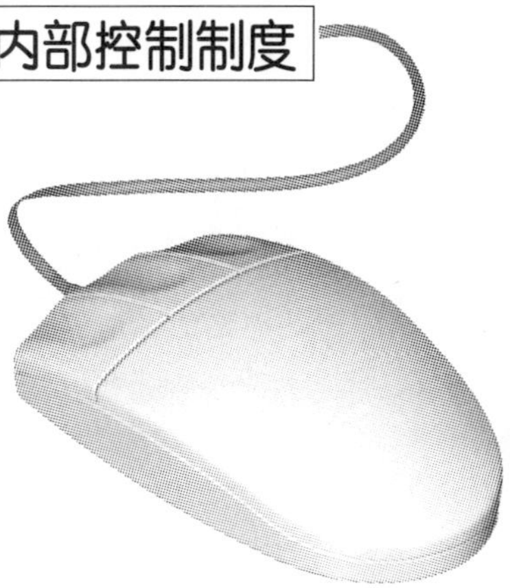

64

公司生产奖金制度

一、总　则

第一条　本公司为激发员工的工作热情，挖掘工作潜力，鼓励广大员工进行工作研究与开发、改进，以提高经营效率，增加盈余，特制定本制度。

第二条　生产奖金的提取，应以各个奖金项目实际所能带来的预期收益为基准，并根据各个奖金项目发放数额比例的调整增加其盈余或减少其亏损，但自然灾害及非事业单位所能控制的因素所造成的损失不在考虑之列。

二、奖金适用的范围

第三条　本制度所说的生产奖金，是指各机构员工个人或团体对公司有下列贡献者，所获得的本公司分布发的奖励基金。

1. 其研究或发明对本机构有重大贡献者。
2. 增加营业数量者。
3. 节省用工用料费用从而降低成本者。

第四条　本制度第三条第一款所说的研究发明，是指工作人员个人或团体对机构的经营管理、生产设备以及操作方法等，提供具体可行的改进意见或具体实用的新发明，经过本公司选择试行确实具有实效，并且为本公司带来收益者。

第五条 本制度第三条第二款所说的增加营业数量，是指工作人员个人以及团体运用原有的生产工具、设备和人力，增加新的业务项目或数量，或改进生产方式，或作为超过规定标准，或努力推广业务，因而工作结果超过原来预定的营业数量，增加了收益或减少了亏损者。

第六条 本制度第三条第三款所说的节省用工用料费用、降低成本，是指工作人员个人或团体具有下列贡献之一者：

1. 在作业时间特别注意工料费用的节省，并有实际的工作绩效者。

2. 积极改进工作技术或方法，简化工作程序，使成本费用降低，取得实际效果者。

3. 加强对设备的维修保养，采取预防措施减少设备故障和停工的次数，或者对于台风、地震等防范有力，减少损失，或办理紧急抢修迅速恢复生产业务，具有突出贡献者。

4. 努力赶工，使生产扩建计划或工具设备大修特检计划得以提前完成，投入营运从而增加收益者。

5. 使营业数量增加，而生产费用未出现正比例增加，具有突出成绩者。

三、奖金标准的制订

第七条 各部门实施本制度第三条至第六条的各项规定时，应参考现有的人力、设备、历年工作实绩等因素制订各自的奖励项目及作业标准，以工作为奖励的依据。凡是超过预定作业标准，产生预计外的利益者，应支付生产奖金，如果人力的设备有所增加或设备有所更新，应重新订立作业标准。

第八条 各部门应把当年度或一年时间内的实际绩效同预定标准进行相互比较，分析因果关系，以作为核发奖金或予以处分的依据。

第九条 各部门对工作人员个人或团体所担任的工作及其所担负的控制生产或达成目标的职责，应有具体的规定，并作严密、详细的记录。

第十条 各部门对于工作人员个人或团体中未能达到成本制度标准的一定程度者，应订立处分办法进行惩处。

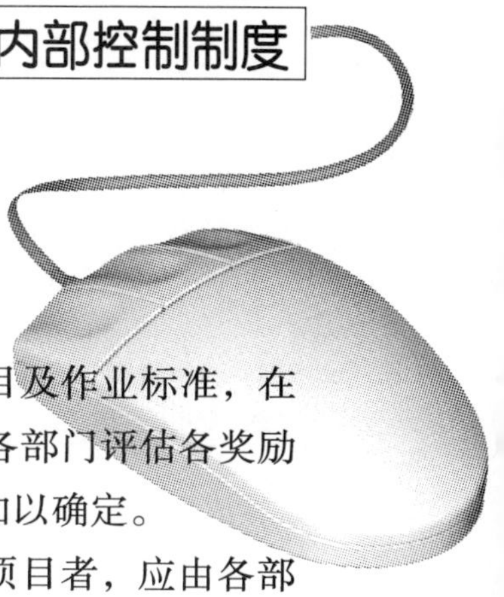

四、奖金的核发

第十一条 生产奖金的发给，应根据核定的奖励项目及作业标准，在其实际产生的预计超额收益的30%～50%的范围内，由各部门评估各奖励项目、激励程度的影响及发给奖金对象的多少之后分别加以确定。

第十二条 凡是合乎本制度第三条第一款所列奖励项目者，应由各部门说明原因，并确定获奖人数及发给奖金的数额等级等，专门报请本公司核定后发给。

第十三条 各单位因实施本制度所发给的奖金，准予作为正式开支，并在有关营运成本、业务及总务管理费用员工奖金科目内列支。

第十四条 生产奖金发给的对象、以从事各该项工作有贡献的人员为限。由团体共同努力而获得的绩效，应就其各自的贡献与努力程度分别按等次发给奖金。

第十五条 各单位对于奖金的核发，要以团体中各职位职责的轻重，预定累积点数，作为分等支给生产奖金的依据。

五、实施标准

第十六条 各单位应遵照本制度第三条所定生产管理的范围，就每一实施奖金项目制订细则，报请本公司核定后加以实施。

第十七条 各单位制订的生产奖金细则应包括下列项目：

1. 奖金的名称、目的及其适用的范围。
2. 计算奖金的公式。
3. 公式中计算绩效数字的依据或标准。
4. 奖金提成的成数及发给的对象。
5. 奖金发给的时间。
6. 奖金预算的数额。
7. 奖金列账的科目。
8. 实际绩效未能达到预定目标或标准的一定程度时的处理办法。

9. 其他应加以规定的事项。

六、执行与考核

第十八条 本公司为审核所属各机构制订的生产奖金分细则及考核其执行结果，要请有关人员共同组成审核委员会。审核委员会的组成另外制订。

第十九条 各单位生产奖金的核发，应由各作业有关部门，根据核定的生产奖金细则所确定的生产奖金发给时间，将当期或当年内的作业成果，确认核实后计算应发给的奖金，由本公司生产奖金审核委员会核定后办理。

第二十条 各单位各级主管人员对于生产奖金制度的实施，分别负有监督和考核的责任，如有捏造成果或违背细则规定的情况发生，除追回所发奖金外，还要按情节轻重予以处分。

七、附 则

第二十一条 本制度报请董事长核准后实施，修改时亦与此相同。

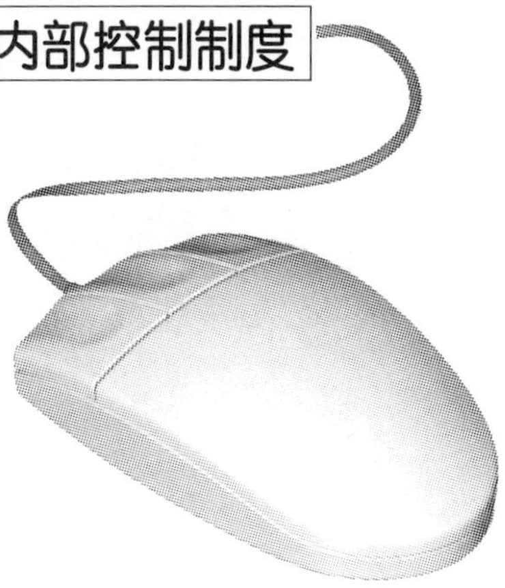

65

公司津贴管理制度

一、住宅津贴

第一条 领取资格。

在公司宿舍及其他设施以外居住的公司员工自××年×月×日起，按下列标准领取住宅津贴。

第二条 津贴额。

住宅津贴按下列分类分别确定其津贴额。

1. 本人是户主。

（1）有抚养家属，共同居住：

①租借房屋每月津贴________元。

②自有房屋每月津贴________元。

（2）无抚养家属（单身）：

①租借房屋每月津贴________元。

②自有房屋每月津贴________元。

2. 本人不是户主。

（1）所抚养家属为户主时：

①租借房屋每月津贴________元。

②自有房屋每月津贴________元。

（2）所抚养家属是户主时：

①租借房屋每月津贴________元。

②自有房屋每月津贴________元。

（3）无抚养家属时：

①租借房屋每月津贴________元。

②自有房屋每月津贴________元。

3. 购、建私房津贴。

（1）本人是户主：

①有抚养家属者每月津贴________元。

②无抚养家属者每月津贴________元。

（2）本人不是户主：

①有抚养家属者每月津贴________元。

②无抚养家属者每月津贴________元。

第三条 住宅津贴的发放和停止。

住宅津贴从员工成为领取住宅津贴对象当月开始发放，在员工不符合领取条件时停止发放。

第四条 领取手续。

希望领取住宅津贴的员工，事先必须将“家属关系证明书”及有关住房情况的材料提交给部门主管，以转交给总务部。

第五条 确认。

根据第四条中记载的提交材料，本部门主管及总务部主管需要确认该员工住宅津贴的资格及住宅津贴的金额，并填写住宅津贴确认表。

第六条 确认过程中的有关调查。

公司在审核员工提交的有关资料时，根据需要，可要求员工进一步提交有关辅助资料（如租房合同、交房租发票等），对事实进行确认调查。

第七条 领取条件发生变动时的手续。

当住宅津贴的领取条件发生变动时，本人必须及时向本部门主管提交有关材料，以转交给总务部。

二、特别工作津贴

第八条 领取资格。

对于从事化学制品的生产和试验研究者，按标准支付特别工作津贴。

第九条 专职从事化学制品生产者。

对于专职从事化学制品生产的人员，每月发给特别工作津贴______元。

第十条 兼职从事化学制品生产者。

上一条专职从事化学制品生产以外者，按下列标准支付特别工作津贴：

1. 试验研究部门或协助生产化学制品的人员，其从事化学制品生产或试验研究的时间比率（实际从事化学制品生产或试验研究的时间占一个月的全部工作时间的百分比）及相对应的特别工作津贴如下表所示：

特别工作津贴表

从事化学制品生产或试验研究的时间比率	特别工作津贴
不到 10% 的	每月______元
10% 以上，不到 15% 的	每月______元
30% 以上，不到 50% 的	每月______元
50% 以上，不到 70% 的	每月______元
70% 以上的	每月______元

2. 在上述计算标准中，生产部门和试验研究部门没有区别。工作时间比率由该部门负责人按工作考勤计算。

3. 特别工作津贴的奖金标准额，为半年（上半年或下半年）特别工作津贴的月平均额，每半年发放一次。

三、锅炉操作津贴

第十一条 领取资格。

对于有锅炉操作的资格并实际从事锅炉操作的人员，按下列标准支付锅炉操作津贴。

第十二条 专职锅炉工。

对于专职锅炉工，每月发给锅炉操作津贴______元。

第十三条 兼职锅炉工。

因专职锅炉工休、缺勤或其他原因，由兼职人员从事锅炉操作时，按下列标准支付锅炉操作津贴。

1. 兼职人员从事锅炉操作的时间比率及锅炉操作津贴。

锅炉操作津贴表

从事锅炉操作的时间	锅炉操作津贴
不到月总工作时间 10% 的	______元
占总工作时间 10% 以上，不到 15% 的	______元
占总工作时间 15% 以上，不到 30% 的	______元
占总工作时间 30% 以上，不到 50% 的	______元
占总工作时间 50% 以上，不到 70% 的	______元
占总工作时间 70% 以上的	______元

2. 工作时间比率由该部门负责人按工作考勤计算。

3. 锅炉操作津贴的奖金标准额的计算，以第十条第 3 款的规定为依据。

四、保健津贴

第十四条 保健津贴的发放范围。

在工厂内经常并大量处理有毒化工原料者，或工作环境有可能损害其健康者，享受保健津贴。

第十五条 长期工作者。

长期在上一条所述环境中工作者，每月领取保健津贴____元。

第十六条 临时工作者。

临时在第十四条所述环境中工作者，按下列标准发给保健津贴。

保健津贴表

处理有毒化工原料或在恶劣工作环境下的工作时间	保健津贴
不到月总工作时间10%的	______元
占总工作时间10%～15%	______元
占总工作时间15%～30%	______元
占总工作时间30%～50%	______元
占总工作时间50%～70%	______元
占总工作时间70%以上的	______元

五、伙食补贴

第十七条 领取资格及金额。

因工作原因而不能利用本公司食堂的员工，按下列标准发给伙食补贴：

1. 每天午餐补贴______元，晚餐补贴______元。

2. 伙食补贴每月结算一次，按出勤天数乘以每天的伙食补贴标准支付。

第十八条 本公司中员工市内出差，也按上一条标准领取伙食补贴。

第十九条 在本公司食堂用餐者按下列标准给予伙食补贴：

1. 早餐______元（限在本公司宿舍居住的单身员工）。

2. 午餐______元。

3. 晚餐______元（限在本公司宿舍居住的单身员工及需在晚上7时以后加班者）。

第二十条 本公司员工需要加班两小时以上者，免费提供一顿晚餐（或夜餐）。

六、附 则

第二十一条 本制度报请董事长核准后实施，修改时亦与此相同。

66

公司退休金管理规则

一、通　则

第一条　范围。

本公司退休金事务的处理依据本规则进行。但顾问、非正式职工、保安公司派驻保安人员、临时工、业余劳动者不适用此规则。

第二条　接受退休金的资格。

退休金只对连续工作 3 年以上，按规定办理了退休手续，并且完全结束了所管业务的交接工作的退休员工发放。未连续工作 3 年，但有特别的功劳或有特殊情况的退休者，可以得到慰劳金。

第三条　支付办法。

退休金的支付，在退休者已办完前项所定的手续时，可给其一半金额。剩余部分，在此后 3 个月以内支付。

第四条　分割支付。

当退休金的支付金额过大，或者同期有很多退休人员，或者是因公司的财政状况较紧而难以分两次支付所有退休金时，可以把退休金分割为若干份，多次支付。

第五条　计算方法。

退休金的计算公式如下：

退休金＝退休者的基本工资×退休金支付标准比率×在职期间评价系数×连续工作年数

第六条　本人死亡时的领受者。

在本人死亡时，退休金的支付，以照顾依靠死者收入维持生计的家属为主要出发点，通过调查，支付给最恰当的死者遗属。

二、退休金的支付额

第七条 在有不得已的事由退休时，其退休金以下表的支付率为标准。

不得已的事由包括：

1. 因公司业务状况不佳而被辞退。
2. 在职期间死亡。
3. 到退休年龄而退休。
4. 连续工作30年以上的退休者。
5. 因工作上的原因负伤、生病而不能坚持工作，不得已退休者。

退休金支付率表（1）

A	连续工作年数	3～5	6～10	11～15	16～20	21～25	26～30	31年以上
B	支付率	70%	70%	77%	80%	83%	87%	90%

计算方法：A×B×基本工资

第八条 因自身原因而退休者的退休金计算。

因自身原因而退休，退休金的计算为退休金支付率表（1）所算出的支付额如下表支付率的乘积。

退休金支付率表（2）

连续工作年数	2～5	6～11	11～15	16～20	21～25	26～30	31年以上
支付率	50%	60%	65%	70%	80%	90%	100%

第九条 工作时间的计算方法。

工作时间依照下面的方法进行计算。

1. 工作时间从员工进公司之日开始算起，到死亡或者退职之日结束。
2. 长期休假的时间，要从工作时间中扣除。

3. 未满一年的时间按月计算，未满一个月的时间舍去不计。

第十条 在短期内的评价系数。

退休金要根据调查所掌握的退休人员在工作期内的工作态度、工作成绩而定。调查结果表现为评价系数。该系数由基本工资乘以一定的比率而得。

1. 系数 A。

这是成绩特别优秀者年达到的系数，用140%乘以其本人的基本工资。

2. 系数 B。

这是成绩较好者所达到的系数，用120%乘以其本人的基本工资。

3. 系数 C。

这是有一般成绩者所得的系数，取本基本工资的100%。

4. 系数 D。

这是成绩不佳者所得的系数，取本人基本工资的80%。

5. 系数 E。

这是成绩很差者所得的系数，取本人基本工资的60%。

第十一条 评价手续。

对退休者在工作期间的工作态度、工作成绩的评价，要按一定的评价手续，公正、严肃地进行。

第十二条 退休津贴的修正和减额。

符合下面各点之一者，不发退休金。但工作满10年以上者，除掉第2、第3两点所指情况，可以根据特殊情况，在基本工资的5折以内支付退休金。

1. 受到惩处而被辞退。
2. 未做完业务上的交接便退休。
3. 未得到公司的认可粗暴地单方面退休。
4. 退休前后对抗上级领导，不服从上级命令，甚至还扰乱公司内部秩序。
5. 违反公司的规章制度。
6. 有不正当的行为。

三、附 则

第十三条 本规则自　　　年　　月　　日起实施。

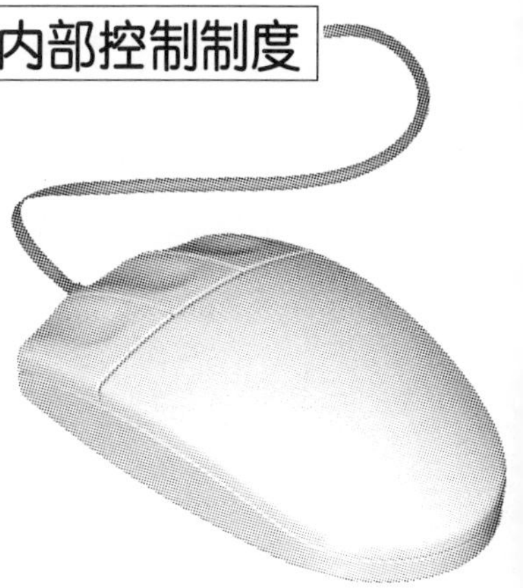

67

税务管理制度

一、总　则

第一条　为进一步加强公司的税务管理工作，正确计提、及时申报和缴纳各项税款，特制定本制度。

第二条　公司将严格依据《中华人民共和国税收征收管理法》的有关规定，认真执行相关的税法。

二、税务登记

第三条　公司应当自领取营业执照之日起 30 日内，向当地主管税务机关申请办理税务登记。如设立跨地区的非独立核算的分支机构，也应自设立之日起 30 日内向所在地主管税务机关申请办理注册税务登记。

第四条　公司办理开业税务登记后，如发生变更公司名称、改变所有制形式、隶属关系和经营地址，改变生产经营方式、范围、应纳税项目等，发生改组、分设、合并、联营、迁移、歇业、停业、经营到期清算等，应及时向税务机关申报，并办理变更税务登记或重新进行税务登记或注销税务登记手续。

第五条　公司应主动接受主管税务机关对税务登记证的定期检验，在主管税务机关规定的期限内持有关证件到主管税务机关办理验证或换证手续。

第六条　公司应当按照国务院财政、税务主管部门的规定设置账簿，根据合法、有效凭证记账，进行核算，依照国务院或者国务院财政、税务主管部门有关税收的规定正确计缴各项税款。

第七条 公司应当自领取税务登记证件之日起 15 日内，将其财务、会计制度或者财会、会计处理办法报送税务机关备案。

三、纳税申报

第八条 公司应当定期就计算缴纳税款的有关事项向主管税务机关提出书面纳税申报。办理纳税申报时，应当如实填写纳税申报表，并根据不同情况报送相关资料。

第九条 公司如为扣缴义务人时，应当办理代扣代缴、代收代缴税款报告，如实填写代扣代缴、代收代缴税款报告书，并报送代扣代缴、代收代缴税款的合法凭证以及主管税务机关规定的其他有关证件、资料。

第十条 公司应当在税务机关核定的纳税申报期限内及代扣代缴、代收代缴税款的期限内到主管税务机关办理纳税申报。如确有困难，需要延期的，应当在核定的期限内向税务机关提出书面延期申报，经税务机关核准，在核准的期限内办理。如因不可抗力不能按期办理申报的，可以延期办理，但应在不可抗力情形消除后立即向税务机关报告。

公司应按法律法规规定的期限缴纳或解缴税款。

四、发票管理

第十一条 公司应当指定财务部专人向税务机关领购发票。申请领购发票时，应当提供经办人身份证明、税务登记证，以及财务印章或者发票专用章的印模，经主管税务机关审核后，领取发票领购簿。然后，凭发票领购簿上核准的种类、数量以及购买发票方式，向主管税务机关领购发票。

第十二条 公司不得转借、转让、代开发票；不得倒买倒卖发票。

第十三条 公司应当建立发票使用登记制度，并定期向主管税务机关报告发票使用情况；应当按照税务机关的规定存放和保管发票，不得损毁。已开具的发票存根联和发票登记簿应当保存5年。

第十四条　财务部门应当定期对其购买和其他部门领用的发票进行检查。对其他部门领用的发票应当严格控制，用完后及时收回并办理领用注销手续。

五、税务检查

第十五条　公司应当主动配合主管税务机关对公司发票及发票使用情况的依法检查，如实反映情况，提供有关资料，不得拒绝、隐瞒。

第十六条　公司应当主动配合主管税务机关对其履行纳税义务和扣缴义务的情况进行的依法检查。如实反映情况，提供有关资料，不得拒绝、隐瞒。

六、附　则

第十七条　本制度由财务部编制，解释权、修改权归财务部。

68

内部稽核制度

一、概　述

第一条　本公司为协助各部门的工作能顺利进行并稽核其执行情况，促进工作的效率，特制定本规则。

第二条　稽核人员掌理的职务如下：

1. 遵守国家政策及法律的贯彻应行稽核事项。

2. 经营管理各项业务及成本控制等的应行稽核事项。

3. 生产器具、各项设备及有关采购等的管理、使用、保养等的稽核事项。

4. 其他交办事项。

第三条　稽核人员发现有下列事项者，应以口头或书面纠正，并报请备查。

1. 业务执行偏差。

2. 人事未尽协调。

3. 违纪行为，而情节轻微者。

第四条　稽核人员发现有下列事项者，应列举事实随时建议，以书面呈报总经理，交由主管单位处理。

1. 表现良好的员工。

2. 违法、违规案件。

3. 行为影响本公司的名誉。

4. 各项灾害及意外损失。

5. 其他影响本公司经营活动之一切不正当的重大案件。

第五条　稽核人员调查案件报告书，必须记载下列事项：

1. 原因并叙明年月日。

2. 详细事实。

3. 案情分析。

4. 处理意见。

第六条　稽核人员执行任务时，采取下列各项措施：

1. 督导及抽查所属各单位的经营及业务。

2. 约谈的方式或直接听取员工的意见汇集有关资料。

第七条　稽核人员督导、抽查、考核外勤单位业务时，应注意下列事项。

1. 有关与各经销商业务配合、联系是否完善。

2. 服务人员在外的收款是否按照规定处理。

3. 业务人员收款的情况是否按照规定处理。

4. 存货及材料的放置、处理是否完善、确实。

5. 人员、财物的运用调配是否适当，有没有浪费不均现象。

第八条　稽核人员访问各经销商及协作厂商时，应注意下列事项：

1. 信用状况（业务员收款情况）。

2. 与同业间的配合是否良好，在同业间的商业地位。

二、总　则

第九条　本公司各部门及各下属营业单位的稽核工作，由管理部随时指定适当人员执行稽核工作。

第十条　本公司稽核业务范围，定为账务、业务、财务、总务、检验五项，除另有规定外，悉以本办法规定办理。

第十一条　稽核人员前往稽核之前，应先准备及收集有关资料，拟订计划及进度表，事前并应将各单位以往审核及检查报告详予研究以做参考。

第十二条　稽核人员有保守职务上所稽得秘密的责任，除呈报外，不得泄漏或预先透露予被检查单位。

第十三条 稽核人员对本公司各单位执行稽核事务时，如有疑问，可随时向有关单位详尽查询，并调阅账册、报表及有关档案，必要时并得请其出具书面说明。

三、账务稽核

第十四条 记账凭证的审核或检查时，应注意下列事项：

1. 每一交易行为发生，是否按规定填制凭证，如有积压或事后补制者，应查明其原因。

2. 会计科目、子目、细目有无误用，摘要是否适当，有无遗漏、错误以及各项数字的计算是否正确。

3. 转账是否合理，借贷方数字是否相符。

4. 应加盖的戳记编号等手续是否完备，有关人员的签章是否齐全。

5. 记账凭证所附原始凭证内容是否合法、真实、完整及手续是否完备。

6. 记账凭证编号是否连贯，有无重编、缺号现象，装订是否完整。

7. 记账凭证的保存方法及放置地点是否妥善，是否已登录会计账簿或汇总表。

8. 记账凭证的调阅及查阅是否依照规定手续办理。

第十五条 账簿检查时，应注意下列事项：

1. 各种账簿的记载，是否与记账凭证相符，应复核者，是否已复核，每日应记的账目，是否当日记载完毕。

2. 现金收付日记账收付总额，是否与库存表当日收付金额相符，现金余额是否与账簿余额一致。

3. 各科目明细分类账各户或子目的和或未销讫各笔的和是否与各分类账各该科目的余额相等，是否按日或定期核对。对应科目的余额是否相符，有无漏转现象。

4. 各种账簿记载错误的纠正画线、结转、转页等手续，是否依照规定办理，误露的空白账页，是否画“×”形红线注销，并由记账员及主办会计人员在“×”处盖证明。

5. 各种账簿启用、移交及装订保管等，是否完备。

6. 各种账簿有无未经核准而自行改订者。

7. 活页账页的编号及保管，是否依照规定手续办理，订本式账簿有无缺号。

8. 旧簿内未用空白账页，有无加画线或加盖“空白作废”戳记注销。

9. 各种账簿的保存方法及放置地点，是否妥善，已否登记备记备忘簿，账簿的销毁，是否依照规定期限及手续办理。

第十六条　库存检查时，须注意下列事项：

1. 库存现金有没有以白条抵充现金现象。

2. 未到期票据、证券等有关库存财务，应同时检查，并得核对有关账表、凭证单据。

3. 内部往来账，是否按月填制未达账项明细表，查对账单是否依序保管。

4. 营业日报表的记载是否与银行存款相符，银行日记账余额是否与银行对账单余额一致。

第十七条　报表检查，应注意下列事项：

1. 各种报表是否按规定期限及份数编送有无缺漏。

2. 各种报表内容是否与账簿上的记载相符。

3. 数字计算是否准确，签章是否齐全。

4. 报表编号、装订是否完整及符合规定。

5. 报表保存放置地点是否妥善。

第十八条　检查各种证券交易时，应注意下列事项：

1. 当日交易的证券，是否翌日收足价款或缴足证券，约期交割者具有现货提缴清单。

2. 各笔交易是否有场内成交单，成交时是否按时填制成效单日报表及传票。

3. 各种交易是否与账册所载相符。

4. 承销各种证券，应具有的文件是否齐全，是否记账登账。

5. 承销各种证券价款的收付与申请单是否相符。

第十九条 检查有价证券时，应与有关账表核对，并注意下列事项：

1. 购入及出售有无核准，手续是否完备。

2. 证券种类、面值及号码，是否与账簿记载相符。

3. 债券附带的息票是否齐全，并与账册相符。

4. 本息票有没有到期或是否齐全，并与账册相符。

第二十条 检查各种质押品、寄存品及其他有价值的凭证单据时，应注意其是否存放库内，并应根据开出收据的存根副本及有关账册与库存查核相符有没有漏记，如有另存其他地点者，应查询原因并检阅其有关单据。

四、总务人事稽核

第二十一条 检查各项费用，应注意下列事项：

1. 总公司各单位，各项费用支付与物品领用是否已依规定呈报准许核销。

2. 各驻地单位的费用，是否在预算范围内，或经核准的范围内核支，是否有浪费或业务上不需要的开支，各项费用的列支是否照规定办理。

3. 各种单据是否齐全及手续是否完备。

第二十二条 营业用品器具是否编号设簿登记并查点是否齐全，各种印章的保管是否妥善。

第二十三条 人事检查应注意下列事项：

1. 各单位办事人员每日是否按照规定时间办公，并在签到簿上签到及有没有迟到、早退现象。

2. 各单位办事人员对顾客是否是竭诚招待，有没有怠慢现象。

3. 各单位目前业务繁简与现有人员的工作分配是否相符，有没有应增、应减现象。

五、附　则

第二十四条 本办法呈董事长核准后施行，修正时亦同。

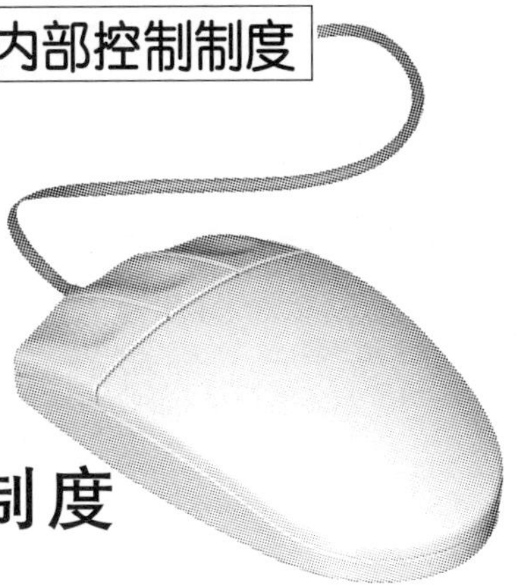

69

企业内部审计工作管理制度

一、总 则

第一条 为了更好地贯彻执行《国务院关于审计工作的暂行规定》，加强内部审计监督和有效地开展内部审计工作，结合我厂具体情况，特制定本条例。

第二条 内部审计工作必须同经济改革相结合，为经济改革服务。我厂设立的审计机构，实行内部审计监督制度。通过审计监督，以严肃财经纪律，监督履行财务责任性，改善企业经营管理，提高经济效益，促进企业改革健康发展。

第三条 遵照审计法规，我厂审计机构在厂长的直接领导下，对全厂的财务收支及其经济活动的真实性、合法性和效益性进行系统的审计监督，独立行使内部审计职权。

第四条 我厂审计机构和人员本着首先维护国家利益，同时维护本厂合法经济权益的原则，公允地证实本厂财务履行情况。

第五条 我厂的审计业务受总公司审计室领导，同时受地方国家审计机关的指导，向厂领导负责并报告工作。

二、审计工作的任务

第六条 监督检查我厂财务、运销、物资、劳资、计划等经营管理部门及各单位贯彻执行国家方针、政策、法令和财经制度的情况，以促进部门、单位严格遵守财经法纪，坚持社会主义经营方向。

第七条 监督、检查和评价我厂内部控制制度的精密程度和执行情况，有着监督检查厂内所属部门和单位是否遵守下列基本原则上：

1. 明确划分权责，建立岗位责任制，实行购、产、销、账、钱、物分管的原则。

2. 所有原始凭证必须连续编号，顺序控制使用，领用空白凭证必须办理签证手续并予核对。

3. 所有实物财产，要有专人负责保管、保养、维修，以提高使用效率，保证财物安全。

4. 所有业务处理必须程序化、制度化。

5. 建立一套适合于企业生产特点的成本会计制度。

6. 审计人员调动或轮训时必须办理交接手续，并做出交接记录，身份证备查，实行监交制度。

7. 根据厂内经济责任制，作出衡量、考核成绩和效果的标准。

第八条 参与生产经营计划、财务收支计划的制订，对执行情况进行监督，对年度财务、成本决策进行审计，审计终结后签字盖章，写出审计报告。

第九条 根据国家和总公司规定的审计制度、专业核算办法及其他有关规定，对经济活动、会计核算程序和财务收支、财务处理的正确性、真实性、合法性进行审计监督。

第十条 对侵占国家资财、行贿受贿、营私舞弊、贪污盗窃、挪用公款、投机倒把等重大经济案件以及严重损失浪费行为，会同有关部门进行专案审计。

第十一条 参加本厂研究经营方针和改进经营管理工作的会议，参与研究重要规章、制度的制定。

第十二条 向厂部领导和总公司中审计室编报工作计划，报送报表和工作报告。根据国家和上级有关规定，制度内部审计制度和实施细则，建立工作制度和档案制度。

三、审计工作程序

第十三条 编制年度、季度审计工作计划，报送厂领导和公司审计室。

第十四条 审计前的准备工作；确定审计对象（或被审单位），制订审计方案，指定项目负责人和参加审计的人员名单。审计方案经厂领导批准后下达“审计通知书”，通知被审单位。被审单位应提供必要的工作条件。

第十五条 审计过程中，必须编写工作底稿，做好审计记录，收集审计证据。

第十六条 审计终结阶段，应对审计事项和结果提出审计报告。报告应附有经过被调查人或有关单位签章的证明材料或其他说明材料。审计报告应征求被审计人或有关单位签章的证明材料或其他说明材料。审计报告应征求被审单位的意见。

第十七条 审计报告报送厂领导审定，重大事项审计报告须经上级审计部门审计审定。审定后将报告副本和决定通知被审单位和有关部门执行。

第十八条 审计结论和通知下达后，审计部门应督促被审单位和有关部门执行。

第十九条 被审单位应按审计结论和决定，针对问题及时作出处理、处理的结果应报告厂领导和审计部门。如对结论和决定有异议，可在 15 日内向上一级审计部门申请复审。上级审计部门的复审结论和决定作为最终结论。复审期间，原审结论和决定照常执行。

四、审计机构的职权

第二十条 检查本厂所属部门和单位的计划、账目、报表、凭证、业务记录和有关文件资料；检查资金、财产和物资管理情况；检查内部控制制度的执行情况。有关单位必须如实提供，不得拒绝、隐匿和销毁。

第二十一条 参加被单位的有关会议，对审查中发现的问题可以查询、召开调查会、索取证明材料。被审单位和有关人员，必须认真配合，不得设置任何障碍。

第二十二条 对拖延、推诿、阻挠、拒绝和破坏审计工作的，提请领导批准，采取封存账册和冻结资产等临时措施，并追究责任人员和有关领导的责任。

第二十三条 有权向上级审计机关反映或报告本厂重大事项的情况和问题。

五、审计机构和人员

第二十四条 厂审计室，是厂长直接领导下的一个职能部门，负责全厂内部审计工作。

独立核算的单位审计机构的设置，根据实际情况确定，但必须有专人负责审计工作。

第二十五条 审计人员要选配或聘任作风正派、坚持原则、秉公办事、实事求是并具有审计专业、财务专业和管理知识的业务水平和政策水平较高的人员担任，其中应有适当数量的会计师、经济师和工程师等业务骨干。

第二十六条 审计机构的负责人员按干部管理权限的规定任免。

第二十七条 当遇有较大审计任务时，可临时组织所属审计人员或邀请计划、财务、技术、劳资等部门的有关业务人员共同进行审计。必要时可聘请外部特邀人员进行专题审计或专案审计。

第二十八条 审计人员依法行使审计职权，受法律保护，任何单位和个人不得干扰，任何人不准许打击报复。

第二十九条 本条例适用厂内，并报总公司审计室备案。

第三十条 本条例与国家的审计法规不符时，应以国家有关审计法规为准。本条例由审计室负责解释和修订。

下　编

企业会计管理表格

下　编　企业会计管理表格

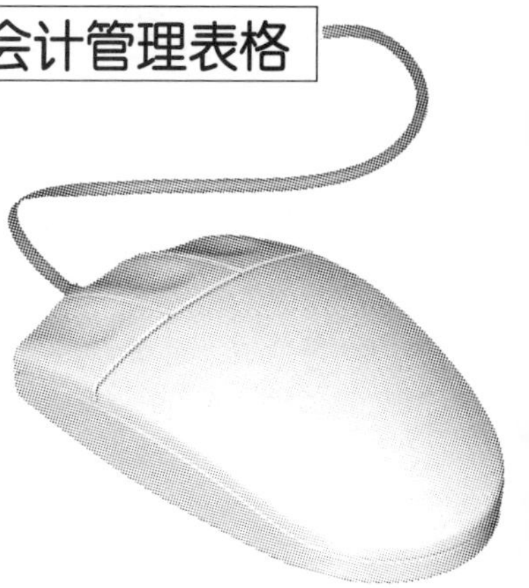

1

会 计 科 目 表

顺序号	编号	会计科目名称	会计科目适用范围
一、资 产 类			
1	1001	库存现金	
2	1002	银行存款	
3	1003	存放中央银行款项	银行专用
4	1011	存放同业	银行专用
5	1015	其他货币基金	
6	1021	结算备付金	证券专用
7	1031	存出保证金	金融共用
8	1051	拆出资金	金融共用
9	1101	交易性金融资产	
10	1111	买入返售金融资产	金融共用
11	1121	应收票据	
12	1122	应收账款	
13	1123	预付账款	
14	1131	应收股利	
15	1132	应收利息	
16	1211	应收保护储金	保险专用
17	1221	应收代位追偿款	保险专用
18	1222	应收分保账款	保险专用
19	1223	应收分保未到期责任准备金	保险专用
20	1224	应收分保保险责任准备金	保险专用
21	1231	其他应收款	

续表

顺序号	编号	会计科目名称	会计科目适用范围
22	1241	坏账准备	
23	1251	贴现资产	银行专用
24	1301	贷款	银行和保险共用
25	1302	贷款损失准备	银行和保险共用
26	1311	代理兑付证券	银行和保险共用
27	1321	代理业务资产	
28	1401	材料采购	
29	1402	在途物资	
30	1403	原材料	
31	1404	材料成本差异	
32	1406	库存商品	
33	1407	发出商品	
34	1410	商品进销差价	
35	1411	委托加工物资	
36	1412	包装物及低值易耗品	
37	1421	消耗性生物资产	农业专用
38	1431	周转材料	建造承包商专用
39	1441	贵金属	银行专用
40	1442	抵债资产	金融共用
41	1451	损余物资	保险专用
42	1461	存货跌价准备	
43	1501	待摊费用	
44	1511	独立账户资产	保险专用
45	1521	持有至到期投资	
46	1522	持有至到期投资减值准备	
47	1523	可供出售金融资产	
48	1524	长期股权投资	
49	1525	长期股权投资减值准备	
50	1526	投资性房地产	

续表

顺序号	编号	会计科目名称	会计科目适用范围
51	1531	长期应收款	
52	1541	未实现融资收益	
53	1551	存出资本保证金	保险专用
54	1601	固定资产	学会计论坛
55	1602	累计折旧	
56	1603	固定资产减值准备	
57	1604	在建工程	
58	1605	工程物资	
59	1606	固定资产清理	
60	1611	融资租赁资产	租赁专用
61	1612	未担保余值	租赁专用
62	1621	生产性生物资产	农业专用
63	1622	生产性生物资产累计折旧	农业专用
64	1623	公益性生物资产	农业专用
65	1631	油气资产	石油天然气开采专用
66	1632	累计折耗	石油天然气开采专用
67	1701	无形资产	
68	1702	累计摊销	
69	1703	无形资产减值准备	
70	1711	商誉	
71	1801	长期待摊费用	
72	1811	递延所得资产	
73	1901	待处理财产损溢	
二、负 债 类			
74	2001	短期借款	
75	2002	存入保证金	金融共用
76	2003	拆入资金	金融共用
77	2004	向中央银行借款	银行专用
78	2011	同业存放	银行专用

续表

顺序号	编号	会计科目名称	会计科目适用范围
79	2012	吸收存款	银行专用
80	2021	贴现负债	银行专用
81	2101	交易性金融负债	
82	2111	专出回购金融资产款	金融共用
83	2201	应付票据	
84	2202	应付账款	
85	2205	预收账款	
86	2211	应付职工薪酬	
87	2221	应交税费	
88	2231	应付股利	
89	2232	应付利息	
90	2241	其他应付款	
91	2251	应付保户红利	保险专用
92	2261	应付分保账款	保险专用
93	2311	代理买卖证券款	证券专用
94	2312	代理承销证券款	证券和银行共用
95	2313	代理兑付证券款	证券和银行共用
96	2314	代理业务负债	
97	2401	预提费用	
98	2411	预计负债	
99	2501	递延收益	
100	2601	长期借款	
101	2602	长期债券	
102	2701	未到期责任准备金	保险专用
103	2702	保险责任准备金	保险专用
104	2711	保户储金	保险专用
105	2721	独立账户负债	保险专用
106	2801	长期应付款	
107	2802	未确认融资费用	

续表

顺序号	编号	会计科目名称	会计科目适用范围
108	2811	专项应付款	
109	2901	递延所得税负债	
三、共 同 类			
110	3001	清算资金往来	银行专用
111	3002	外汇买卖	金融共用
112	3101	衍生工具	
113	3201	套期工具	
114	3202	被套期项目	
四、所有者权益类			
115	4001	实收资本	
116	4002	资本公积	
117	4101	盈余公积	
118	4102	一般风险准备	金融共用
119	4103	本年利润	
120	4104	利润分配	
121	4201	库存股	
五、成本类			
122	5001	生产成本	
123	5101	制造费用	
124	5201	劳务成本	
125	5301	研发支出	
126	5401	工程施工	建造承包商专用
127	5402	工程结算	建造承包商专用
128	5403	机械作业	建造承包商专用
六、损 益 类			
129	6001	主营业务收入	
130	6011	利息收入	金融共用
131	6021	手续费收入	金融共用
132	6031	保费收入	保险专用

续表

顺序号	编号	会计科目名称	会计科目适用范围
133	6032	分保费收入	保险专用
134	6041	租赁收入	租赁专用
135	6051	其他业务收入	
136	6061	汇兑损益	金融专用
137	6101	公允价值变动损益	
138	6111	投资收益	
139	6201	摊回保险责任准备金	保险专用
140	6202	摊回赔付支出	保险专用
141	6203	摊回分保费用	保险专用
142	6301	营业外收入	
143	6401	主营业务成本	
144	6402	其他业务支出	
145	6405	营业税金及附加	
146	6411	利息支出	金融共用
147	6421	手续费支出	金融共用
148	6501	提取未到期责任准备金	保险专用
149	6502	提取保险责任准备金	保险专用
150	6511	赔付支出	保险专用
151	6521	保户红利支出	保险专用
152	6531	退保金	保险专用
153	6541	分出保费	保险专用
154	6542	分保费用	
155	6601	销售费用	
156	6602	管理费用	
157	6603	财务费用	
158	6604	勘探费用	
159	6701	资产减值损失	
160	6711	营业外支出	
161	6801	所得税	
162	6901	以前年度损益调整	

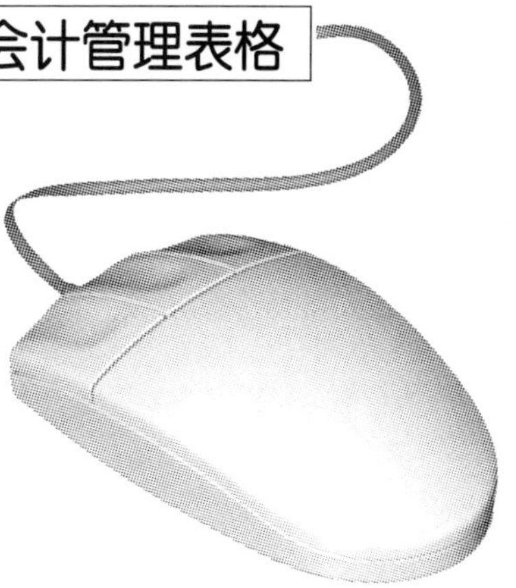

2

资产负债表

编制单位：　　　　　　　　　　年　　月份　　　　　　　　　　单位:元

资产	行次	年初数	期末数	负债和所有者权益	行次	年初数	期末数
流动资产：				流动负债：			
货币资金	1			短期借款	46		
短期投资	2			应付票据	47		
应收票据	3			应付账款	48		
应收账款	4			预收账款	49		
减:坏账准备	5			其他应付款	50		
应收账款净额	6			应付工资	51		
预付账款	7			应付福利费	52		
应收出口退税	8			未交税金	53		
应收补贴款	9			未付利润	54		
其他应收款	10			其他未交款	55		
存　货	11			预提费用	56		
待转其他业务支出	12						
待摊费用	13			一年内到期的长期负债	57		
待处理流动资产净损失	14			其他流动负债	58		
一年内到期的长期债券投资	15						
其他流动资产	16						
流动资产合计	20			流动负债合计	65		
长期投资：				长期负债：			
长期投资	21			长期借款	66		
固定资产				应付债券	67		

续表

资产	行次	年初数	期末数	负债和所有者权益	行次	年初数	期末数
固定资产原价	24			长期应付款	68		
减:累计折旧	25			其他长期负债	69		
固定资产净值	26			其中:住房周转金	70		
固定资产清理	27						
在建工程	28						
待处理固定资产净损失	29			长期负债合计	76		
				递延税项:			
固定资产合计	35			递延税款贷项	77		
无形资产及递延资产:							
无形资产	36			负债合计	80		
递延资产	37			所有者权益:			
				实收资本	81		
无形资产及递延资产合计	40			资本公积	82		
其他长期资产:				盈余公积	83		
其他长期资产	41			其中:公益金	84		
递延税项:				未分配利润	85		
递延税款借项	42						
				所有者权益合计	88		
资 产 总 计	45			负债及所有者权益总计			

注:如果本表“科目”本企业不适用的,可另附资产负债表。

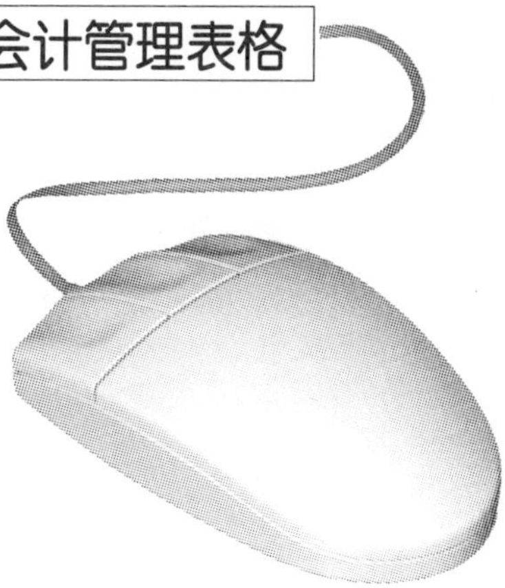

3

资产减值准备明细表

编制单位：××公司　　　　年度　　　　单位：元

项目	年初余额	本年增加数	本年转回数	年末余额
一、坏账准备合计				
其中：应收账款				
其他应收款				
二、短期投资跌价准备合计				
其中：股票投资				
债券投资				
三、存货跌价准备合计				
其中：库存商品				
库存材料				
四、长期投资减值的准备合计				
其中：长期股权投资				
长期债权投资				
五、固定资产减值准备合计				
其中：房屋、建筑物				
机器设备				
六、无形资产减值准备				
其中：专利权				
商标权				
七、在建工程减值准备				
八、委托贷款减值准备				

4

损　益　表

行业：

编制单位：　　　　　　　　　　年　　月　　　　　　　　　　　　单位：元

项　　目	行次	本月数	本年累计数
工业企业：	1		
一、产品销售收入	2		
减：产品销售成本	3		
产品销售费用	4		
产品销售税金及附加	5		
二、产品销售利润	6		
加：其他业务利润	7		
商业企业：	8		
一、商品销售收入	9		
减：销售折扣与折让	10		
商品销售收入净额	11		
减：商品销售成本	12		
经营费用	13		
商品销售税金及附加	14		
二、商品销售利润	15		
加：代购代销收入	16		
三、主营业务利润	17		
加：其他业务利润	18		
旅游、饮食服务企业：	19		
一、营业收入（亏损以“－”表示）	20		
减：营业成本	21		
营业费用	22		
营业税金及附加	23		

续表

项　　目	行次	本月数	本年累计数
二、经营利润(亏损以“-”表示)	24		
交通运输企业:	25		
一、主营业务收入	26		
减:营业成本	27		
营业税金及附加	28		
二、主营业务利润	29		
加:其他业务利润	30		
施工企业:	31		
一、工程结算收入	32		
减:工程结算成本	33		
工程结算税金及附加	34		
二、工程结算利润	35		
加:其他业务利润	36		
其他行业企业:	37		
	38		
	39		
	40		
	41		
共同项目:	42		
减:管理费用	43		
财务费用	44		
汇兑损失(商业企业)	45		
三(四)、营业利润	46		
加:投资收益	47		
营业外收入	48		
减:营业外支出	49		
四(五)、利润总额	50		

注:如果本表“科目”本企业不适用的,可另附损益表。

比较损益表

年　　月

比较 科目	本月		上月		预算		较上月		较预算	
	金额	%	金额	%	金额	%	金额	%	金额	%

批准：　　　　　　　　复核：　　　　　　　　制表：

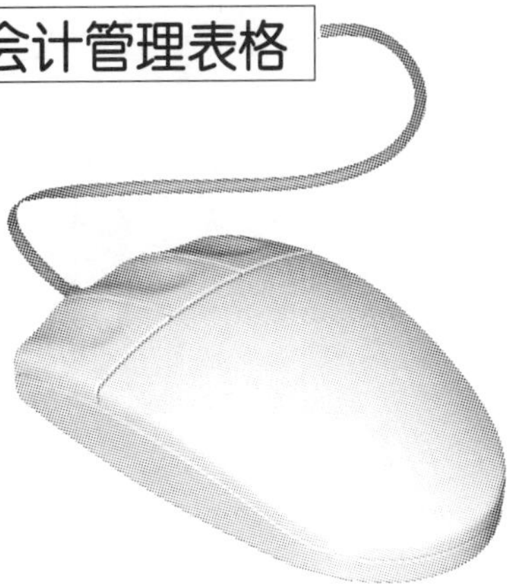

6

分公司损益表

项目	本月数		本年累计		说明
	金额	%	金额	%	
销货总额					
1. 工厂					
2. 国内厂商					
3. 国外厂商					
销货退回					
销货折让					
销货净额					
销货成本					
销货毛利					
销售税金及附加					
营业费用					
1. 运费					
2. 邮电费					
3. 水电费					
4. 出差费					
5. 交通费					
6. 交际费					
7. 修缮费					
8. 文具印刷					
9. 杂费					
10. 书报杂志					
11. 薪金支出					
12. 职工福利					
13. 租金支出					
14. 佣金支出					
15. 呆账损失					
16. 保险费					
17. 广告费					
18. 折旧					
财务费用					
营业净利					

7

产品类别损益表

品名规格	数量	售价	流动税金	退货及折让	净收入	销货成本	毛利		销货税金	销货费用		营业利润	营业外收支		纯利	
							金额	%		金额	%		金额	%	金额	%

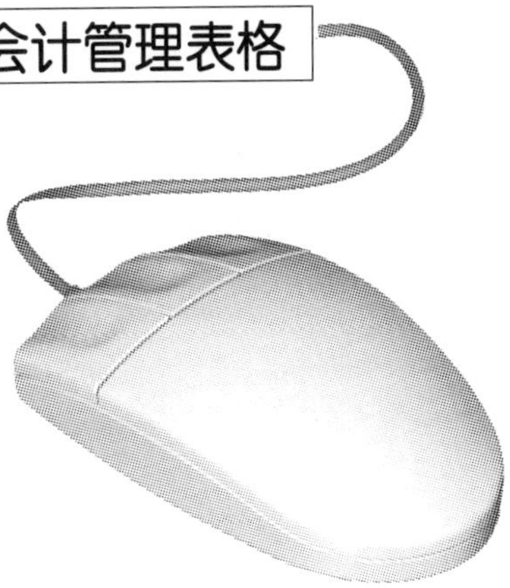

8

利润分配表

编制单位：××公司　　　　　　　　年度　　　　　　　　　　单位：元

项　　目	行次	本年实际	上年实际（略）
一、净利润	1		
加：年初未分配利润	2		
其他转入	4		
二、可供分配的利润	8		
减：提取法定盈余公积	9		
提取法定公益金	10		
三、可供投资者分配的利润	11		
减：应付优先股股利	12		
提取任意盈余公积	13		
应付普通股股利	14		
转作股本的普通股股利	15		
四、未分配利润	20		

现金流量表工作底稿

编制单位:××　　　　　　　　年　　月　　　　　　　　单位:元

项　　目	期初数	调整分录		期末数
		借方	贷方	
一、资产负债表项目:				
二、损益表项目:				
三、现金流量表项目:				
调整分录借贷合计				

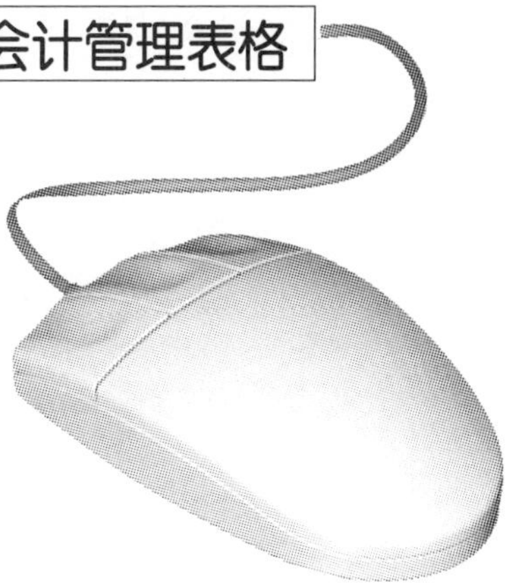

10

现金流量表

编制单位：××公司　　　　　　　　年度　　　　　　　　单位：元

项　　目	行次	金额
一、经营活动产生的现金流量：		
销售商品、提供劳务收到的现金	1	
收到的税费返还	3	
收到的其他与经营活动有关的现金	8	
现金流入小计	9	
购买商品、接受劳务支付的现金	10	
支付给职工以及为职工支付的现金	12	
支付的各项税费	13	
支付的其他与经营活动有关的现金	18	
现金流出小计	20	
经营活动产生的现金流量净额	21	
二、投资活动产生的现金流量：		
收回投资所收到的现金	22	
取得投资收益所收到的现金	23	
处置固定资产、无形资产和其他长期资产所收回的现金净额	25	
收到的其他与投资活动有关的现金	28	
现金流入小计	29	
购置固定资产、无形资产和其他长期资产所支付的现金	30	

续表

项　　目	行次	金额
投资所支付的现金	31	
支付的其他与投资活动有关的现金	35	
现金流出小计	36	
投资活动产生的现金流量净额	37	
三、筹资活动产生的现金流量:		
吸收投资所得到的现金	38	
借款所收到的现金	40	
收到的其他与筹资活动有关的现金	43	
现金流入小计	44	
偿还债务所支付的现金	45	
分配股利、利润和偿付利息所支付的现金	46	
支付的其他与筹资活动有关的现金	52	
现金流出小计	53	
筹资活动产生的现金流量净额	54	
四、汇率变动对现金的影响	55	
五、现金及现金等价物净增加额	56	
补充资料	行次	金额
1. 将净利润调节为经营活动现金流量:		
净利润	57	
加:计提的资产损失准备	58	
固定资产折旧	59	
无形资产摊销	60	
长期待摊费用摊销	61	
待摊费用减少(减:增加)	64	
预提费用增加(减:减少)	65	
处置固定资产、无形资产和其他长期资产的损失(减:收益)	66	

续表

项 目	行次	金额
固定资产报废损失	67	
财务费用	68	
投资损失(减:收益)	69	
递延税款贷项(减:借项)	70	
存货的减少(减:增加)	71	
经营性应收项目的减少(减:增加)	72	
经营性应付项目的增加(减:减少)	73	
其他	74	
经营活动产生的现金流量净额	75	
2. 不涉及现金收支的投资和筹资活动:		
债务转为资本	76	
一年内到期的可转换公司债券	77	
融资租入固定资产	78	
3. 现金及现金等价物净增加情况:		
现金的期末余额	79	
减:现金的期初余额	80	
加:现金等价物的期末余额	81	
减:现金等价物的期初余额	82	
现金及现金等价物净增加额	83	

11

合并会计报表工作底稿

项　　目	母公司	子公司1	子公司2	……	抵消分录		少数股东权益	合并数
					借方	贷方		
(利润表项目)								
主营业务收入								
主营业务成本								
……								
净利润								
(利润分配表项目)								
年初未分配利润								
……								
未分配利润								
(资产负债表项目)								
货币资金								
……								
短期借款								
……								
实收资本								
……								
未分配利润								
少数股东权益								

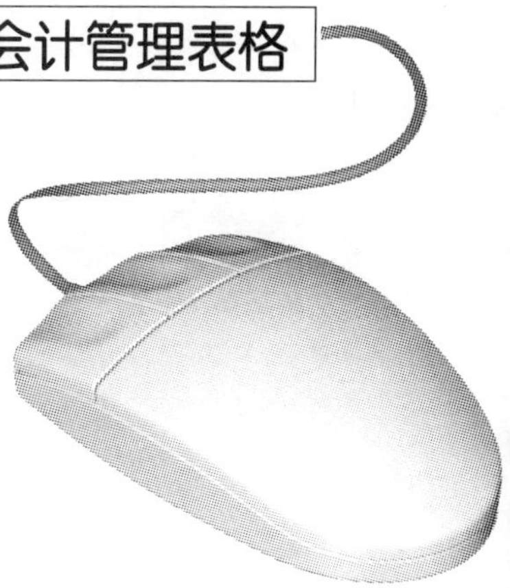

12

外币资金情况表

单位:元　　　　　　　　　　　　　　　　　　　　　　　　　　　年　月

项目	行次	资产负债表期末数折合为记账本位币金额	人民币户折合为记账本位币金额	外汇兑换券折合为记账本位币金额				
					美元		港元	
					外币金额	折合为记账本位币金额	港币金额	折合为记账本位币金额
有外币的资产项目	1							
现金	2							
银行存款	3							
有价证券	4							
应收票据	5							
应收账款	6							
预付账款	7							
其他应收款	8							
小计	9							
长期投资	10							
外币资产合计	11							
有外币的负债项目	12							
短期借款	13							
应付票据	14							
应付账款	15							
应付工资	16							
应付股利	17							
预收账款	18							
其他应付款	19							
小计	20							
长期借款	21							
应付公司债	22							
外币负债合计								

会计内控制度与管理表格

13

记 账 凭 证

年　　月　　日　　　　　　　　字第　　号

摘　　要	会计科目		借方金额											贷方金额											记账✓
	总账科目	明细科目	亿	千	百	十	万	千	百	十	元	角	分	亿	千	百	十	万	千	百	十	元	角	分	
附件　　张	合　计																								

会计主管：　　　　记账：　　　　出纳：　　　　审核：　　　　制证：

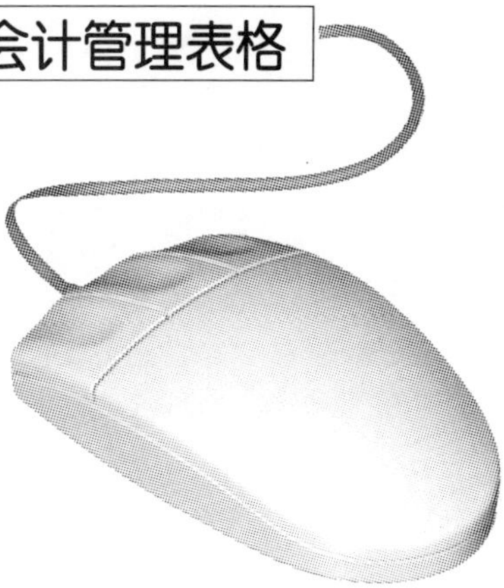

14

记账凭证汇总表

第　　号　　　　　　　　　　　　　　　　　　　年　　月　　日至　　日

会计科目	借方											贷方											备注
	亿	千	百	十	万	千	百	十	元	角	分	亿	千	百	十	万	千	百	十	元	角	分	
																							记账凭证自 字第　号 至第　号自 字第　号 至第　号自 字第　号 至第　号 共　　页

会计主管：　　　　　　记账：　　　　　　复核：　　　　　　制表：

科 目 余 额 表

单位:元

科目名称	借方余额	科目名称	贷方余额
现金		短期借款	
银行存款		应付票据	
其他货币资金		应付账款	
短期投资		其他应付款	
应收票据		应付工资	
应收账款		应付福利费	
坏账准备		应交税金	
预付账款		其他应交款	
其他应收款		应付股利	
物资采购		预提费用	
原材料		其中:一年内到期的长期负债	
包装物		股本	
低值易耗品		(资本公积)	
库存商品		盈余公积	
材料成本差异		利润分配	
待摊费用		(未分配利润)	
长期债权投资			
长期股权投资			
固定资产			
累计折旧			
工程物资			
在建工程			
无形资产			
长期待摊费用			
合　　计		合　　计	

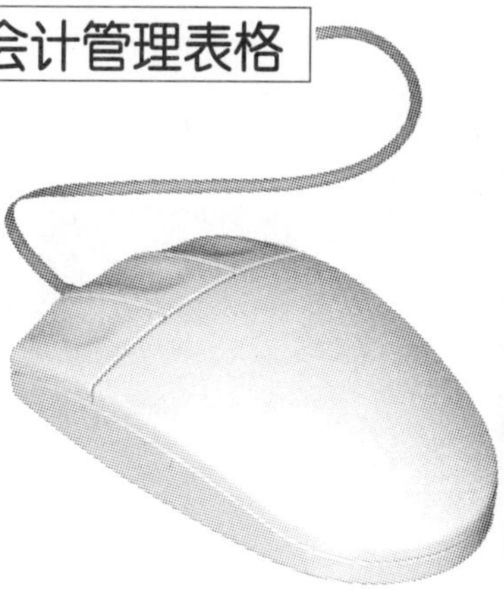

16

账 簿 启 用 表

<table>
<tr><td colspan="2">单位名称</td><td colspan="8"></td><td>单位公章</td></tr>
<tr><td colspan="2">账簿名称</td><td colspan="8"></td><td rowspan="4"></td></tr>
<tr><td colspan="2">账簿编号</td><td colspan="8"></td></tr>
<tr><td colspan="2">账簿页数</td><td colspan="8">账簿共计　　页</td></tr>
<tr><td colspan="2">启用日期</td><td colspan="8">年　　月　　日</td></tr>
<tr><td colspan="2">经管人员</td><td colspan="3">接管日期</td><td colspan="3">移交日期</td><td colspan="2">会计主管</td><td>印花税票粘贴处</td></tr>
<tr><td>姓名</td><td>盖章</td><td>年</td><td>月</td><td>日</td><td>年</td><td>月</td><td>日</td><td>姓名</td><td>盖章</td><td rowspan="2"></td></tr>
<tr><td></td><td></td><td></td><td></td><td></td><td></td><td></td><td></td><td></td><td></td></tr>
</table>

17

现 金 日 记 账

年		凭证		摘 要	对方科目	借 方								贷 方								借或贷	余 额							
月	日	字	号			拾	万	千	百	拾	元	角	分	拾	万	千	百	拾	元	角	分		拾	万	千	百	拾	元	角	分

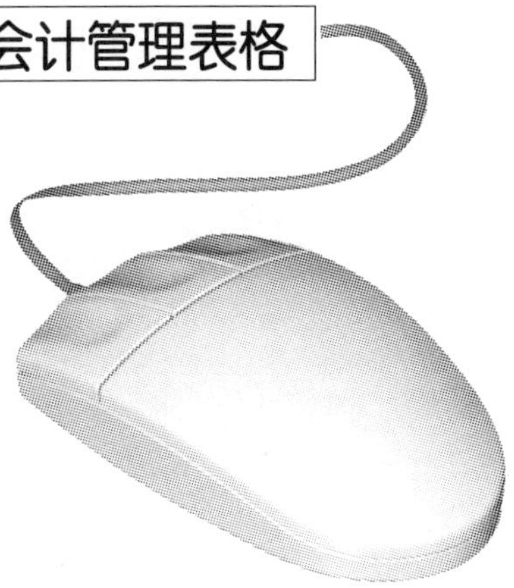

18

银行存款日记账

启名： 账号：

年		凭证		摘　要	对方科目	结算种类及凭证号码	借　方								贷　方								借或贷	余　额							
月	日	字	号				拾	万	千	百	拾	元	角	分	拾	万	千	百	拾	元	角	分		拾	万	千	百	拾	元	角	分

19

三栏式明细账

总第　　页

科目名称：　　　　　　　　　　　　　　分第　　页

年		凭证		摘要	对方科目	借方										贷方										借或贷	余额									
月	日	类别	号码			亿	千	百	拾	万	千	百	拾	元	角	分	亿	千	百	拾	万	千	百	拾	元	角	分		亿	千	百	拾	万	千	百	拾	元	角	分

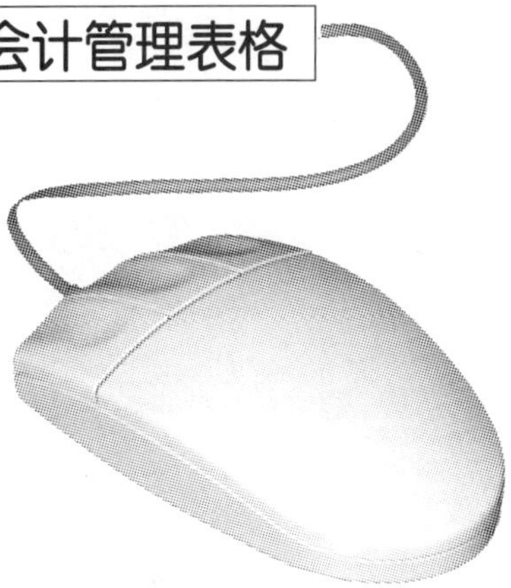

20

多栏式明细账

年		凭证编号	摘要	合计																												
月	日			亿	千	百	拾	万	千	百	拾	元	角	分	百	拾	万	千	百	拾	元	角	分	百	拾	万	千	百	合	元	角	分

21

会计档案抽出附件登记表

抽出日期			原附凭证号码	抽出附件的详细名称	抽出理由	抽取人盖章	会计主管盖章	备注
年	月	日						

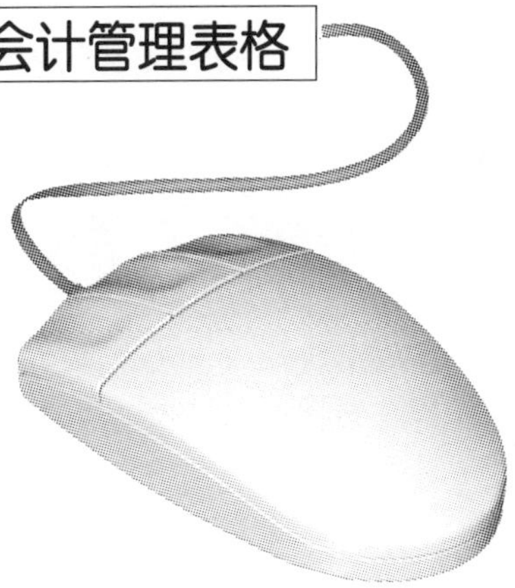

22

会计档案销毁清册

单位名称：　　　　　　　　　　　　填表日期：　　年　　月　　日

类别	名称	年度	月份	数量	单位	已保管年限	备　注

主管(盖章)：　　　　会计处长(盖章)：　　　　保管人(盖章)：

23

收入及支出金额预计表

月　日

项目		付款期	月　日	月　日	月　日	月　日	月　日	月　日
收入金额	应收票据	已　收						
	应收票据	预　计						
	押汇收入	预　计						
	押汇支出	预　计						
	贴现贷款	预　计						
	其他借款	预　计						
支付金额	资本支出	已开票						
	资本支出	预　计						
	材料支出	已开票						
	材料支出	预　计						
	薪资支出	预　计						
	制造费用	已开票						
	制造费用	预　计						
	营业费用	已开票						
	营业费用	预　计						
	财务费用	预　计						
差　额								
现金银行存款								

总经理：　　　　经理：　　　　会计：　　　　填表：

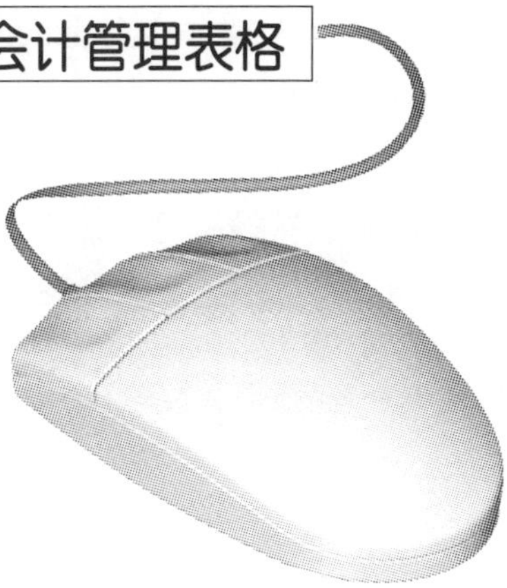

24

资金调度计划表

年　　月　　　　　　　　单位:元

摘　　要	合　计	现　金	银行存款				
本月(　周)结存							
加:预计票据收入							
预计现销收入							
预计其他收入							
减:预计票据到期							
预计薪工支出							
预计水电							
预计税金支付							
预计利息支出							
预计经济支出							
预计购料还款							
预计偿还借款							
预计其他支出							
下月(　周)余缺							
经调度后结存							
资金调度计划							

总经理:　　　　经理:　　　　主管:　　　　经办:

资金动态及调度处理表

单位:元　　　　　　　　　　　　　　　　　　　　年　　月

<table>
<tr><td>摘　　要</td><td>合　计</td><td>现　金</td><td colspan="2">银行存款</td></tr>
<tr><td>本日结存</td><td></td><td></td><td colspan="2"></td></tr>
<tr><td>加:票兑收入</td><td></td><td></td><td colspan="2"></td></tr>
<tr><td>现销收入</td><td></td><td></td><td colspan="2"></td></tr>
<tr><td>其他收入</td><td></td><td></td><td colspan="2"></td></tr>
<tr><td>减:到期应付票据</td><td></td><td></td><td colspan="2"></td></tr>
<tr><td>薪资支出</td><td></td><td></td><td colspan="2"></td></tr>
<tr><td>水电费支出</td><td></td><td></td><td colspan="2"></td></tr>
<tr><td>税金支出</td><td></td><td></td><td colspan="2"></td></tr>
<tr><td>利息支出</td><td></td><td></td><td colspan="2"></td></tr>
<tr><td>经常费用</td><td></td><td></td><td colspan="2"></td></tr>
<tr><td>购料还款</td><td></td><td></td><td colspan="2"></td></tr>
<tr><td>偿还借款</td><td></td><td></td><td colspan="2"></td></tr>
<tr><td>其他支出</td><td></td><td></td><td colspan="2"></td></tr>
<tr><td></td><td></td><td></td><td colspan="2"></td></tr>
<tr><td>次日余缺</td><td></td><td></td><td colspan="2"></td></tr>
<tr><td>经调度后结存</td><td></td><td></td><td colspan="2"></td></tr>
<tr><td rowspan="7">拟调度方式</td><td>1. 拨款</td><td></td><td colspan="2" rowspan="7">一、适用范围:供财务科统计次日资金情况及调度方式。
二、填表说明:
1. 财务科每日收支结账后下班前完成。
2. 现销收入:包括外销押汇收入及现金收款。
3. 其他收入:包括退税收入及其他收入。
4. 到期应付票据:按照开立票据到期日分别填列。
5. 减项各资金支出:除票据部门当日支出以银行支票或现金支付部分分别列计。</td></tr>
<tr><td>2. 外销借款(偿还)</td><td></td></tr>
<tr><td>3. 票据借款(偿还)</td><td></td></tr>
<tr><td>4. 短期借款(偿还)</td><td></td></tr>
<tr><td>5. 其他拟借入(偿还)</td><td></td></tr>
<tr><td>6. 抵押借款(偿还)</td><td></td></tr>
<tr><td>7. 信用借款(偿还)</td><td></td></tr>
</table>

总经理:　　　经理:　　　主管:　　　经办:　　　一式一联:财务科目自存

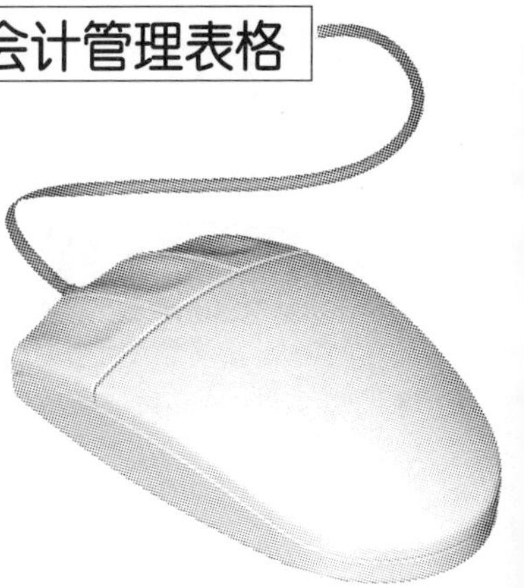

26

资金来源运用比较表

项目		实际数		预计数		比较增减		实际累计数	
		金额	%	金额	%	金额	%	金额	%
期初现金结存									
收入	外销收入								
	内销收入								
	现　销								
	票据兑现								
	劳务收入								
	退税收入								
	其他收入								
	财务收入								
	其　他								
	小　计								
合　计									

项　目		实际数		预计数		比较增减		实际累计数	
		金额	%	金额	%	金额	%	金额	%
支出	资本支出								
	土地及房屋								
	设备分期付款								
	分期缴纳关税								
	机构设备—内购								
	机构设备—外购								
	各项设备								
	材料支出								
	原料内购								
	物料内购								
	原物料外购								
	薪　工								
	经常费用								
	制造费用								
	摊销费用								
	管理费用								
	财务费用								
	其他支出								
	长期借款的偿还								
	其　他								
	小　计								
期末现金结存									
资金剩余或短缺									

资金调度

	调度对象	期初金额	本期借入	本期偿还	增减	
	同业往来					
	小　计					
借入款项	外销贷款					
	长期借款					
	贴现借款					
	信用借款					
	抵押借款					
	私人借款					
	银行透支					
	员工存款					
	小　计					
合　计						

说明事项

经理：　　科长：　　制表：　　一式三联：1. 会计部，2. 总经理，3. 财务部。

27

资金差异报告表

资料提供部门：　　　　　　　　　　年　　月份　　　　　　　　　　单位：千元

项目	实际数		预计数				差异原因说明	备　注
	金额	%	金额	%	金额	%		
								凡实际数与预计数比较，每项差异在10%以上者，均应由资料提供部门列明差异原因，于每月10日前就上月份数填送会计部。 本表由会计部填列实际数、预计数、比较增减后送各资料提供部门说明差异原因。

资料提供部门　经理：　　科长：　　经办：　　　会计部门　经理：　　科长：　　制表：

一式两联：1. 会计部门。　　2. 资料提供部门。

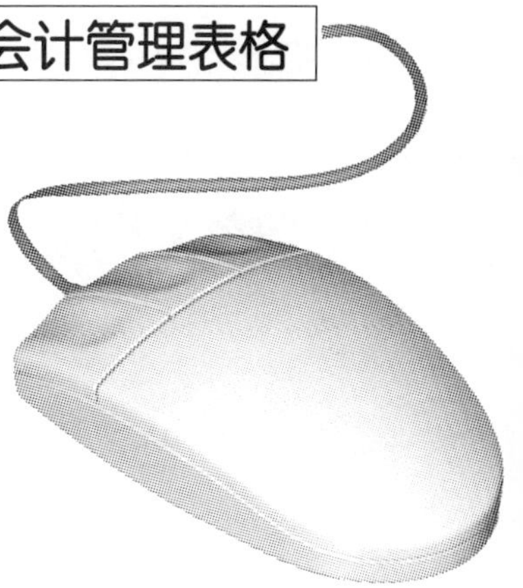

28

现金收支日报表

<table>
<tr><td colspan="3">现金库存金额类别明细</td><td>昨日金额</td><td>本日收入额</td><td>本日支出额</td><td>本日余额</td></tr>
<tr><td>金额</td><td>数量</td><td>金额</td><td></td><td></td><td></td><td></td></tr>
<tr><td>100 元</td><td></td><td></td><td rowspan="2"></td><td rowspan="2"></td><td rowspan="2"></td><td rowspan="2"></td></tr>
<tr><td>50 元</td><td></td><td></td></tr>
<tr><td>20 元</td><td></td><td></td><td colspan="2" rowspan="3">相关传票数量</td><td rowspan="3">现金收入　张</td><td rowspan="3">现金支付　张</td></tr>
<tr><td>10 元</td><td></td><td></td></tr>
<tr><td>5 元</td><td></td><td></td></tr>
<tr><td>2 元</td><td></td><td></td><td rowspan="4">假钞明细</td><td>来　源</td><td>事　由</td><td>金　额</td></tr>
<tr><td>1 元</td><td></td><td></td><td></td><td></td><td></td></tr>
<tr><td></td><td></td><td></td><td></td><td></td><td></td></tr>
<tr><td></td><td></td><td></td><td></td><td></td><td></td></tr>
<tr><td>合计</td><td></td><td></td><td rowspan="3">备注</td><td colspan="3" rowspan="3"></td></tr>
<tr><td>假钞</td><td>件</td><td></td></tr>
<tr><td>合计</td><td></td><td></td></tr>
</table>

总经理：　　　经理：　　　科长：　　　复核：　　　制表：

29

现金银行存款收支月报表

日期		收入金额			支出金额							结存
月	日	销货	其他	合计	资本支出	原材料	工资	管理费用	制造费用	其他	合计	

会计：　　　　　　　　　　　　　　　　填表：

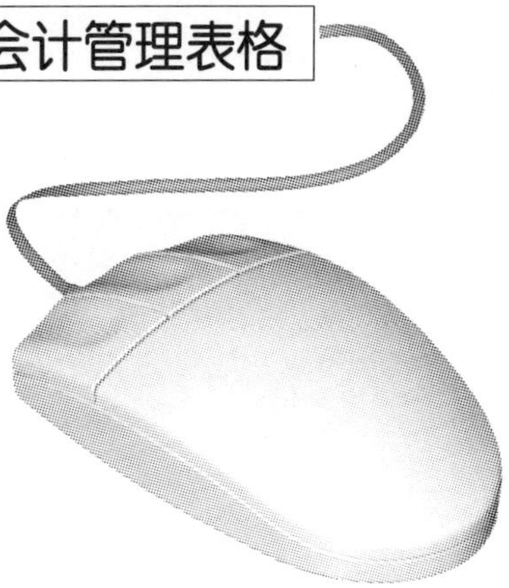

30

现金银行存款结存表

编制单位： 年 月 日 单位:元

项 目	摘 要	昨日结存	收入	支出	本日结存

复制： 制表：

31

库存现金盘点表

编制单位：　　　　　　　　　　　　　　　　　　　　　　盘点日期：　　年　　月　　日

检查盘点记录						实有现金盘点记录						
项　目		项次	人民币	美元	某外币	面额	人民币		美元		某外币	
							张	金额	张	金额	张	金额
上一日账面库存金额		1				1000 元						
盘点日记账传票收入金额		2				500 元						
盘点日未记账传票支出金额		3										
盘点日账面应有金额		4 = 1 + 2 - 3				100 元						
盘点日实有现金数额		5				50 元						
盘点日应有与实有差异		6 = 4 - 5				10 元						
差异原因分析	白条抵库(张)					5 元						
						2 元						
						1 元						
						0. 5 元						
						0. 2 元						
						0. 1 元						
						合计						
追溯调整	报表日至查账日现金付出总额 报表日至查账日现金收入总额 报表日库存现金应有余额 报表日账面汇率 报表日余额折合本位币金额					情况说明及审计结论：						
本位币合计												

盘点人：　　　　　　　　　　　监盘人：　　　　　　　　　　　复核：

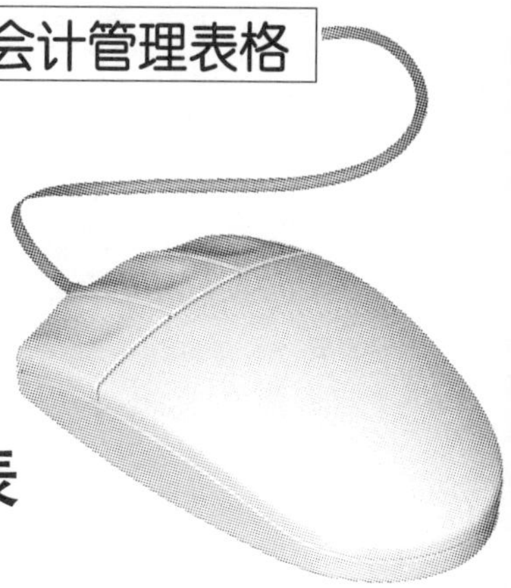

32

现金、票据盘点报告表

经营部门：　　　　　　　　　　　年　　月　　日

项目名称	面值	数量	金额	盘点异常及建议事项
现金及周转零用金				
				盘点结果及要点报告
小　　计				
其他项目：未核销费用				
员工借支				
总　　计				
账面数				所列款项及票据于　　年　　月　　日时盘点时本人在场，并如数清点无误。 保管人： 盘点人：
盘盈（盘亏）金额				

项　目	张数	账面数	盘点数	盘盈（亏）	
应收票据：代收					
库存					
应收保证票据					
合　计					

核准：　　　　　　　　　　复核：　　　　　　　　　　盘点人：

说明：1. 适用盘点项目：股票、公债、票券。

2. 用　　　途：①财务部门与经管部门共同盘点及共同签订。

②经管部门说明差异原因及拟处理对策呈核。

33

银行存款余额调节表

年　　月　　日

编制人：　　　　日期：　　　　索引号：

复核人：　　　　日期：　　　　页次：

户别：　　　　　　　　　　　　　　　　币别：

项　　目
银行对账单余额（　　年　　月　　日）
加：企业已收、银行尚未入账金额
其中：1. ____________元
2. ____________元
减：企业已付、银行尚未入账金额
其中：1. ____________
2. ____________
调整后银行对账单金额
企业银行存款日记账金额（　　年　　月　　日）
加：银行已收、企业尚未入账金额
其中：1. ____________
2. ____________
减：银行已付、企业尚未入账金额
其中：1. ____________
2. ____________
调整后企业银行存款日记账金额
经办会计人员：（签字）　　　　　　会计主管：（签字）

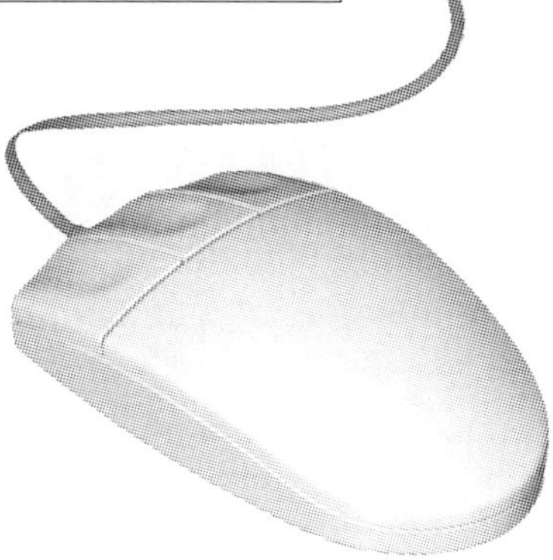

34

支票领用登记表

年		支票号码	支票金额	收款单位	领用人	用途	支票种类	批准人	销号		
									日期		✓
月	日								月	日	

35

收据领用登记表

日期		领用单位	用途	份数	起讫号码	签字	注销
月	日						

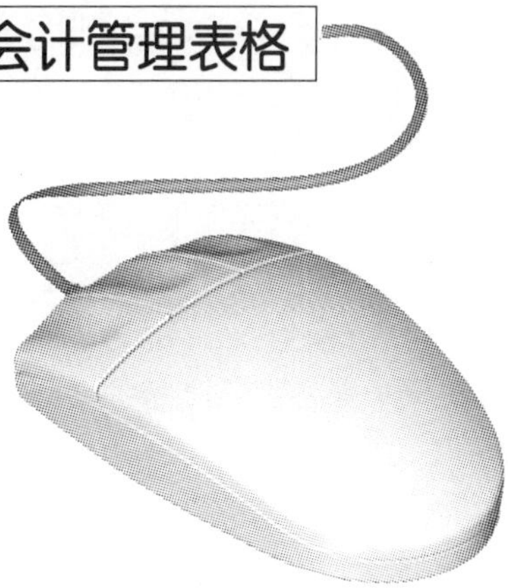

36

备用金明细表

年　　月　　日至　　年　　月　　日

日期		项目		摘　　要	金　额
月	日	领用部门	保管人		

主管：　　　　　　　　　　　　　　　制表：

备用金报销清单

科目：　　　　　　　　　　　　　　　　　　　　　　　　编　　号：

填表日期：

支付日期	部　门	子　目	摘　　要	单据张数	报销金额	明细账页次
合　　计						
上期领用金额						
本期报销金额						
本期结存金额						

主管：　　　　　　　　　　　　　　　　填表：

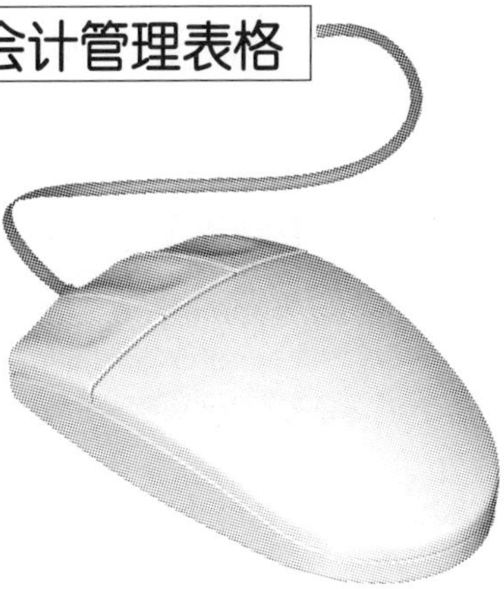

38

开 户 申 请 书

<table>
<tr><td rowspan="2">申请开户单位全称</td><td colspan="2" rowspan="2"></td><td>地　址</td><td colspan="2"></td></tr>
<tr><td>电话号码及联系人</td><td colspan="2"></td></tr>
<tr><td>经营范围名　称</td><td colspan="2"></td><td>上级主管部门名称</td><td colspan="2"></td></tr>
<tr><td>账户类型</td><td colspan="5"></td></tr>
<tr><td rowspan="2">已开账户情况</td><td colspan="2">开户银行</td><td colspan="2">账　号</td><td>账户名称</td></tr>
<tr><td colspan="2"></td><td colspan="2"></td><td></td></tr>
<tr><td>上级管理部门意见</td><td colspan="2">（签章）
年　月　日</td><td>申请开户单位公章</td><td colspan="2">（签章）
年　月　日</td></tr>
<tr><td colspan="6">以下各栏由银行填写</td></tr>
<tr><td colspan="3">业务部门意见</td><td colspan="3">会计主管意见</td></tr>
<tr><td>科目</td><td></td><td>账户名称</td><td></td><td>账号</td><td></td></tr>
<tr><td rowspan="2">营业执照</td><td>发证机关</td><td colspan="3"></td><td>开户日期</td></tr>
<tr><td>编　号</td><td colspan="3"></td><td>年 月 日</td></tr>
</table>

39

库存现金限额申请批准书

申请单位：　　　　　　　　　　　　　　　　　　　　　　　　　单位：

开户银行：　　　　　　　　　　　　　　　　　　　　　　　　　账号：

每日必须保留现金支付项目	保留现金的理由	申请金额	批准金额	备注

申请单位：	银行审查意见：	单位主管部门意见：
盖章 年　月　日	盖章 年　月　日	盖章 年　月　日

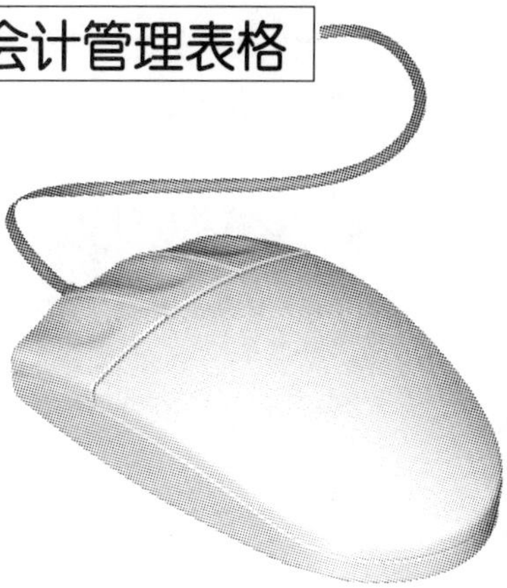

40

退票理由书

出票单位：　　　　　　　　　　　　　　年　　月　　日

票据号码：

项目	内　　容	退票理由
账户款项不足	1. 存款不足	
	2. 超过放款批准额度或经费限额	
内容填写	3. 非用墨汁或碳素墨水填写 4. 金额大小写不全、不清楚 5. 未填写款项用途或用途填写不明 6. 未填写收款单位或收款人 7. 按照国家政策规定不能支付的款项	
日期	8. 出票日期已过有效期限	
	9. 非即期支票	
背书签字	10. 背书人签章不清、不全、空白	
	11. 日期、账号等涂改处未盖预留银行印鉴证明	
涂改	12. 支票大小写金额和收款人名称涂改	
	13. 日期、账号等涂改处未盖预留银行印鉴证明	
其他	14. 此户已结清，无此账户	
	15. 出票人已经申请止付	
	16. 非该户领用此支票	
	17. 非本行承付支付	

41

信用标准一览表

指　　标	信 用 标 准			
	信用优	信用良好	信用一致	信用差
流动比率				
速动比率				
现金比率				
产权比率				
已获利息倍数				
有形净值负债率				
应收账款周转率（次）				
存货周转率（次）				
总资产报酬率（%）				
赊购付款履约情况				

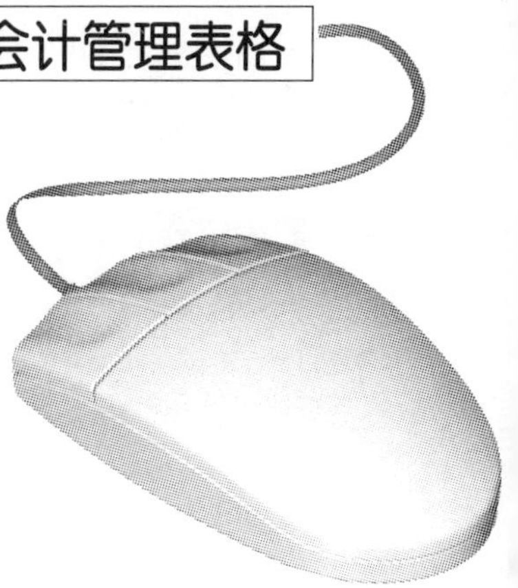

42

客户信用状况评价表

客户名称：　　　　　　　　　　使用期限：　　　年　　月　　日至　　年　　月　　日

指　　标	指 标 值	拒付风险系数(%)
流动比率		
速动比率		
现金比率		
产权比率		
已获利息倍数		
有形净值负债率		
收款周转率		
存货周转率		
总资产报酬率		
赊购付款履约情况		
累计拒付风险系数		

43

信用条件分析评价表

项　　目	方案一	方案二	方案三
年赊销额 变动成本			
信用成本前收益 信用成本 应收账款机会成本 坏账损失 收账费用 小计			
信用成本后收益			

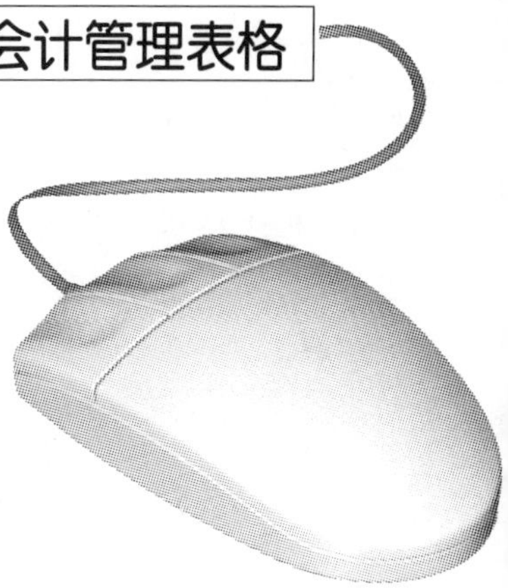

44

收账政策分析评价表

项　　目	现行收账政策	拟改变收账政策
赊销额		
应收账款周转次数		
应收账款占用的资金		
收账成本		
应收账款机会成本		
坏账损失		
年收账费用		
收账总成本		

45

应收票据明细表

缴款单编号	收款日		客户名称	付款银行	号码 账号	票面金额	兑款日		收回金额	入款银行	备注
	月	日					月	日			
合计											

昨日结存	本日收入（缴款单）	本日到期	本日结存

主管：　　　　　　制表：

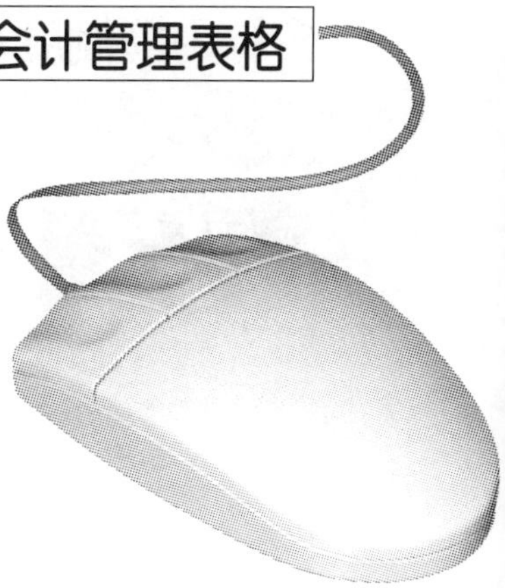

46

应收票据分析表

自行保管票据								
票据别	原　有		收　入		存入银行		结　存	
	张数	金额	张数	金额	张数	金额	张数	金额

存入银行										
托收银行	原　存		本日存入		本日兑现		本日退票		结　存	
	张数	金额	张数	金额	张数	金额	张数	金额	张数	金额
合　　计										

负责人：　　　　会计：　　　　主任：　　　　出纳：

47

应收票据冲转明细表

年　　月　　日

银行名称	账号	票据号码	冲销日期	销货单号	客户名称	金额	备注
合　计							

会计：　　　　　　　　记账：

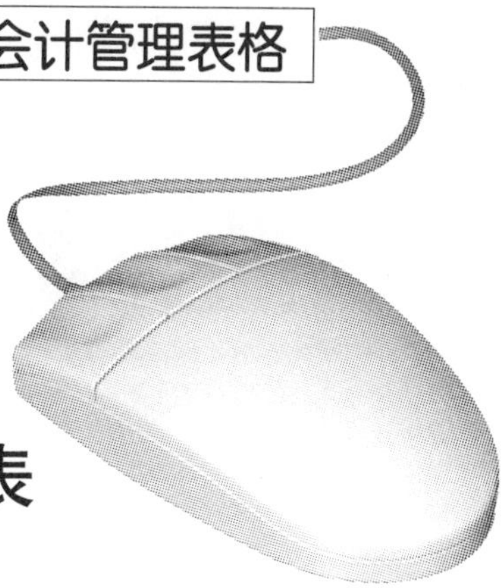

48

票据保证及背书登记表

公司：　　　　　　　　　　　　　　　　　　　　　　　　　　编号：

年	摘要	保证内容								注销日期		余额
月		性质	承办行库或权利人	票据种类	行库及账号	号码	保证人或背书人	保证金额	到期日期	日期	金额	

应收账款余额表

单位	(1) 上月应收账款	(2) 本月销货			(3) 本月收款					(1)+(2)-(3)=(4) 本月应收账款				应收账款比率	备注
		实际销货	销项总额	合计	现金	支票	退货	折让	合计						
××营业所															
××营业所															
××营业所															
××营业所															
××营业所															
××营业所															
合　计															

本月应奖励营业所会计员:1. ____________

2. ____________

3. ____________

本月应惩处营业所会计员:1. ____________

2. ____________

3. ____________

总经理:　　　　复核:　　　　制表:

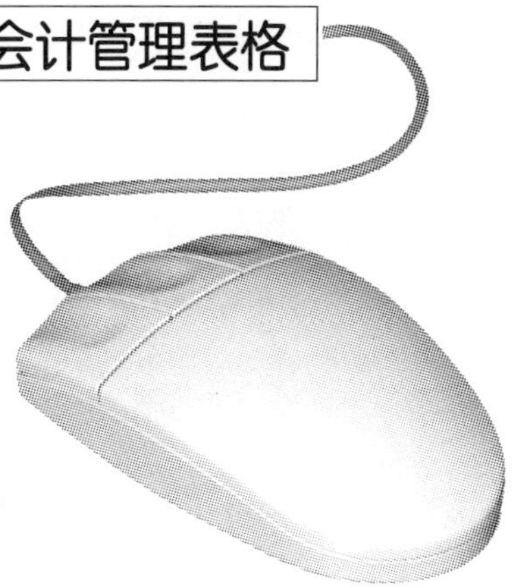

50

应收账款账龄分析表

年　　月　　日　　　　　　　　　　单位:元

顾客名称	期末余额	账　　龄				情况说明
		1 年内	1 ~ 2 年	2 ~ 3 年	3 年以上	
合　　计						

复核:　　　　　　　　　　制表:

51 应收账款明细表

客户编号:________________

客户名称:________________

授信额度:________________　　电话:________________　　地址:________________

年		凭证号码	摘要	借方											贷方											借或贷	余额										
月	日			亿	千	百	十	万	千	百	十	元	角	分	亿	千	百	十	万	千	百	十	元	角	分		亿	千	百	十	万	千	百	十	元	角	分

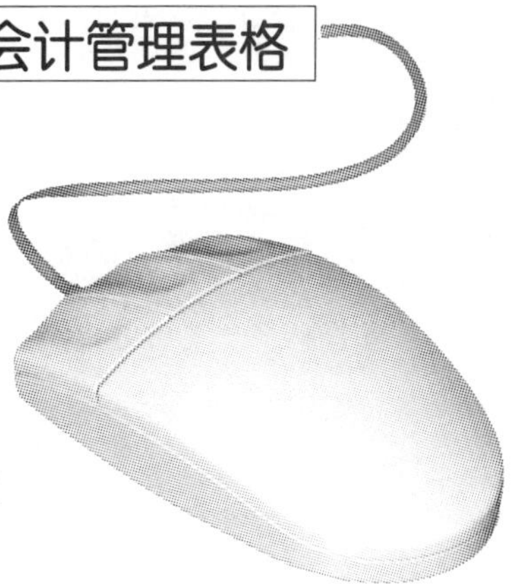

52

应收账款分部月报表

单位：　　　　　　　　营业所　　　　　　　　　　　　　　　　　　　年　　月

厂商	(1)	(2)本月销货			(3)本月收款					(4)本月应收账款				备注
	上　月 应收账款	实销 金额	销项 总额	合计	现金	票据	折让	退货	合计					
合计														

营业所主管：　　　　　　　　　　　　　　　　制表：

53

年、月份应收账款日程表

年　　月　　日　　　　　　　　　　　　　　　　　　　　第　　页　　　　编号：

项次	客户名称	金额		明细表编号	预定收款日期	收款检讨说明
					月　日 上/下 午　时	
					月　日 上/下 午　时	
					月　日 上/下 午　时	
					月　日 上/下 午　时	
					月　日 上/下 午　时	
					月　日 上/下 午　时	
					月　日 上/下 午　时	
					月　日 上/下 午　时	
					月　日 上/下 午　时	
					月　日 上/下 午　时	

主管：　　　　　　　　　　会计：　　　　　　　　　　制表：

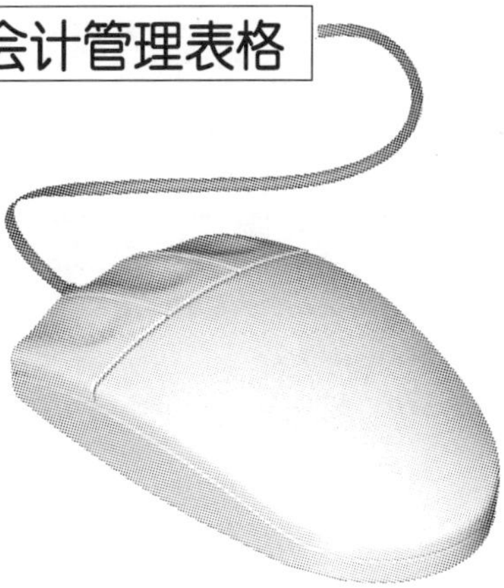

54

应收账款明细统计表

编号：　　　　　　　　　　　　　　　　　　　　　年　月　日

<table>
<tr><td colspan="3">客户名称</td><td colspan="2">预定收款日期</td><td></td><td>月　日上/下午　时　分</td></tr>
<tr><td rowspan="2">项次</td><td colspan="3">统一发票</td><td rowspan="2">货单号码</td><td rowspan="2">金　额</td><td rowspan="2">收款情况检讨与说明</td></tr>
<tr><td>月</td><td>日</td><td>字号</td></tr>
<tr><td></td><td></td><td></td><td></td><td></td><td></td><td></td></tr>
<tr><td></td><td></td><td></td><td></td><td></td><td></td><td></td></tr>
<tr><td></td><td></td><td></td><td></td><td></td><td></td><td></td></tr>
<tr><td></td><td></td><td></td><td></td><td></td><td></td><td></td></tr>
<tr><td></td><td></td><td></td><td></td><td></td><td></td><td></td></tr>
<tr><td></td><td></td><td></td><td></td><td></td><td></td><td></td></tr>
<tr><td></td><td></td><td></td><td></td><td></td><td></td><td></td></tr>
<tr><td></td><td></td><td></td><td></td><td></td><td></td><td></td></tr>
<tr><td></td><td></td><td></td><td></td><td></td><td></td><td></td></tr>
<tr><td></td><td></td><td></td><td></td><td></td><td></td><td></td></tr>
<tr><td></td><td></td><td></td><td></td><td></td><td></td><td></td></tr>
<tr><td></td><td></td><td></td><td></td><td></td><td></td><td></td></tr>
<tr><td></td><td></td><td></td><td></td><td></td><td></td><td></td></tr>
<tr><td></td><td></td><td></td><td></td><td></td><td></td><td></td></tr>
<tr><td></td><td></td><td></td><td></td><td></td><td></td><td></td></tr>
</table>

主管：　　　　　　　　　　　会计：　　　　　　　　　　　制表：

55

应收账款、应收票据月报表

应收账款					应收票据			
销货日期		客户	订单或凭证号码	金额	收票日期	客户名称	银行名称	金额
合计					合计			

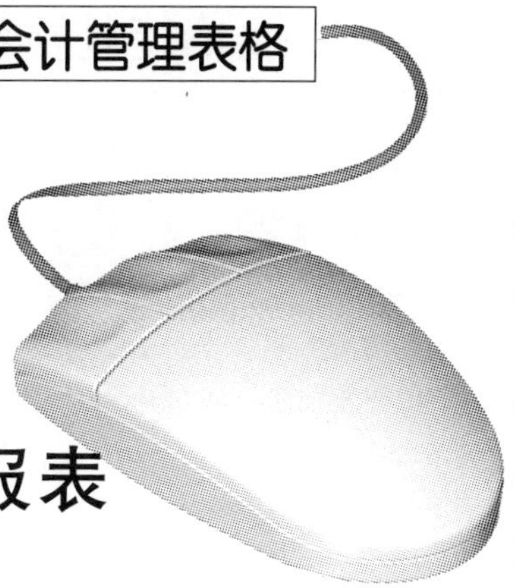

56

应收账款、应收票据日报表

年　　月　　日

<table>
<tr><td rowspan="7">应收账款</td><td colspan="2">销货类别</td><td>应收账款
昨日结存</td><td>本日销货</td><td>折 让</td><td>转应收票据</td><td>今日结存</td><td>本月销货累计</td></tr>
<tr><td colspan="2"></td><td></td><td></td><td></td><td></td><td></td><td></td></tr>
<tr><td colspan="2"></td><td></td><td></td><td></td><td></td><td></td><td></td></tr>
<tr><td colspan="2"></td><td></td><td></td><td></td><td></td><td></td><td></td></tr>
<tr><td colspan="2"></td><td></td><td></td><td></td><td></td><td></td><td></td></tr>
<tr><td colspan="2"></td><td></td><td></td><td></td><td></td><td></td><td></td></tr>
<tr><td colspan="2"></td><td></td><td></td><td></td><td></td><td></td><td></td></tr>
<tr><td rowspan="5">应收票据</td><td colspan="2">说明</td><td>昨日结存</td><td>本日收票</td><td>退 票</td><td>兑 现</td><td>其 他</td><td>本日结存</td></tr>
<tr><td rowspan="2"></td><td>本票</td><td></td><td></td><td></td><td></td><td></td><td></td></tr>
<tr><td>支票</td><td></td><td></td><td></td><td></td><td></td><td></td></tr>
<tr><td rowspan="2"></td><td>本票</td><td></td><td></td><td></td><td></td><td></td><td></td></tr>
<tr><td>支票</td><td></td><td></td><td></td><td></td><td></td><td></td></tr>
</table>

总经理：　　　　　　　　审核：　　　　　　　　填表：

问题账款报告书

年　　月　　日

<table>
<tr><td rowspan="7">基本资料栏</td><td>客户名称</td><td colspan="3"></td></tr>
<tr><td>公司地址</td><td></td><td>电　　话</td><td></td></tr>
<tr><td>工厂地址</td><td></td><td>电　　话</td><td></td></tr>
<tr><td>负责人</td><td></td><td>洽 办 人</td><td></td></tr>
<tr><td>开始往来日期</td><td></td><td>交易项目</td><td></td></tr>
<tr><td>平均每月交易额</td><td></td><td>授信额度</td><td></td></tr>
<tr><td>问题账金额</td><td></td><td></td><td></td></tr>
<tr><td>经过情况</td><td colspan="4">(1)发生原因:□客户倒闭　□拖延付款　□质量不良　□数量不符　□客户要求延后付款　□其他(　)
(2)经过情况</td></tr>
<tr><td>处理意见</td><td colspan="4"></td></tr>
<tr><td>附件明细</td><td colspan="4"></td></tr>
</table>

核准:　　　　　　　　复核:　　　　　　　　制表:

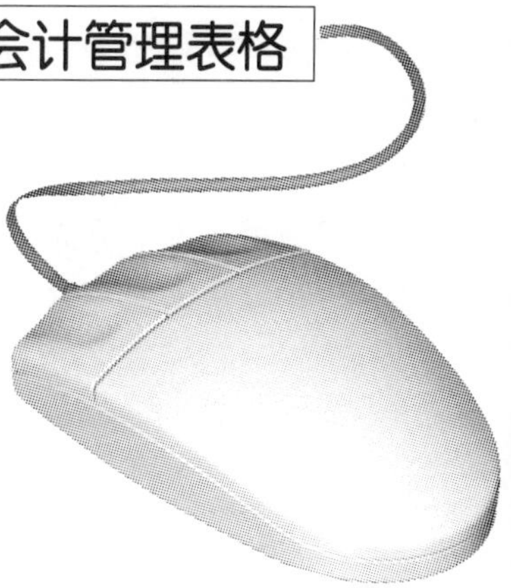

58

呆账核销汇总表

年　　月　　日　　　　　　　　单位:元

单位名称	呆账金额	呆账期限	呆账原因	处理意见
合　　计				

审批:　　　　　　　　复核:　　　　　　　　制表:

59

材料供应计划表

类别： 年 月 日

材料名称	规格	材料编号	各月份需要量												合计	基本存量	进料计划						交货期(天)
			1	2	3	4	5	6	7	8	9	10	11	12			月份	数量	月份	数量	月份	数量	
合计																							

核对： 填写：

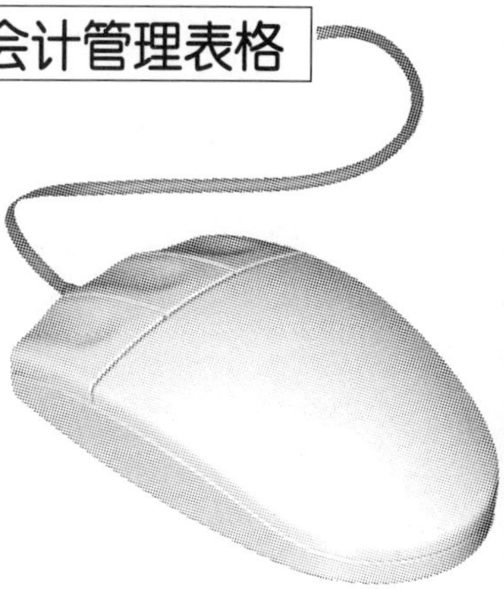

60

材料用量计划表

年　　月份

产品批号												
生产数量												
材料名称	规格	材料编号	单位用量	估计用量	规格	材料编号	单位用量	估计用量	规格	材料编号	单位用量	估计用量

61

材料定期采购计划表

年　月　日

材料名称	规格	估计每月用量	订购交货日期	每日用量	每日最高用量	基本存量	最高存量	基本存量比率	每次订购数量

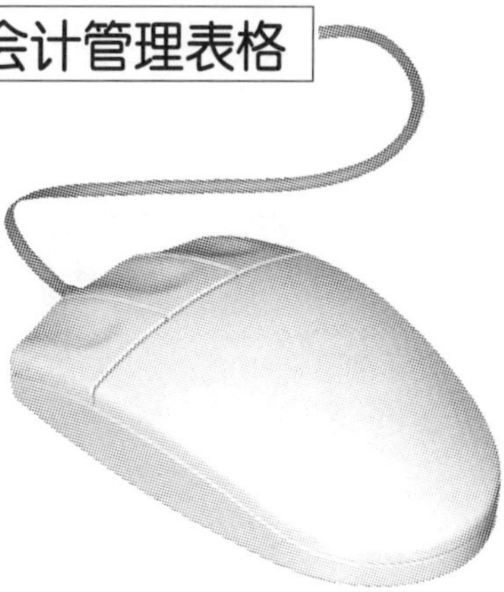

62

材料库存计划表

年 月 日

目次	品名及规格	材料编号	生产量		单位用量	用量小计	损耗率%	总用量	库存量		计划用量	单价	金额	需要日期	订单号码	需要日期						备注
			数量	单位					库存	数量						5	10	15	20	25	30	

预付款申请表

日　　期：________________

申请部门：　　　　　☐采购科

　　　　　　　　　　☐总务科

　　　　　　　　　　☐订金（尚未开发票）

　　　　　　　　　　☐分批交货暂付支票

金　　额：________________

说　　明：

冲销日期：________________

经理：__________　主管：__________　申请人：__________

会计：__________　冲账：__________

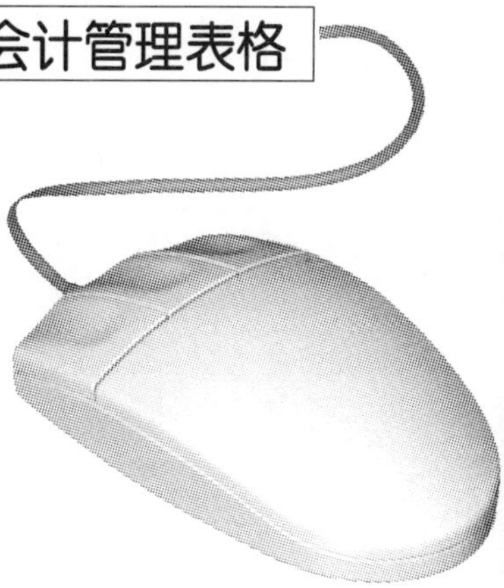

64

收 料 单

收料日	工程编号	本单编号	请购部门	订制单编号
年 月 日				

送料单位	品名规格	项次	材料编号	单位	数量	单价	金额

备注		点收	检验	经办部门	
				主管	经办

65

入　库　单

品　名	购货单位	发票号	数量	单价	金额	备注

库管员：　　　　　　　　　　　　　　　　经办人：

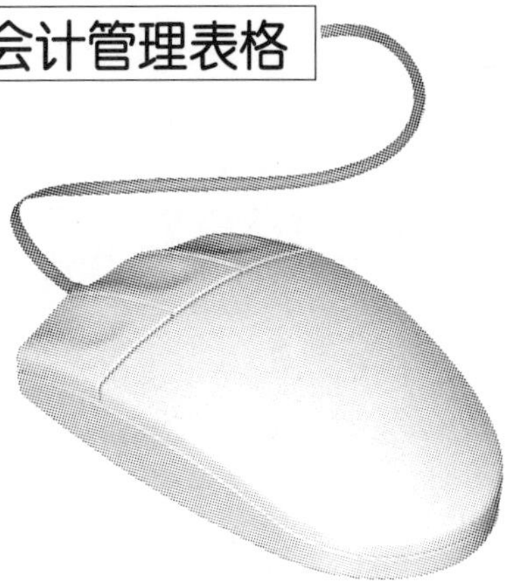

66

材料验收日报表

受理号码	订购号码	交货厂名	品名	规格	数量	合格品		不合格品		摘要
						数量	受领者	数量	处理者	

67

收料凭证汇总表

年　　月　　日

材料名称	原料及主要材料		燃料		修理用备件		辅助材料		低值易耗品		包装物		合计	
	计划成本	实际成本	计划成本	实际成本	计划成本	实际成本	计划成本	实际成本	计划成本	实际成本	计划成本	实际成本	计划成本	实际成本
合计														
差异额														
差异率														

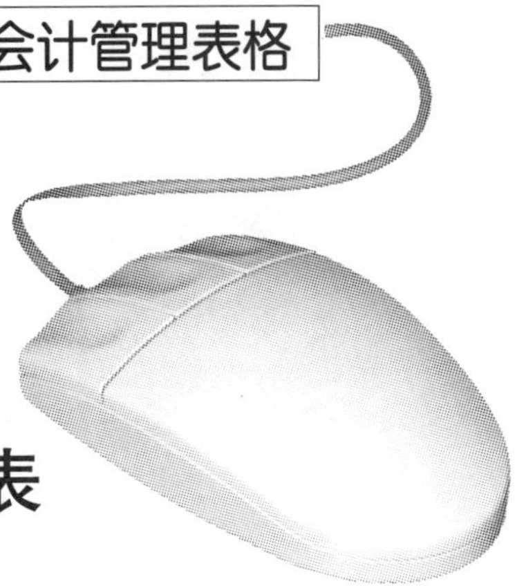

68

月份进货及转拨明细表

品名	型号	单位	进货			营业所				营业所				营业所				转拨
			数量	单价	金额	数量	转拨价	金额	转拨毛利	数量	转拨价	金额	转拨毛利	数量	转拨价	金额	转拨毛利	总毛利
总计																		

69

鲜活商品采购日报表

店员：　　　　　　　　　　　　　　　　　　　　　　　　　年　　月　　日

商品名称（系列商品）	本日						本月累计						管理签核
	进价	售价	订购数	构成比	订购率	预定订购	进价	售价	订购数	构成比	订购率	预定订购	

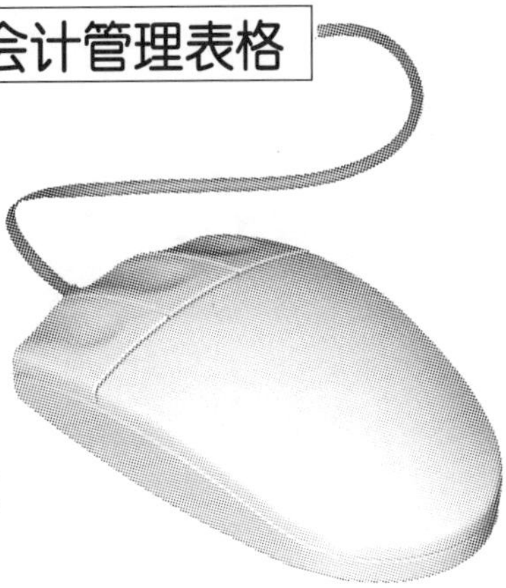

70

原料取得成本汇总表

原　料		采购地区		料　价		进口	运输费用		取得成本		付款条件与方式
名称	代号	国别	制造厂商	内销	外销	费用	金额	方式	内销	外销	

标准：　　　　　　　　复核：　　　　　　　　制表：

71

领 用 单

领料单位	
编号	

A		B		C		D		E		F		G	
原料		常备物料		非常备物料		设备		文具用品		成品		半成品	

料号	品名	规格	单位	请领数量	实领数量	单价	金额

1. 工程编号：

2. 成本负担单位：

3. 用途：

主管		记账员		主管		记料员		主管		领料人	

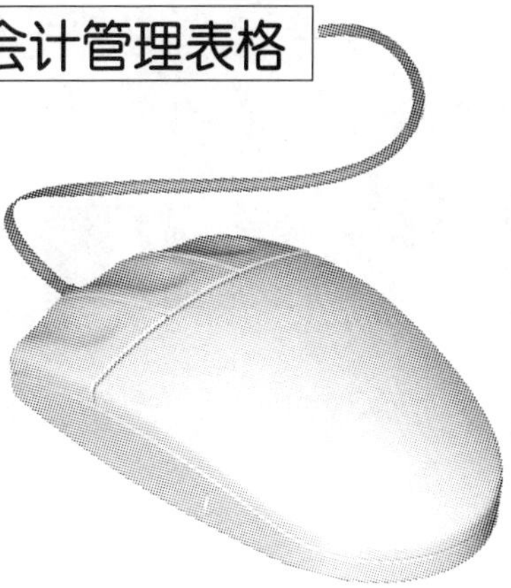

72

提 货 单

购货单位： 运输方式：

收货地址： 年 月 日 编号：

产品编号	产品名称	规 格	单 位	数 量	单 价	金 额	备 注
合计							

销售部门负责人：（盖章） 发货人： 提货人： 制表：

73

限额领料单

领料部门： 等　　号：

用　　途： 发料仓库：

材料编号	材料名称规格	计量单位	计划投产量	单位消耗定额	领用限额	实发																		
						数量	单价								金额									
							十	万	千	百	十	元	角	分	千	百	十	万	千	百	十	元	角	分

日期	领用			退料			限额结余数量
	数量	领料人	发料人	数量	退料人	收料人	

生产计划部门： 供销部门： 仓库：

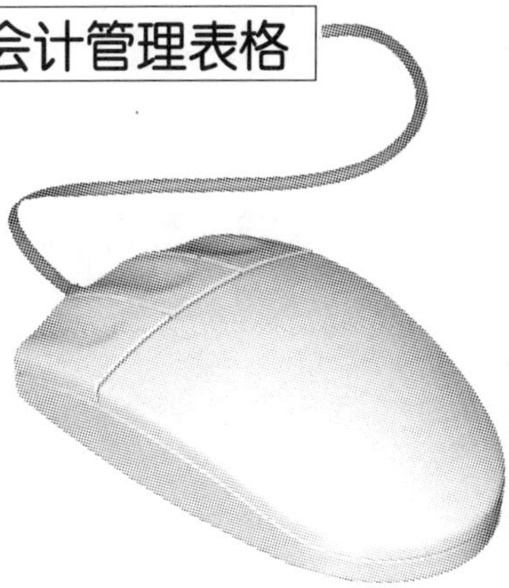

74

材料移用单

编号：　　字第　　号　　　　　　　　　　　　　　　　　　年　　月　　日

移出工程编号　　字第　　号							移入工程编号　　字第　　号
财产单位号	材料名称	规格	数量	单位	单价	金额	财产单位编号

此致

__________会计科查照转账为妥

放工部的主管复核________经办人________

填单：　　年　　月　　日

75

材料耗用日报表

本单编号： 年 月 日

材料名称	材料编号	单位	本日领用量	本月累计	本日耗用量		本月累计	本日结存

厂长： 主管： 制表：

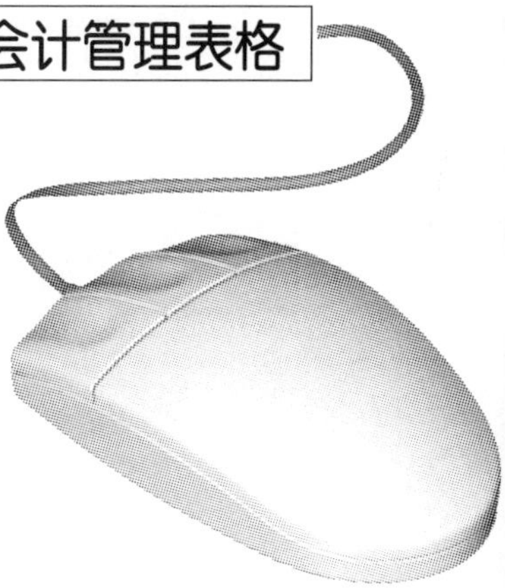

76

用 料 清 单

用料单位：　　　　　　　　　　　　　　　　　　　　年　　月份

材料名称	规 格	单 位	数 量	单 价	金 额	备 注

会计科长:(签章)　　　　复核:(签章)　　　　填表:(签章)

发料凭证汇总表

年　月　日

领料部门及用途		原料及主要材料		燃料		修理用备件		辅助材料		低值易耗品		包装物		合计	
		计划成本	成本差异	计划成本	成本差异	计划成本	成本差异	计划成本	成本差异	计划成本	成本差异	计划成本	成本差异	计划成本	成本差异
生产成本	×车间														
	×车间														
制造费用	×车间														
	×车间														
辅助费用	×车间														
	×车间														
管理费用															
销售费用															
合　计															

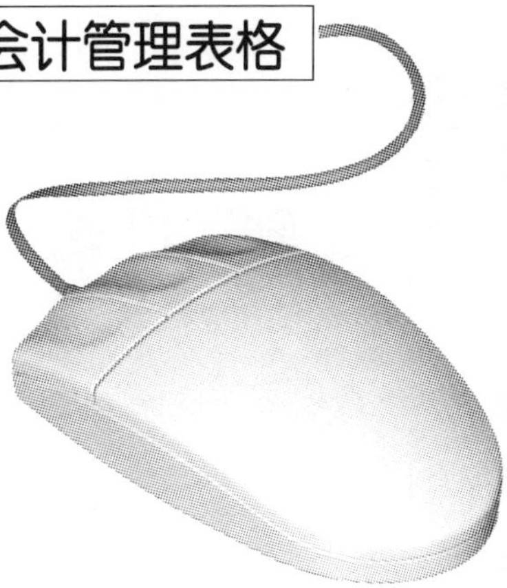

78

商品缺货日报表

编号：　　　　　　　　　　　　　　　　　　　　　　　　　　　　年　　月　　日

商品号码	品　　名	规格尺寸	数　　量	进货期限	摘　　要

79

存货项目明细表

项目	行次	年末余额		
		本年计划	本年实际	上年实际
(一)库存材料	1			
1. 原材料	2			
(1)原料及主要材料	3			
(2)辅助材料	4			
(3)外购半成品	5			
(4)修理用备件	6			
(5)燃料	7			
2. 包装物	8			
3. 低值易耗品	9			
(二)在途物资	10			
(三)委托加工材料	11			
(四)在产品	12			
(五)自制半成品	13			
(六)产成品	14			
(七)分期收款发出商品	15			
附注				
1. 各项存货年平均余额	16			
(1)每百元销售收入占用的存货资金	17			
(2)存货周转天数	18			
2. 存货中包括		账面实际成本	可变现净值	可能发生的损失
(1)已知提取变现损失准备的存货				
(2)可变现净值低于成本的其他存货				
(3)待处理存货短缺及毁损				

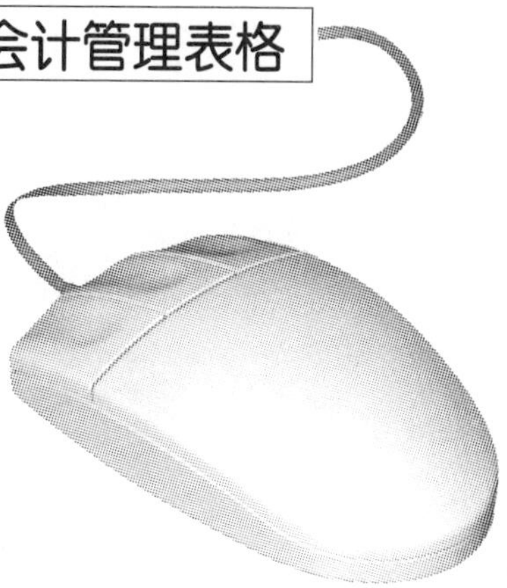

80

存货明细账

货号：__________　　单位：__________　　存放地点：__________　　No. __________

年		凭证号数	摘要	单价	进货										出货										结存									
月	日				数量	金额									数量	金额									数量	金额								
						千	百	十	万	千	百	十	元	角	分		千	百	十	万	千	百	十	元	角	分		千	百	十	万	千	百	十	元	角	分

81

成品结存明细表

品名：______________ 产品编号：______________ 最高存量：______________

规格：______________ 最低存量：______________

年		凭证名称	制造单号	摘　要	收　入			发　出			结　存		
月	日				数量	单价	金额	数量	单价	金额	数量	单价	金额

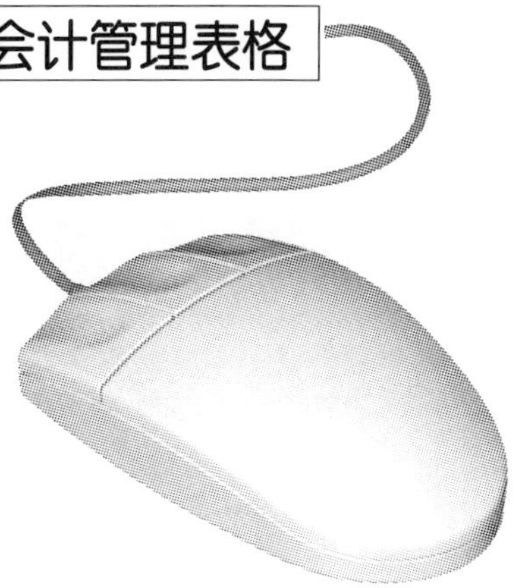

82

月终在产品盘存表

单位:公斤　　　　　　　　　　　　　　　　　　　　　　　　年　　月　　日

生产部门	数　　量	完工百分率	完工约当产量	原料约当产量

厂长:　　　　　　　　　　主管:　　　　　　　　　　盘点人员:

存货月报表

□工厂
单位:__________________营业所　　　年　　月　　日　　　　进货类别:□国内厂商
□国外厂商

型号	期初存货			进货			销货	退货	期末存货			盘点	差异			差异说明
	数量	单价	金额	数量	单价	金额	数量	数量	数量	单价	金额	数量	数量	单价	金额	
合计			(1)			(2)					(3)					

核准:　　　　　　财务科:　　　　　　营业所主管:　　　　　　制表:

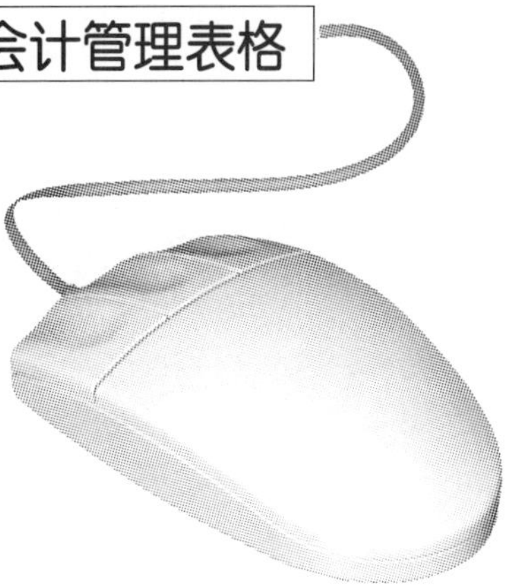

84

商品管理月报表

年 月

商品名	销货			退货			进货			库存额			毛利	毛利率	备注
	数量	单价	金额	数量	单价	金额	数量	单价	金额	数量	单价	金额			

85

商品单价调查月报表

编号：　　　　　　　　　　　　　　　　　　　　　　　　　　　　　　年　　月

调查		商品号码	品　名	品质规格	数量	单位	采购处	注意点	备注
月	日								

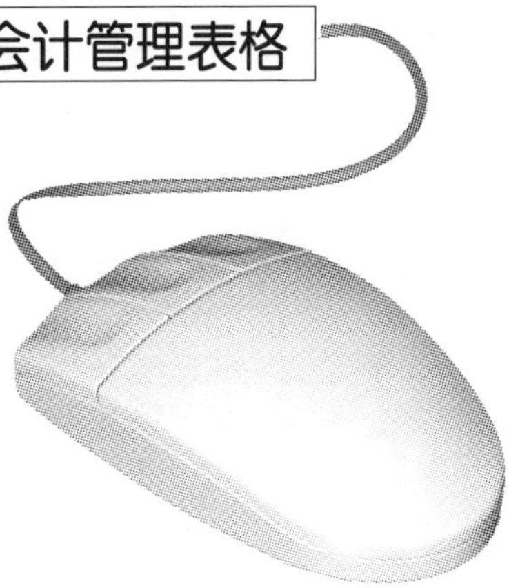

86

原材料管理表

年　　月　　日

原料名	预　定			实　际			差　异	摘　要
	数量	单价	金额	数量	单价	金额		

盘　点　卡

No. ________

分　类			
品　名			
规　格			
单　位		数量	
备　注			
盘点人 会点人　签章			
分　类			
品　名			
规　格			
单　位		数量	
备　注			
盘点人 会点人　签章			
分　类			
品　名			
规　格			
单　位		数量	
备　注			
盘点人 会点人　签章			

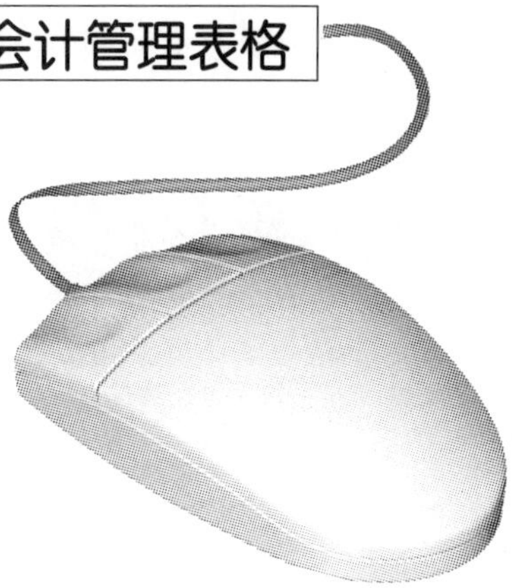

88

材料盘点报告表

编制单位：　　　　　　　　　　　　　　　　　　　　　　　　　　　　年　　月　　日

分　类	品　名	规　格	盘点数量	账面数量	差　异	说　明

核准：　　　　　　　　　　　　　　复核：　　　　　　　　　　　　　　经办：

89

存货盘点报告表

盘点区号： 盘点日期： 年 月 日

组 别：

□原 料	编号：	
□在制品	品名：	
□废 料	规格：	
□成 品	单位：	
盘点时本物位置：		
盘点数量：	更正：	
存货状况 □良料 □好料 □废料 □其他	备 注	
复 核 员	记 录 员	盘 点 员

第一联：会计科

第二联：主管物资科

第三联：贴于物资存放位置

注：本单应事先编号，以利控制。

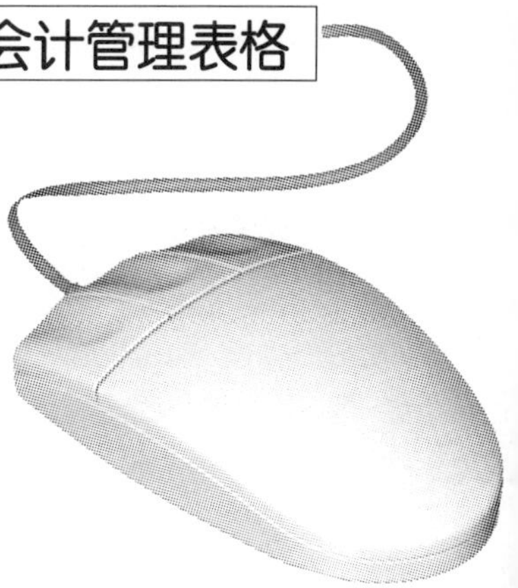

90

实存账存对比表

单位名称：　　　　　　　　　　　　　　　　　　　　　　年　月　日

编号	类别及名称	计量单位	单价	实存		账存		对比结果				备注
				数量	金额	数量	金额	盘盈		盘亏		
								数量	金额	数量	金额	

会计人员签章：　　　　　　　　　　　　　　　　稽核人签章：

91

溢余货物单

编号：　　　　　　　　　　　　　　　　　　　　　　　　年　　月　　日

品　名	购货单位	库存位置	溢余量	单价	金额	处理决定

财务：　　　　　　　　　　库管员：　　　　　　　　　　经办人：

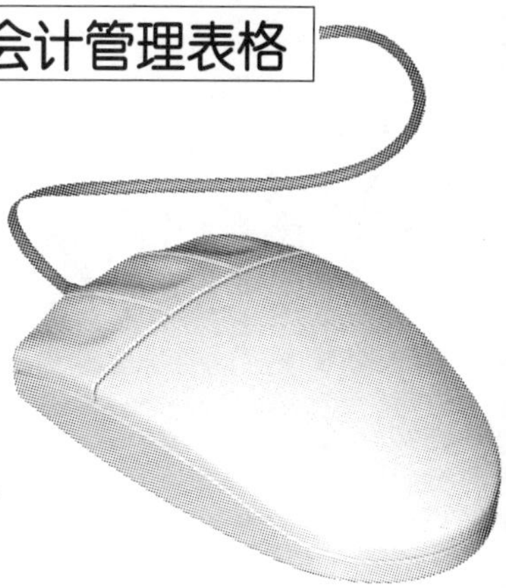

92

毁损短缺货物处理单

年 月 日

品 名	短缺原因	库存位置	数量	单价	金额	处理决定

财务： 库管员： 提货人：

93

固定资产项目明细表

项　　目	期初余额	本期增加数	本期减少数	期末余额
一、原价合计				
其中:房屋、建筑物				
机器设备				
运输工具				
……				
二、累计折旧合计				
其中:房屋、建筑物				
机器设备				
运输工具				
……				
三、固定资产净值合计				
其中:房屋、建筑物				
机器设备				
运输工具				
……				

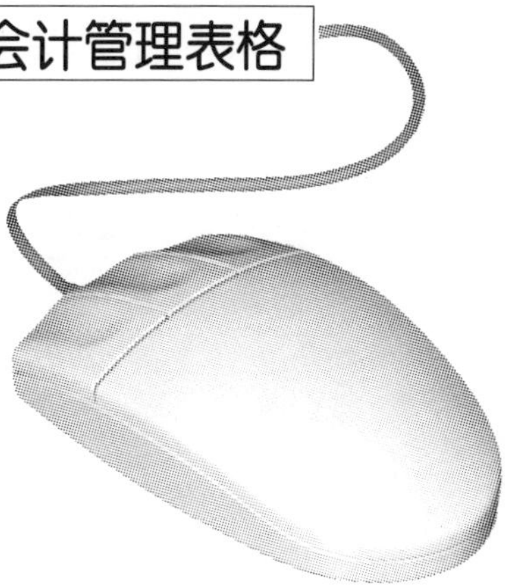

94

财 产 目 录

设备名称	编号	放置地点	单位	取得时间			价　格		耐用年限	折旧价格		本期折旧余额
				年	月	日	取得	改良增值		本期	累积	

95

财产保管卡

编号					所属部门							姓名				
项次	日期			凭单号码	品名	规格	厂牌	数量	单位	单价	签认	日期			处理情况	凭单号码
	年	月	日									年	月	日		

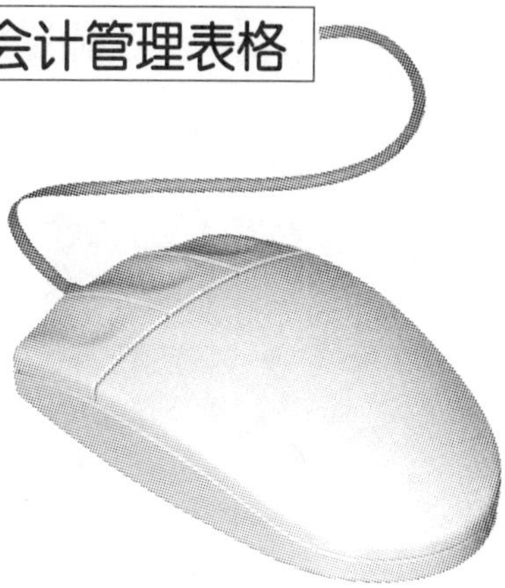

96

固定资产登记卡(一)

总账科目:____________　　　　　　　　　　本卡编号:____________

明细科目:____________　　　　　　　　　　财产编号:____________

中文名称		抵押权设定、解除及保险记录	抵押行库			
英文名称			设定日期			
规格型号			解除日期			
厂牌号码			险　　别			
购置日期			承保公司			
购置金额			保单号码			
存放地点			投保日期			
耐用年限			费　　率			
附属设备			保 险 费			
			备　　注			

移 动 情 形

年	月	日	使用部门	用途	保管员	年	月	日	使用部门	用途	保管员

(反面)

维修情况	年	月	日	

填表注意事项:

(1)本卡适用于机械设备、运输设备、机电性设备,新卡的填写由管理部门填制(如认为需要,增填一份送使用部门)。

(2)本卡的编号由保管卡部门自编。

(3)附属设备栏:应填名称、规格及数量。

(4)如因管理需要,须另行设计表格者,须把新设表格送管理处总经理室备注。

固定资产登记卡(二)

本卡编号：　　　　　　　　　　　　　　　　　　　　　　　　财产编号：

<table>
<tr><td>中文名称</td><td></td><td rowspan="10">抵押权设定、解除及保险记录</td><td>抵押行库</td><td></td></tr>
<tr><td>英文名称</td><td></td><td>设定日期</td><td></td></tr>
<tr><td>规格型号</td><td></td><td>解除日期</td><td></td></tr>
<tr><td>购置日期</td><td></td><td>险　　别</td><td></td></tr>
<tr><td>购置金额</td><td></td><td>承保公司</td><td></td></tr>
<tr><td>存放地点</td><td></td><td>保单号码</td><td></td></tr>
<tr><td>耐用年限</td><td></td><td>投保日期</td><td></td></tr>
<tr><td rowspan="3">附属设备</td><td rowspan="3"></td><td>费　　率</td><td></td></tr>
<tr><td>保 险 费</td><td></td></tr>
<tr><td>备　　注</td><td></td></tr>
</table>

日期	凭单号码	摘要	单位	数量	借方	贷方	余额	月折旧额

<table>
<tr><td colspan="4">移动情况</td><td colspan="4">折旧计提情况</td><td rowspan="2">备　注</td></tr>
<tr><td>日期</td><td>使用部门</td><td>用途</td><td>保管员</td><td>日期</td><td>本期计提</td><td>累计计提</td><td>资产净值</td></tr>
<tr><td></td><td></td><td></td><td></td><td></td><td></td><td></td><td></td><td rowspan="6">1. 本卡适用机械、运输、机电设备。
2. 本卡编号由保管卡单位自行编制。
3. 折旧栏中，一般可每年填列一次。</td></tr>
<tr><td></td><td></td><td></td><td></td><td></td><td></td><td></td><td></td></tr>
<tr><td></td><td></td><td></td><td></td><td></td><td></td><td></td><td></td></tr>
<tr><td></td><td></td><td></td><td></td><td></td><td></td><td></td><td></td></tr>
<tr><td></td><td></td><td></td><td></td><td></td><td></td><td></td><td></td></tr>
<tr><td></td><td></td><td></td><td></td><td></td><td></td><td></td><td></td></tr>
</table>

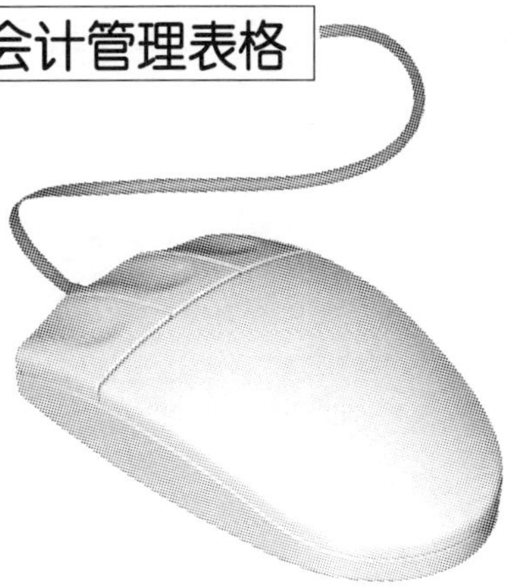

98

固定资产控制卡

本卡编号：
折旧方法：
预计残值：

中文名称		重要附件	
原文名称			
规格型号			
制造厂商			
厂　　牌			
取得日期			

放置部门	(1)　　年　　月　　日	耐用年限		(1)　(2)　(3)　(4)
	(2)　　年　　月　　日	抵押	行　　库	(1)　(2)　(3)　(4)
	(3)　　年　　月　　日		设定日期	(1)　(2)　(3)　(4)
	(4)　　年　　月　　日		解除日期	
	(5)　　年　　月　　日	投保	投保公司	(1)　(2)　(3)　(4)
	(6)　　年　　月　　日		投保金额	
	(7)　　年　　月　　日		起讫日期	

99

固定资产让售比价单

管理部门：________________

<table>
<tr><td rowspan="3">名称</td><td colspan="2"></td><td rowspan="3">厂牌规格</td><td colspan="2"></td><td>使用部门</td><td></td></tr>
<tr><td colspan="2"></td><td colspan="2"></td><td>附属设备</td><td></td></tr>
<tr><td colspan="2"></td><td colspan="2"></td><td>购置日期</td><td></td></tr>
<tr><td rowspan="2">单位</td><td colspan="2"></td><td rowspan="2">数量</td><td colspan="2"></td><td>耐用年限</td><td></td></tr>
<tr><td colspan="2"></td><td colspan="2">已使用年限</td><td></td><td></td></tr>
<tr><td rowspan="4">比价记录</td><td>厂商</td><td></td><td colspan="2"></td><td></td><td>原　　价</td><td></td></tr>
<tr><td>单位</td><td></td><td colspan="2"></td><td></td><td>已提折旧</td><td></td></tr>
<tr><td rowspan="2">总价</td><td></td><td colspan="2"></td><td></td><td>净　　值</td><td></td></tr>
<tr><td></td><td colspan="2"></td><td></td><td>备　　注</td><td></td></tr>
<tr><td>总经理</td><td></td><td>经理</td><td></td><td>管理部门</td><td></td><td>经办人</td><td></td></tr>
</table>

注：一式四联：(1)管理部门，(2)会计，(3)自存，(4)资管科。

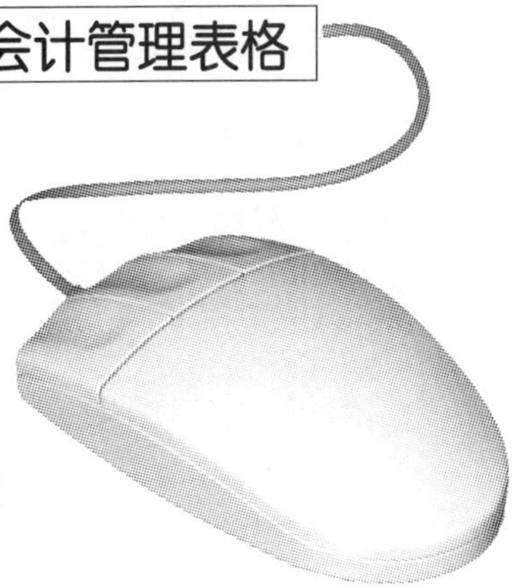

100

固定资产折旧计算表

单位:元

<table>
<tr><th rowspan="2">使用部门</th><th rowspan="2">固定资产项目</th><th rowspan="2">上 月
折旧额</th><th colspan="2">上月增加
固定资产</th><th colspan="2">上月减少
固定资产</th><th rowspan="2">本 月
折旧额</th><th rowspan="2">分配
费用</th></tr>
<tr><th>原价</th><th>折旧额</th><th>原价</th><th>折旧额</th></tr>
<tr><td>一车间</td><td>厂房
机器设备
其他设备
小计</td><td></td><td></td><td></td><td></td><td></td><td></td><td rowspan="3">制造费用</td></tr>
<tr><td>二车间</td><td>厂房
机器设备
小计</td><td></td><td></td><td></td><td></td><td></td><td></td></tr>
<tr><td>三车间</td><td>厂房
机器设备
小计</td><td></td><td></td><td></td><td></td><td></td><td></td></tr>
<tr><td>厂部管理部门</td><td>房屋建筑
运输工具
小计</td><td></td><td></td><td></td><td></td><td></td><td></td><td>管理费用</td></tr>
<tr><td>合计</td><td></td><td></td><td></td><td></td><td></td><td></td><td></td><td></td></tr>
</table>

101

固定资产扩充（报废）计划表

增减项目	理　　由	估计金额及支付月份	审核意见

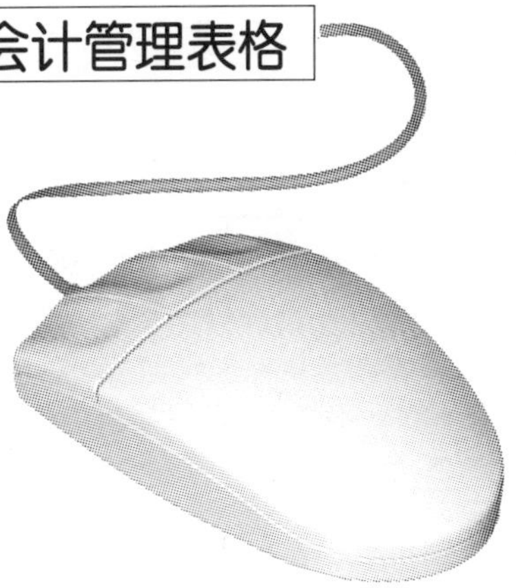

102

资本支出预计表

资料提供部门： 年 月

项目	金额												备注
	月份						月份						
	土地及房屋	机械设备		专项设备	预付工程定金		土地及房屋	机械设备		专项设备	预付工程定金		
		内购	外购					内购	外购				
													＊本表由资料提供部门分别就有关项目填列，于每月24日前送会计部门。＊表列数字系指当月付现数。
合计													

经理： 科长： 制表：

一式两联：1. 自存。 2. 会计部门。

103

固定资产移转单

<table>
<tr><td>中文名称</td><td></td><td>数　　量</td><td></td><td colspan="2">购置日期</td><td></td></tr>
<tr><td>英文名称</td><td></td><td rowspan="2">附属设备</td><td></td><td colspan="2">耐用年限</td><td></td></tr>
<tr><td>规　　格</td><td></td><td></td><td colspan="2">已使用年数</td><td></td></tr>
<tr><td rowspan="3">移前用途</td><td colspan="3" rowspan="3">（移出单位）</td><td colspan="2">已折旧金额</td><td></td></tr>
<tr><td colspan="2">残余价值</td><td></td></tr>
<tr><td colspan="2">月折旧额</td><td></td></tr>
<tr><td rowspan="3">移后用途</td><td colspan="3" rowspan="3">（移入单位）</td><td rowspan="2">存入地</td><td>移出</td><td></td></tr>
<tr><td>移入</td><td></td></tr>
<tr><td colspan="2">备　注</td><td></td></tr>
</table>

<table>
<tr><td rowspan="2">经理</td><td rowspan="2"></td><td rowspan="2">会计</td><td rowspan="2"></td><td rowspan="2">管理部门</td><td>移入</td><td></td><td rowspan="2">移入部门</td><td rowspan="2"></td><td rowspan="2">移出部门</td><td rowspan="2"></td></tr>
<tr><td>移出</td><td></td></tr>
</table>

注：一式四联：(1)管理部门，(2)会计，(3)移入部门，(4)移出部门。

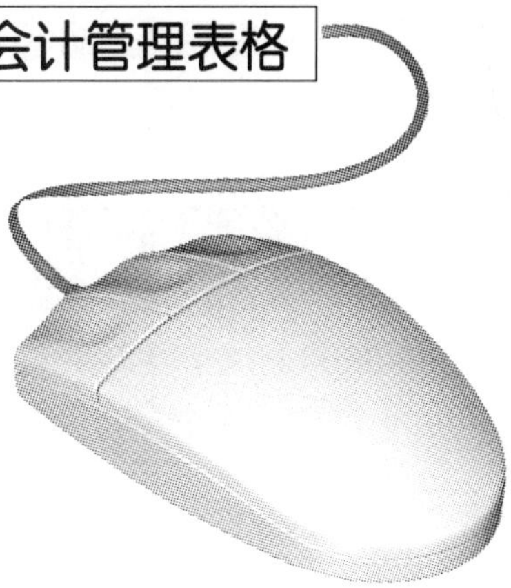

104

固定资产减损单

管理部门：__________

使用部门：__________　　　　年　　月　　日　　　　财产编号：__________

<table>
<tr><td rowspan="2">名称</td><td>中文</td><td></td><td>规格</td><td></td><td>耐用年限</td><td></td></tr>
<tr><td>英文</td><td></td><td>厂牌</td><td></td><td>已使用年数</td><td></td></tr>
<tr><td>购置日期</td><td></td><td>数量</td><td></td><td>取得价值</td><td></td><td>已提折旧</td><td></td><td>账面残值</td><td></td></tr>
<tr><td rowspan="3">减损原因</td><td rowspan="3"></td><td>估计废品价值</td><td></td></tr>
<tr><td>处理费用</td><td></td></tr>
<tr><td>实际损失</td><td></td></tr>
<tr><td rowspan="3">拟处理办法</td><td rowspan="3"></td><td rowspan="3">资材仓库</td><td rowspan="3"></td><td>抵押银行</td><td></td></tr>
<tr><td>保险单号码</td><td></td></tr>
<tr><td>月折旧额</td><td></td></tr>
<tr><td>总经理</td><td></td><td>经理</td><td></td><td>管理部门</td><td></td><td>会计</td><td></td><td>厂(处)长</td><td></td><td>科长</td><td></td><td>主办</td><td></td></tr>
</table>

一式四联：(1)管理部门，(2)会计，(3)使用部门，(4)资料仓库。

105

固定资产增减表

管理部门：

使用部门：

财务编号	资产名称	规格	增减原因	本月增加				本月减少					备注
				数量	金额	耐用年限	月折旧额	数量	金额	耐用年限	已提折旧	月折旧额	

管理部门：　　主管：　　经办：　　财务部门：　　主管：　　经办：

一式三联：(1)管理部门，(2)会计，(3)使用部门。

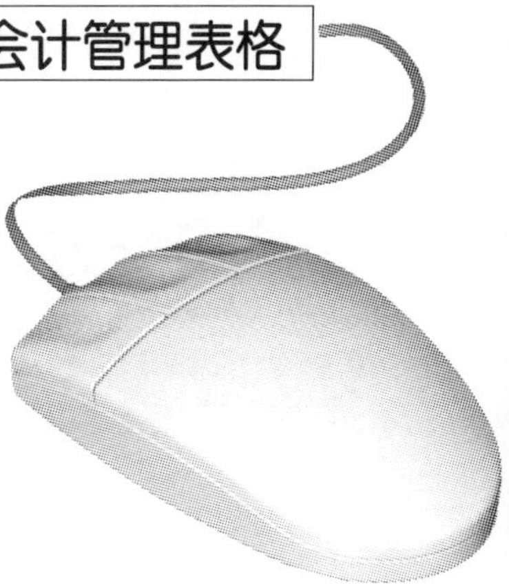

106

闲置固定资产明细表

管理部门：

年　　月　　日

财产编号	名称	规格	厂牌	数量	单位	账面价值			使用情况（年限）			闲置原因	处理意见
						总价	已提折旧	净值	耐用	已使用	尚可用		

107

盘点人员编组表

盘点日期：　　　　年　　月　　日

分组号				
部门				
盘点项目				
盘点人				
会点人				
复盘人				
备注				

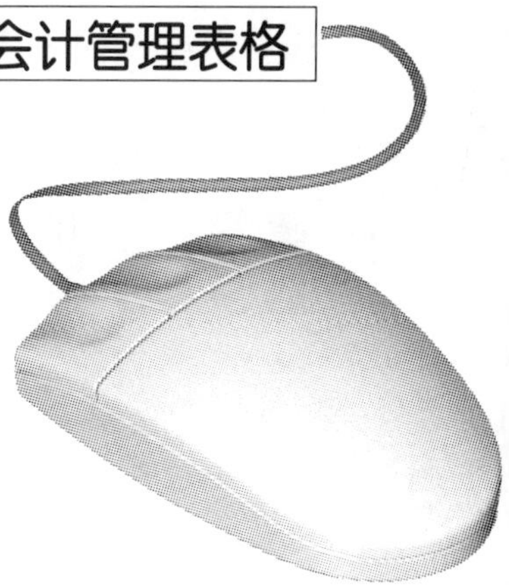

108

盘点盈亏报告表

经营部门：　　　　　　　　　　　　　　　　　　　　　　　　　　　　年　　月　　日

品名	资产编号	规格	单位	单价	账面数量	盘点数量	盘盈		盘亏		差异原因说明	拟处理对策及建议
							数量	金额	数量	金额		

主管经理：　　财务部门：　　主管：　　经办：　　经管部门：　　主管：　　经办：

本表一式三联：(1)财务部门，　(2)经营部门，　(3)管理部门。

109

固定资产盘存调整表

经营部门：　　　　　　　　　　　　　　　　　　　　　　　　　　　　　　年　　月　　日

品　名	编号	单位	账面存数	增加数	减少数	调整后结存数	调整原因说明

标准：　　　　　　　　　　　　复核：　　　　　　　　　　　　制表：

说明：本表由财务人员负责填制，财务主管复核。

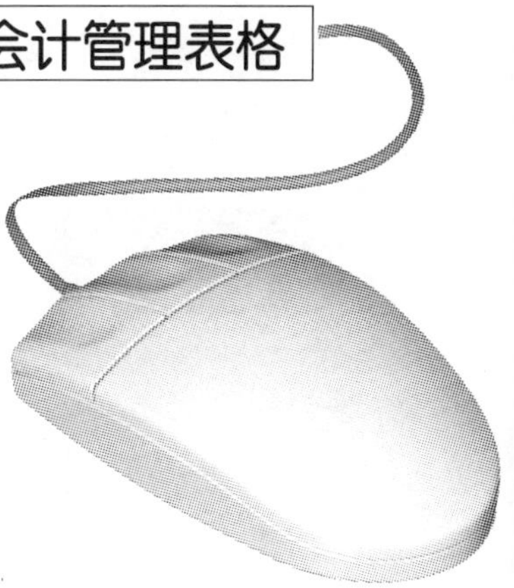

110

投保单申请单

部门：　　　　　　　　　　　　　　　年　　月　　日　　　　　　　　本单编号：

固定资产编号	品　名	规格	数量	单位	账面价值	投保价值	保险种类	保险金额	备　注

经办部门			审核部门			申请部门			
经理	复核	经办	总经理	会计	安全工程师	经理	厂处长	科长	经办

一式三联：(1)财务部，　　　(2)管理部门，　　　(3)会计部门。

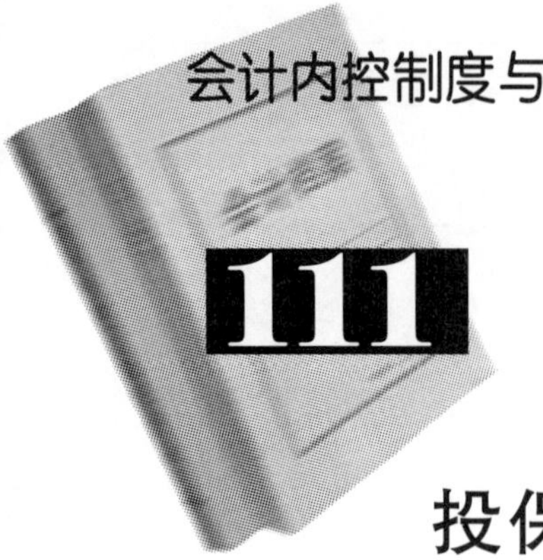

投保物变动(续保)通知单

本单编号：　　　　　　　　　　　　　　　　　　填单日期：　　年　　月　　日

固定资产统一编号	保险标的物	规格			原保险公司	原投保			变动后(续保)			异动说明
			号码	起讫日期		区域	数量	金额	区域	数量	金额	

经办部门			审核部门			申请部门			
经理	复核	经办	总经理	会计	安全工程师	经理	厂处长	科长	经办

一式三联：(1)财务部→保险公司，　　　(2)管理部门，　　　(3)会计部门。

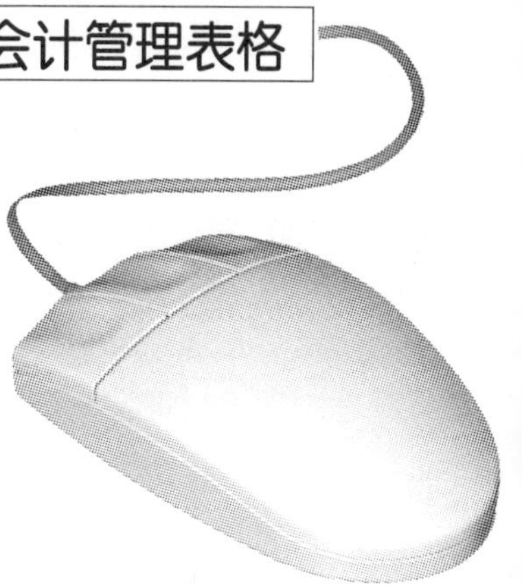

112

在建工程明细表

单位： 年度

项　　目	金额	项　　目	年初数	年末数
在建工程年初数		1. 未完建筑工程		
加:本年投入在建工程支出		(1)		
(1)购入工程用料		(2)		
(2)购入工程需要安装设备		(3)		
(3)购入不需要安装设备		2. 未完安装工程		
(4)建筑工程支出		(1)总装车间设备安装		
(5)安装工程支出		(2)		
(6)预付工程价款		(3)		
(7)工程管理费		3. 待转已完工程		
本年支出合计		4. 待安装工程		
减:本年已完工程转出数		5. 工程用料合计		
本年其他转出数		6. 预付工程价款		
本年转出数合计		7. 待摊工程价款		
在建工程年末数		合　计		

113 投资计划概算修正比较表

工程名称：　　　　　　　　　　　　　　　　　　　　　　　　年　　月　　日

项 目	原工程计划				修正后工程计划				差　异		
	预算编号	工程名称	数量	金额	预算编号	工程名称	数量	金额	数量	规格	金额
修正说明											

总经理：　　　　　财务经理：　　　　　主管：　　　　　制表：

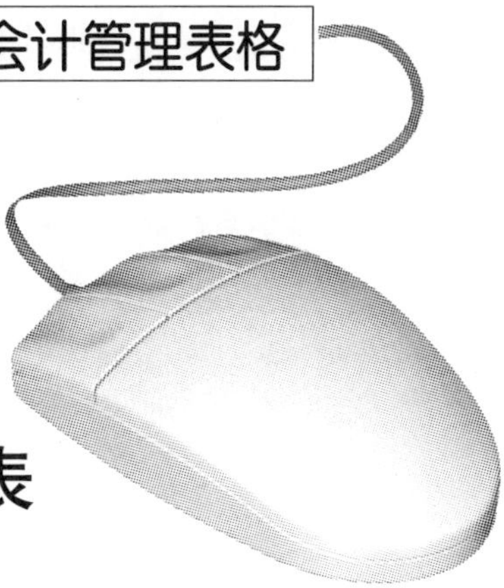

114

无形资产及其他资产表

单位:元　　　　　　　　　　　　　　　　　　　　　　　　　　　　年度

项　　目	年初余额	本年增加	本年摊销	本年减少	年末余额
无形资产 　场地使用权 　工业产权及专有技术 　其他无形资产 　无形资产合计 　其他资产 　开办费 　筹建期间汇兑损失					
递延投资损失					
其他投资支出					
其他资产合计					
无形资产及其他资产总计					

115

短期投资项目明细表

项　　目	期初余额	本期增加数	本期减少数	期末余额
一、股权投资合计				
其中：股票投资				
二、债券投资				
其中：国债投资				
其他债券				
三、其他投资				
合　计				

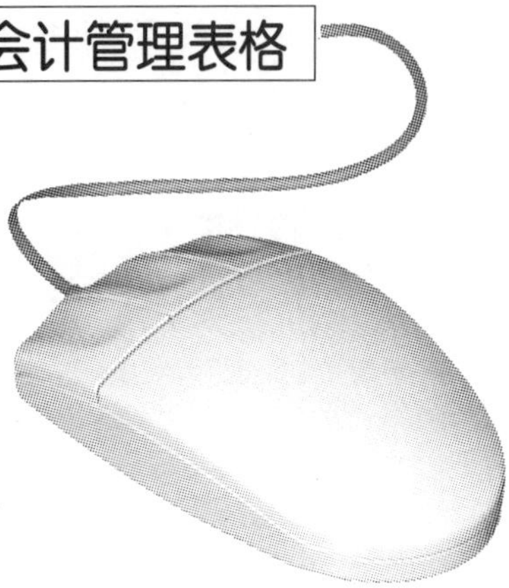

116

短期投资收益分析表

投资名称及说明	投资类别			投资处理			收益状况	
	价格	数量	金额	价格	数量	金额	投资期	收益率
小　　计								

财务总监：　　　　财务经理：　　　　主管：　　　　制表：

117

长期投资项目明细表

项　　目	期初余额	本期增加数	本期减少数	期末余额
一、长期股权投资				
其中:对子公司投资				
对合营企业投资				
对联营企业投资				
二、债券投资				
其中:国债投资				
三、其他投资				
合　　计				

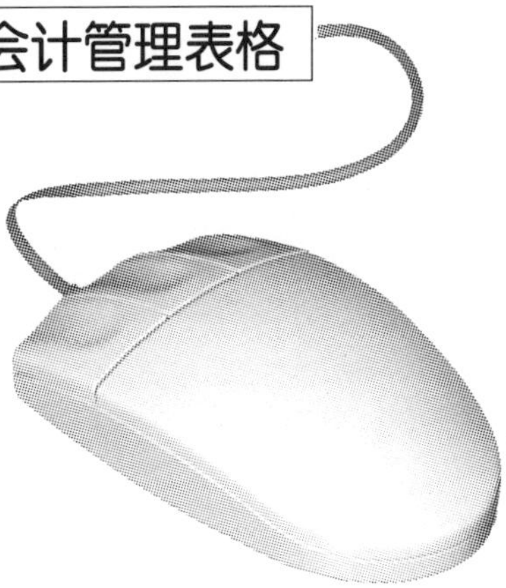

118

长期投资项目管理卡

投资编号			投资名称	
项目进度				

收益状况分析	年度及说明	年	年	年	年	年	年
	实际增加收益						
	实际投资金额						
	净收益						
	预计净收益						
	累计净收益						
	预计投资额						
	累计投资额						
	差　　额						

财务经理：　　　　　　主管：　　　　　　制表：

119

长期投资方案绩效评价表

投资编号	投资名称	收回期间	估计投资金额	实际投资金额	预计应收回金额	实际收回金额	预计收益率		原因
							预计	修正	
小　计									

财务总监：　　　　财务经理：　　　　主管：　　　　制表：

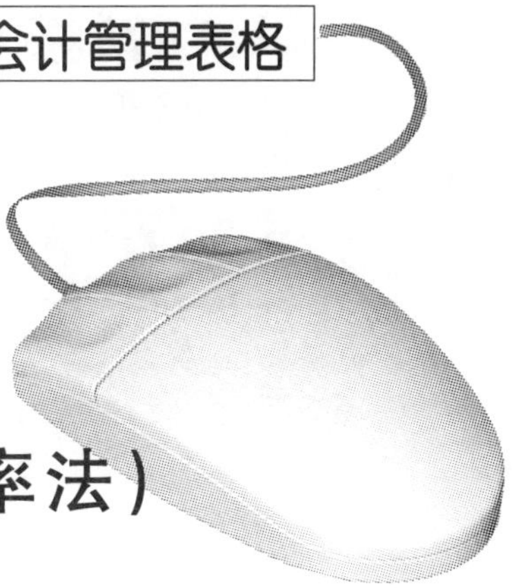

120

债券溢价摊销表(实际利率法)

计息日期	应收利息	利息收入	溢价摊销	未摊销溢价	面值和未摊销溢价之和
	1 = 面值 × 票面利率	2 = 上一期 5 × 实际利率	3 = 1 - 2	4 = 上一期 4 - 3	5 = 上一期 5 - 3
合　计					

121

有价证券登记册

证券种类：

发行单位	发行年度	期次	面额	利率	张数	号码		合计金额		入库依据	兑换日期			兑换本息		
						起	止				年	月	日	本金	利息	合计

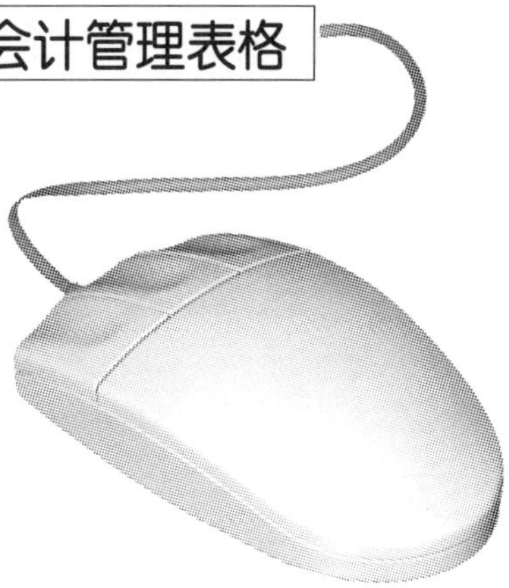

122

筹资成本分析表

单位：

项　　目	年	年	年	差异
权益筹资				
负债筹资				
筹资总额				
息税前利润				
减:利息				
税前利润				
减:所得税				
税后利润				
减:应提特种基金				
提取盈余公积				
本年可分配利润率				
本年股本利润率				
本年负债筹资成本率				

财务经理：　　　　　　　　主管：　　　　　　　　制表：

123

发行股票申请书

年　月　日

<table>
<tr><td colspan="3">企业名称</td><td colspan="2">（盖章）</td><td colspan="2">负责人姓名</td><td colspan="2"></td></tr>
<tr><td colspan="3">地　　址</td><td colspan="2"></td><td colspan="2">电　　话</td><td colspan="2"></td></tr>
<tr><td colspan="3">企业性质</td><td></td><td>职工人数</td><td></td><td>银行账号</td><td colspan="2"></td></tr>
<tr><td colspan="3">工商登记证字号</td><td colspan="2"></td><td colspan="2">批准日期</td><td colspan="2"></td></tr>
<tr><td colspan="3">企业注册资金额</td><td colspan="2"></td><td colspan="2">自有资金总额</td><td colspan="2"></td></tr>
<tr><td colspan="3">上级主管部门</td><td colspan="6"></td></tr>
<tr><td colspan="3">申请发行额</td><td colspan="2">每股（张）面额</td><td colspan="2"></td><td colspan="2"></td></tr>
<tr><td rowspan="3">股
票</td><td colspan="8">股　股　元，　股　股　元</td></tr>
<tr><td rowspan="2">分配办法</td><td colspan="3">甲种：只计红利，不计利息</td><td colspan="4" rowspan="2">若经营失利，投资者共负有限经济责任，但以投资额为限</td></tr>
<tr><td colspan="3">乙种：股息年利率%，股息红利合计不超过投资额15%</td></tr>
<tr><td colspan="9">个人收入股息、红利按规定由企业代扣缴个人收入所得税调节税20%</td></tr>
<tr><td colspan="2">申请理由</td><td colspan="7"></td></tr>
<tr><td colspan="2">上级主管部门意见</td><td colspan="2">（盖章）</td><td>初审银行意见</td><td colspan="4">（盖章）</td></tr>
<tr><td colspan="2">分行复审意见</td><td colspan="2">（盖章）</td><td>银行主管处审批</td><td colspan="4">银（　）第　号
批准日期：______年____月____日</td></tr>
</table>

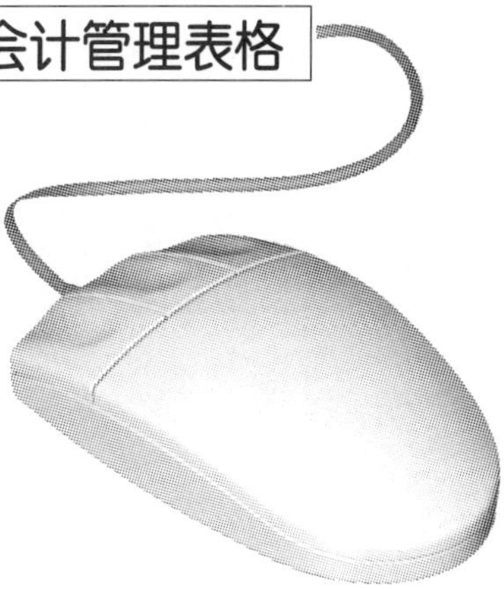

124

公司购料借款月报表

贷款银行：　　　　　　　　　　　　年　　月　　日　　　　　　　贷款额度：

供应商	请购单号码	品名	起讫日期		率（年息）	每月摊还金额						
			年月日	年月日		月	月	月	月	月	月	月
						本金						
						利息						
						本金						
						利息						
						本金						
						利息						
						本金						
						利息						
						本金						
						利息						
						本金						
						利息						
						本金						
						利息						
						本金						
						利息						

经理：　　　　　　　　　　　　科长：　　　　　　　　　　　　制表：

125

银行短期借款明细表

单位:千元　　　　　　　　　　　　　　　　截至　　年　　月　　日

序号	贷款银行	贷款种类	贷款额度	年率（利息）	期限	已动用额　度	尚可动用额　　度	备　注

经理：　　　　　　　　科长：　　　　　　　　制表：

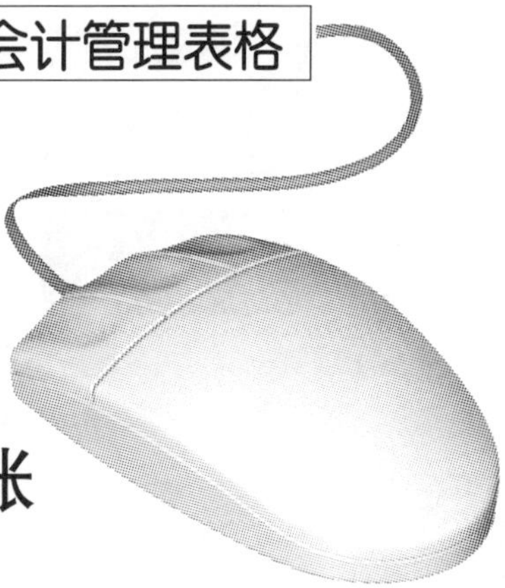

126

长短期借款明细分类账

银行名称： 年 月 日

日期			凭证号码	摘要	借款类别	抵押物内 签	借款金额	偿还日期	利率	偿还金额	结余金额	备 注

财务经理： 主管： 制表：

127

借款记录卡

银行名称：

约定偿还			摘　要	借款种类	抵押物	借款金额	偿还记录						备注
年	月	日					日期	金额	日期	金额	日期	金额	

财务经理：　　　　　　　　　　主管：　　　　　　　　　　制表：

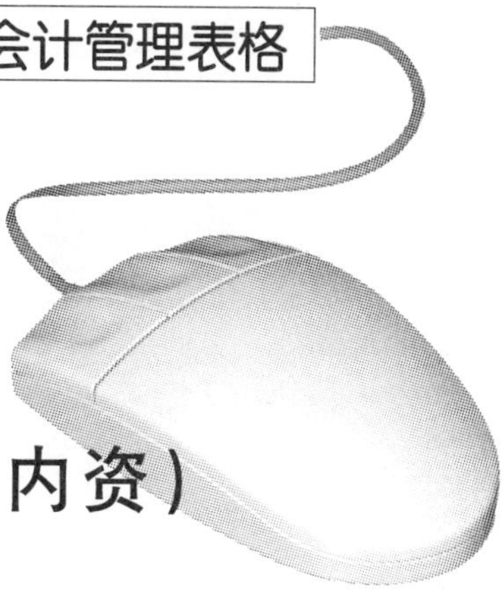

128

注册资本实收情况明细表(内资)

拟设立公司名称: 截至 年 月 日止 货币单位:

股东名称	认缴注册资本		实际出资情况							
									其中:实缴注册资本	
	金额	出资比例	货币	实物	无形资产	净资产	其他	合计	金额	占注册资本总额比例
合计										

会计师事务所:(公章) 中国注册会计师:(签章)

注册资本实收情况明细表(外资)

公司名称:　　　截至　　　年　　月　　日止　　注册资本币种:　　　　　货币单位:

股东名称	本期认缴注册资本金额	本期实际出资情况									
		货币		实物		无形资产		其他	合计(注册资本币种)	其中:实缴注册资本	
		原币金额	按注册资本币种折算的金额	原币金额	按注册资本币种折算的金额	原币金额	按注册资本币种折算的金额			金额	占本期认缴注册资本比例
合计											

会计师事务所:(公章)　　　　　　　　　　中国注册会计师:(签章)

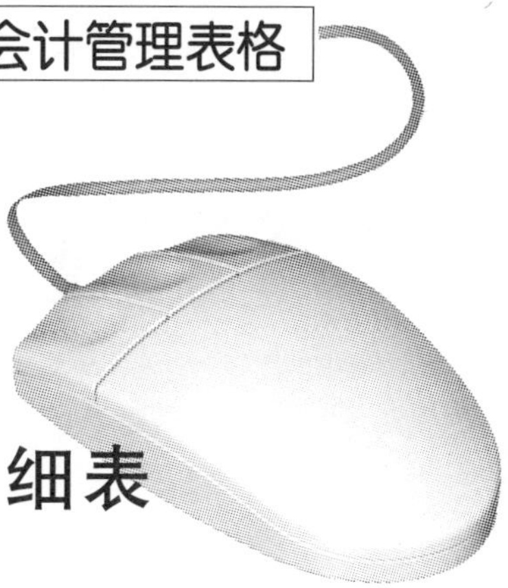

130

累计注册资本实收情况明细表

公司名称：　　截至　　年　　月　　日止　　注册资本币种：　　货币单位：

股东名称	认缴注册资本总额		前期累计实缴注册资金		本期实缴注册资本		累计实缴注册资本	
	金额	占注册资本总额比例	金额	占注册资本总额比例	金额	占注册资本总额比例	金额	占注册资本总额比例
合计								

会计师事务所：（公章）　　　　中国注册会计师：（签章）

131

新增注册资本实收情况明细表

公司名称：　　　　　　　　截至　　　年　　月　　日止　　　　　　　货币单位：

股东名称	认缴新增注册资本	实际新增出资情况						
		货币	实物	无形资产	净资产	其他	合计	其中：实缴新增注册资本
合　计								

会计师事务所：（公章）　　　　　　　　中国注册会计师：（签章）

132

注册资本变更前后对照表

公司名称：　　　　　　截至　　年　　月　　日止　　　　　　货币单位：

股东名称	认缴注册资本				实缴注册资本					
	变更前		变更后		变更前		本次增加额	变更后		
	金额	比例	金额	比例	金额	比例		金额	比例	
合　计										

会计师事务所：（公章）　　　　　　　　中国注册会计师：（签章）

133

员工薪资预算设定明细表

单位：　　　　　　　　　　　　　　　　　　　　　　　　　　　　　　年度

项别	人员给付编制			薪资							暂估			劳保费	合计
	类别	性别	人数	本薪	加班津贴	假日津贴	全勤奖金	效率奖金	其他	小计	年终资金	员工资金	小计		
直接人工	正式	男	人												
		女	人												
	临时	男	人												
		女	人												
	小计	男	人												
		女	人												
间接人工	正式	男	人												
		女	人												
	临时	男	人												
		女	人												
	小计	男	人												
		女	人												

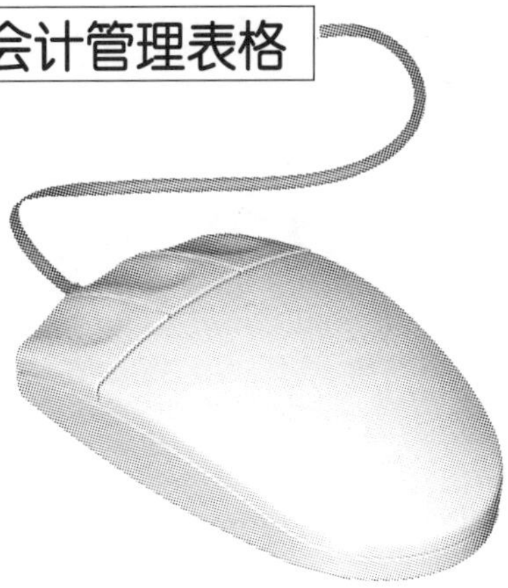

134

工资表(一)

部门：　　　　　　　　　　　　　　　　　　　　　　　　　　年　　月

编号	姓　名	应付工资			扣除款项							实发工资	签收
		标准工资	各项津贴合计		事假		病假		房租	水电费			
					天数	工资	天数	工资					
1													
2													
3													
4													
5													
6													
7													
8													
9													
10													
11													
12													
13													
14													
15													
16													
17													
18													
19													
20													
合　计													

135

工资表（二）

单位________　　　　　　　　　　　　　　　　年　　月　　日

姓　　名								小计	
应领薪资金额	基本工资								
	主管津贴								
	修护津贴								
	交通津贴								
	外调津贴								
	全勤奖金								
	绩效奖金								
	应付薪金								
应扣金额	个人所得税								
	劳保费								
	福利金								
	借　支								
	合　计								
实领金额									
伙食津贴									
误餐·值班费									
总　　计									
盖　　章									

核准：　　　　　　　　主管：　　　　　　　　制表：

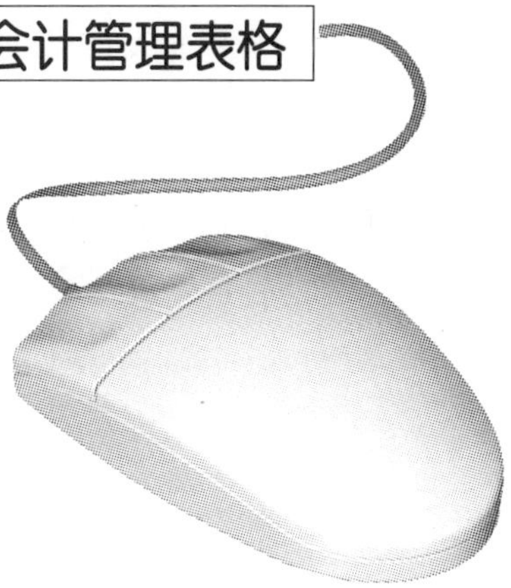

136

工资结算汇总表

部　　门	标准工资	各项补贴	应扣工资	代扣数	应发工资
合　　计					

137

升等资格条件表

职能资格 职等制度		升等资格条件									
		升等需要升级			升等最低年龄	升等条件					
		最低	标准	最高		初任学历		年资	训练	考核	推荐
阶层	职等										□
	9										□
	8										□
	7								□		□
	6										□
	5								□		□
	4								□		□
	3										□
	2										□
	1										□

审核：　　　　　　　　　　　　制表：

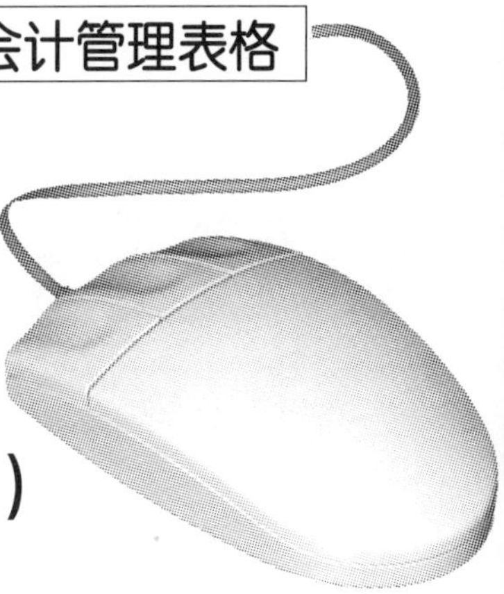

138

考绩评核表(一般人员)

评核项目	评核重点	评 分
服务 (约占30分)	(1)遵守作业规则及管理人员指示程度 (2)工作积极程度及工作接受程度 (3)是否有缺勤或无故迟到记录 (4)是否有浪费工作时间倾向	
贡献程度 (约占50分)	(1)业务处理完成能力 (2)处理业务时的尽责态度 (3)业务推动状况及效率程度 (4)提案建议能力	
协调能力 (约占20分)	(1)同事间及助手间的合作及协调性 (2)业务开始至完成有没有疏忽 (3)处理业务时是否逃避或推诿责任 (4)是否故意妨碍或扰乱他人业务	
负责程度 (约占20分)	(1)对于工作内容了解的详尽程度 (2)有没有因个人疏忽或判断错误而影响公司营运 (3)对于主管人员的指示是否详加研究及规划过 (4)是否以积极态度运用工作方法,面对工作内容	

139 考绩评核表（事务职员）

评核项目	评核重点	评　分
服务 （约占 30 分）	(1)遵守作业规则，致力于日常业务的程度 (2)工作积极程度及工作接受程度 (3)是否有缺勤或迟到记录 (4)是否有浪费工作时间倾向	
贡献程度 （约占 30 分）	(1)实际业务达成状况同预定目标的差距程度 (2)是否充分利用建档制度（业务完成后资料整理） (3)业务跟踪报告的准确程度 (4)专业能力的进步程度	
执行能力 （约占 30 分）	(1)业务处理能力及完成速度 (2)业务完成效果 (3)业务执行有没有半途而废的倾向 (4)推动业务时能否充分利用有效资源	
协调能力 （约占 20 分）	(1)同事间及助手间的合作及协调性 (2)业务开始至完成有没有疏忽 (3)处理业务时是否逃避或推诿责任 (4)是否故意妨碍或扰乱他人业务	
负责程度 （约占 15 分）	(1)对于工作内容了解的详尽程度 (2)有没有因个人疏忽或判断错误而影响公司营运 (3)对于主管人员的指示是否详加研究及规划过 (4)是否以积极态度运用工作方法，面对工作内容	

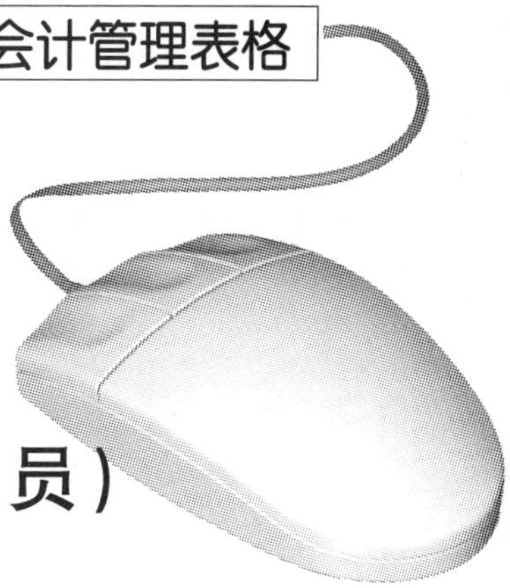

140

员工考绩评分表(一般人员)

评核项目 姓名	服务（30%）					贡献程度（50%）					协调能力（20%）					负责程度（20%）					合计	评分等级		
	1	2	3	4	小计	1	2	3	4	小计	1	2	3	4	小计	1	2	3	4	小计		第一次	第二次	第三次

141

员工考绩评分表(事务人员)

评核项目 姓名	服务 （30%）					贡献程度 （50%）					协调能力 （20%）					负责程度 （20%）					合计	评分等级		
	1	2	3	4	小计	1	2	3	4	小计	1	2	3	4	小计	1	2	3	4	小计		第一次	第二次	第三次

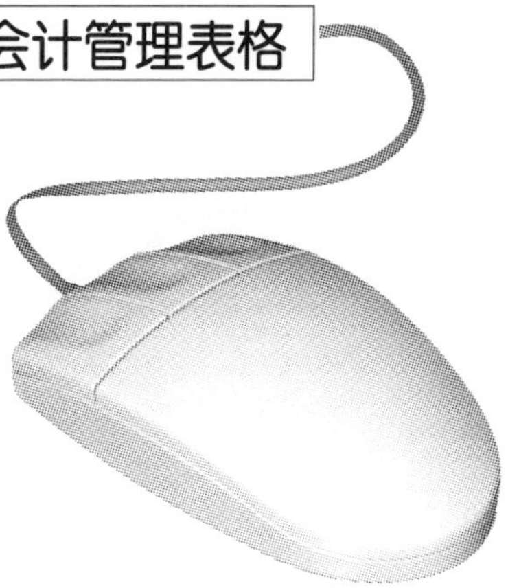

142

考　绩　表

<table>
<tr><td>部　门</td><td></td><td>编　号</td><td></td><td>姓　名</td><td></td></tr>
<tr><td>开始工作日　期</td><td></td><td>主要工作</td><td colspan="3"></td></tr>
<tr><td>项　目</td><td>内　容</td><td>评　分</td><td colspan="3">出勤记录</td></tr>
<tr><td rowspan="5">绩效（25%）</td><td>目标达成度</td><td></td><td colspan="3" rowspan="4"></td></tr>
<tr><td>工作质量</td><td></td></tr>
<tr><td>工作方法</td><td></td></tr>
<tr><td>进度快慢</td><td></td></tr>
<tr><td>绩效成长率</td><td></td><td>评　分</td><td colspan="2"></td></tr>
<tr><td rowspan="5">能力（25%）</td><td>领导力</td><td></td><td colspan="3" rowspan="4"></td></tr>
<tr><td>企业能力</td><td></td></tr>
<tr><td>应变能力</td><td></td></tr>
<tr><td>实行力</td><td></td></tr>
<tr><td>判断力</td><td></td><td>评　分</td><td colspan="2"></td></tr>
<tr><td rowspan="5">品德（25%）</td><td>人际关系</td><td></td><td colspan="3" rowspan="5">主管人员的评语</td></tr>
<tr><td>协调性</td><td></td></tr>
<tr><td>纪律</td><td></td></tr>
<tr><td>是否受下属尊重</td><td></td></tr>
<tr><td>对公司态度</td><td></td></tr>
<tr><td rowspan="5">学识（25%）</td><td>原理知识</td><td></td><td colspan="3" rowspan="6">总经理核示</td></tr>
<tr><td>专业知识</td><td></td></tr>
<tr><td>进取心</td><td></td></tr>
<tr><td>发展潜力</td><td></td></tr>
<tr><td>一般知识</td><td></td></tr>
<tr><td>合　计</td><td></td><td></td></tr>
</table>

143

绩效奖金评分表

自20　　年　　月　　日至20　　年　　月　　日　　　　　　　　　　评分者：

所属部门	姓名	职务	成绩进步的程度、分数	工作努力的程度、分数	合计	减分数	差额分数	审评

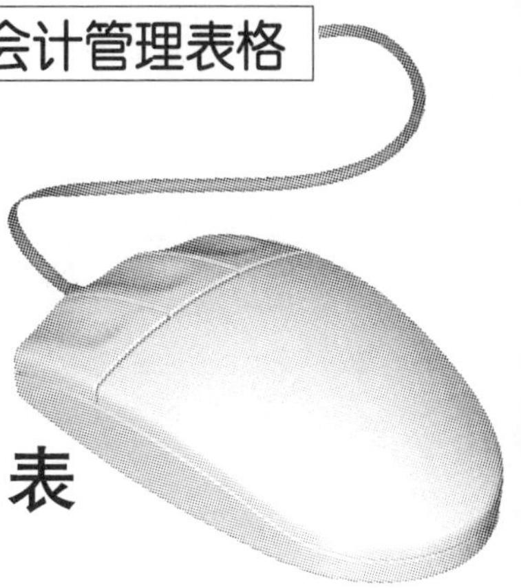

144

考查所定奖金评分决定表

年 月 日

所属部门	姓名	职务	(A)成绩进步的程度				(B)工作努力的程度				总平均(A+B)1/2	减分	审评	总经理决定	备注
			所属部门	人事部门	总经理	平均	所属部门	人事部门	总经理	平均					

145

奖金综合计算表

总经理		人事部门负责人		部门经理	

年　　月　　日

所属部门	姓名	职务	基本工资	不同种类得分			金额	特别附加工资	上期支付额	备考	
				定额	考查	小计					

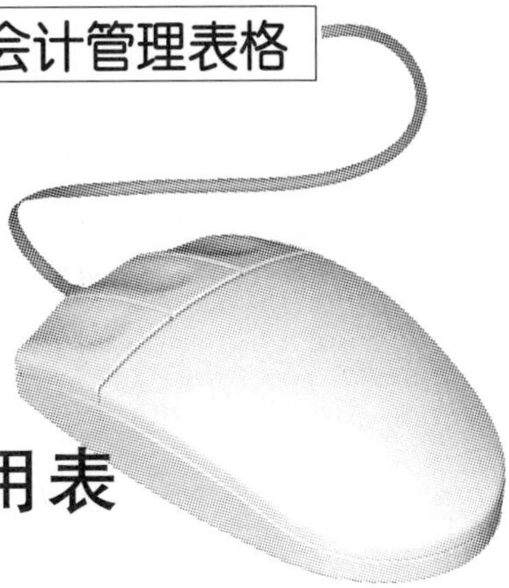

146

按工资总额提取各项费用表

年 月 日

项目 应借科目	工资总额	职工福利费14%	工会经费2%	职工教育费1.5%	退休统筹金19%	医疗统筹金6%	失业统筹金6%	住房公积金8%	合计
基本生产成本									
制造费用									
辅助生产成本									
管理费用									
销售费用									
在建工程									
合计									

147 直接人工与制造费用月报表

项目		本月		预算数		说明事项
		金额	%	金额	%	
直接人工						
变动费用	电力费					
	包装费					
	其他间接物料					
	小计					
固定费用	间接人工					
	医药费					
	伙食费					
	劳工保险费					
	电气材料					
	消耗品					
	燃料					
	文具印刷					
	旅费					
	模具费					
	工具					
	租金					
	保险费					
	水电费					
	折旧费用					
	杂费					
	小计					
制造费用合计						

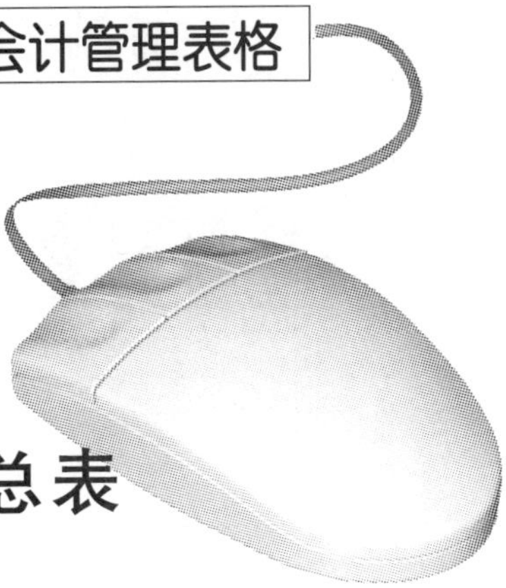

148

制造费用(直接人工)汇总表

年 月

子 目	成 本 中 心								备 注
合 计									

主管： 复核： 制表：

149

制造费用对比表

年　　月　　日

费用项目	本年计划数	上年同期实际数	本月实际数	本年累计数
工资及福利费				
折旧费				
修理费				
办公费				
水电费				
机物料消耗				
劳动保护费				
在产品盘亏、毁损				
停工损失				
其　他				
合　计				

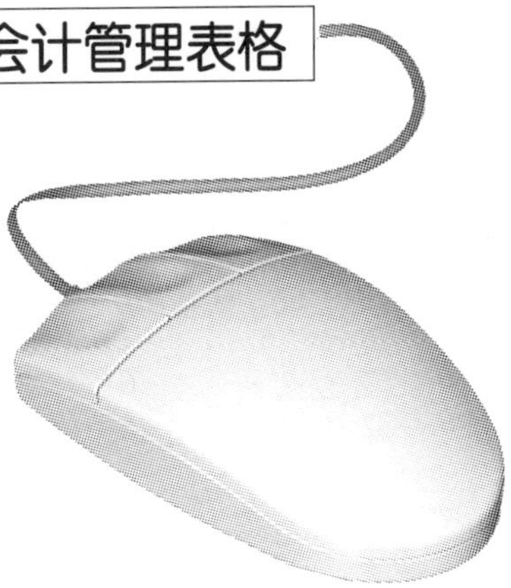

150

产品制造费用分析

年度

制造费用	1月		2月		3月		4月		5月		6月		合计		平均	
	金额	%	金额	%	金额	%	金额	%	金额	%	金额	%	金额	%	金额	%
间接人工																
间接材料																
文具印刷																
邮电费																
水电费																
动力费																
租　金																
保险费																
折　旧																
交际费																
修缮费																
杂　费																
合　计		100		100		100		100		100		100		100		100

200 万元
150 万元
100 万元
50 万元
1 2 3 4 5 6 7 8 9 10 11 12 月份

占销售额比率
10%
5%
1 2 3 4 5 6 7 8 9 10 11 12 月份

151

材料费用分配表

材料类别：

借方科目			耗用材料的分配					直接领用的原材料（元）	耗用原材料总额（元）
总账及二级科目	明细科目	子目	产量(件)	单位消耗定额（千克）	定额消耗用量（千克）	分配率	应分配材料费		
生产成本——直接生产成本	××产品 …… 小计	直接材料							
生产成本——辅助生产成本	供电车间 供热车间 小计	直接材料							
制造费用	基本车间	机物料消耗							
管理费用									
合　　计									

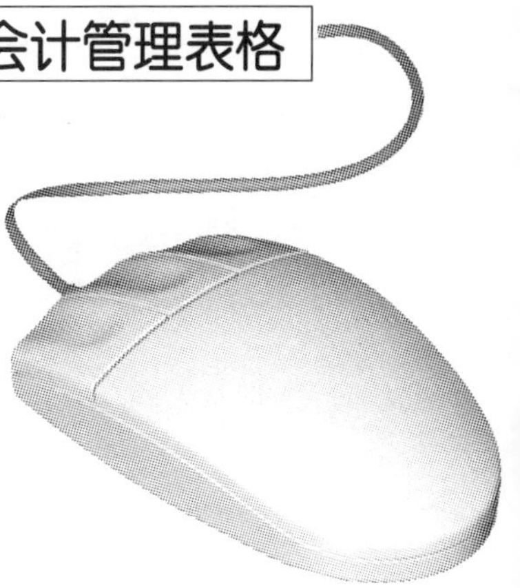

152

直接人工分配表

借方科目		工　资					职工福利费	
总账及二级科目	明细科目	分配标准（工时）	分配率	直接生产人员工资	管理人员工资	工资合计	除奖金外的工资	福利费
生产成本——基本生产成本	××产品 …… 小计							
生产成本——辅助生产成本	…… 供电车间 供热车间							
制造费用	基本车间 供电车间 供热车间							
管理费用								
合　计								

153

制造费用分配表

借方科目	生产工时(小时)	分配率	分配金额
生产成本——基本生产成本 ——××产品 ——××产品 ……			
合　计			

154

辅助生产费用分配表(直接分配法)

年　　月

项　　目		生产成本——基本生产成本			制造费用（基本车间）	管理费用	合计
		××产品	××产品	小计			
供电车间	耗用量(度)						
	分配率(元/度)						
	金额(元)						
供热车间	耗用量(吨)						
	分配率(元/吨)						
	金额(元)						
合　　计							

155

辅助生产费用分配表（交互分配法）

编制单位： 年 月 单位：元

项目			交互分配			对外分配		
			供电（热）车间	机修车间	合计	供电（热）车间	机修车间	合计
待分配费用								
供应总量								
费用分配率								
供（电）热车间耗用		数量						
		金额						
机修车间耗用		数量						
		金额						
制造费用	甲车间	数量						
		金额						
	乙车间	数量						
		金额						
管理费用		数量						
		金额						
销售费用		数量						
		金额						
合计								

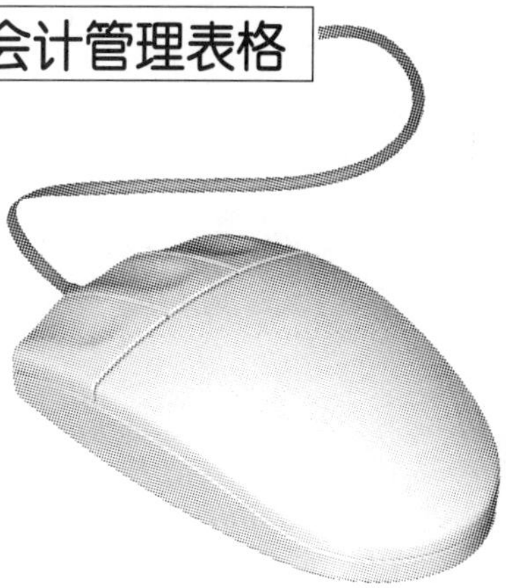

156

产品成本计算表

产品名称： 年 月 产品数量：

成本项目	月初在产品成本	本月生产成本	生产成本合计	产成品成本		月末在产品成本
				总成本	单位成本	
直接材料						
直接人工						
燃料和动力费						
制造费用						
合 计						

157

成本汇总计算表

编制部门：　　　　　　　　　　　　　　　　　　　　　　　单位:元

品名规格	单位	产量	直接材料		直接人工		制造费用		制造成本	
			单位成本	总成本	单位成本	总成本	单位成本	总成本	单位成本	总成本

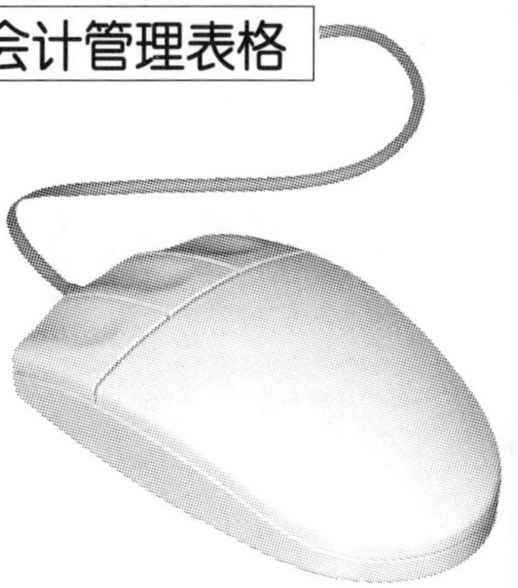

158

产品标准成本表

规格、型号	标准损耗率	直接材料			直接人工			制造费用			单位产品标准成本
		用量标准	标准价格	标准成本	用量标准	标准价格	标准成本	用量标准	标准价格	标准成本	

批准：　　　　复核：　　　　制表：

159

标准成本资料卡

产品名称：　　　　　　　　　　　　　　　　　　　　标准设定日期：

原料	代号	数量	标准单价	一部门	二部门	三部门	四部门	合计
	合　　计							
原料	作业编号	标准工时	标准工资/小时					
原料	标准工时	标准分摊/人工小时						
每单位制造成本合计								

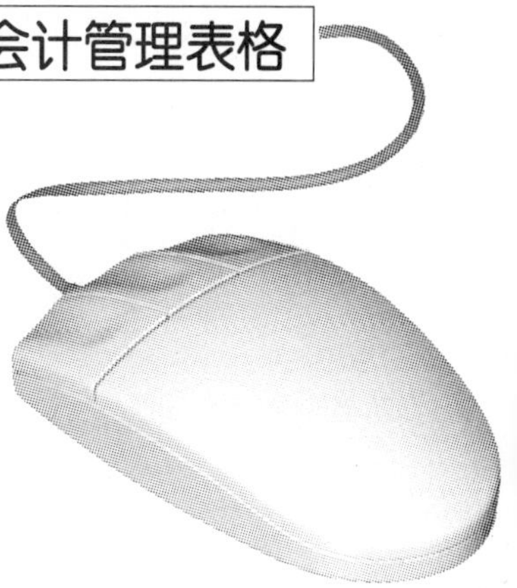

160

生产成本核算表

制造号码:__________ 制造完工日期:__________ 缴库通知编号:__________

产品名称:__________ 规格:__________ 出产数量:__________ 单位:__________

耗用原料直接原料	原料名称	规格	领料单号码	单位	数量	单价	金额	耗用物料直接物料	原料名称	规格	领料单号码	单位	数量	单价	金额
	合计								合计						

直接人工					已分配制造费用			成本汇计	单位成本		
制造单位	日期	工时数	工资率	金额	工时数	分摊率	金额	项目	数量	金额	备注
								直接原料			
								直接物料			
								直接人工			
								已分配制造费用			
合计								合计			

缴库记录			出货记录				备注	
缴库日期	缴库单号	缴库数量	日期	厂商	发票号码	数量		

经理: 会计: 制表:

161

产品成本记录表

制造号码：__________

产品名称规格				生产数量					生产日期			
直接材料						直接人工				制造费用		
日期	领料单号	原物料	单价	数量	金额	日期	凭证号码	部门	金额	日期	凭证号码	金额

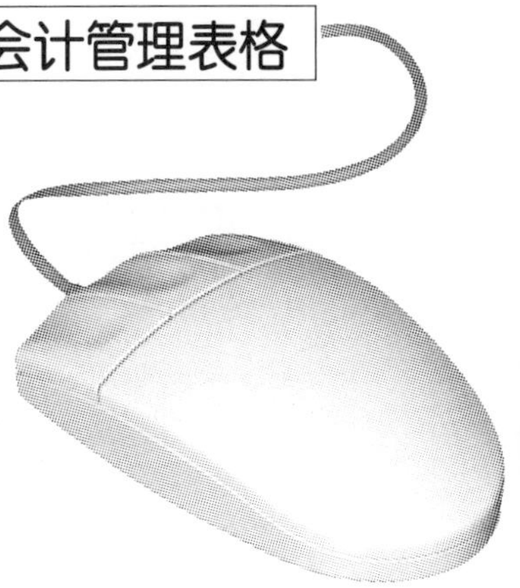

162

产品成本控制表

客户名称	产品名称规格	订购数量	完工数量	出口条件

销货	售货价格		其他扣除金额	净价		标准单价	备注
	单价	总价		单价	总价		

原料成本	说明	单价		数量		金额		单位成本		备注
		实际	标准	实际	标准	实际	标准	实际	标准	
	合计									

物料成本	说明	单价		数量		金额		单位成本		备注
		实际	标准	实际	标准	实际	标准	实际	标准	
	合计									

直接成本	说明	裁剪印刷		熔制		品格		包装		合计		备注
		实际	标准	实际	标准	实际	标准	实际	标准	实际	标准	
	合计											

利润	说明	制造费用		制造成本		毛利		销售费用	备注
		实际	标准	实际	标准	实际	标准		
	本批成本利润								
	单位成本利润								

汇总	说明	本批成本	单位成本		%		备注说明	
			实际	标准	实际	标准		
	净值							
	原料							
	物料							
	员工工资							
	制造成本							
	毛利							
	净利							

163

产品生产完工报告单

1. 品　　名__________　　2. 生产数量_________　　3. 生产日期______至______

4. 原料耗用记录　　领退料单号码__________　　制造单号码____________

项目	标准规格	标准用量	发料规格	实发数量	项目	标准规格	标准用量	发料规格	实发数量
					合作	胶布	码		

5. 原料超过数量，原因：

6. 物料耗用记录　　领退料单号码____________

印刷包装费	实际用量	标准用量	实际成本	标准成本	一般物料	实际用量	标准用量	实际用量	标准成本
合计				合计					

注：本报告单一式两联，一联存生产管理，一联送经理室。

7. 工时耗用记录

工作类别	耗用工时	标准工时	实发工资	标准工资	工作类别	耗用工时	标准工时	实发工资	标准工资
					合计				

8. 品质记录

修补数量	修补比率	不良原因分析		
		A 占%	B 占%	C 占%

厂长：　　科长：　　制表：

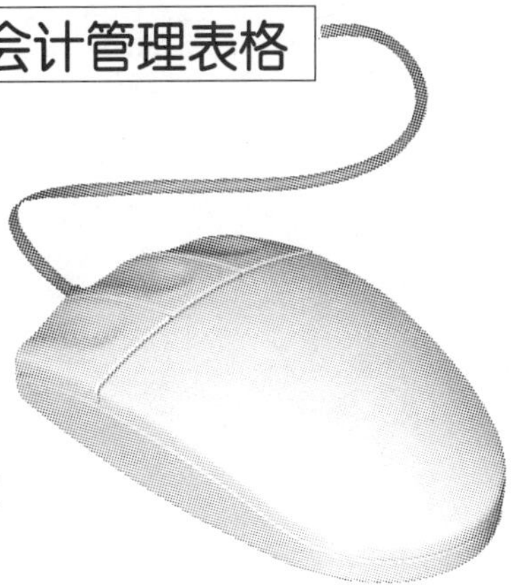

164

产品综合成本比较表

产品类别 / 成本项目										
		金额	%	金额	%	金额	%	金额	%	金额	%
销售金额											
原料成本											
物料成本											
人工成本											
制造费用											
制造成本											
毛　利											
销售数量											
单位成本	单　价										
	原料成本										
	物料成本										
	人工成本										
	制造费用										
	制造成本										
	毛　利										
总附加价值											
单位附加价值											

165

成本分析表

生产通知号码	产品名称	生产数量	原料成本			物料成本		人工成本		制造费用		售价	毛利	
			估计	实际	差异%	估计	实际	估计	实际	估计	实际		估计	实际
合　计														

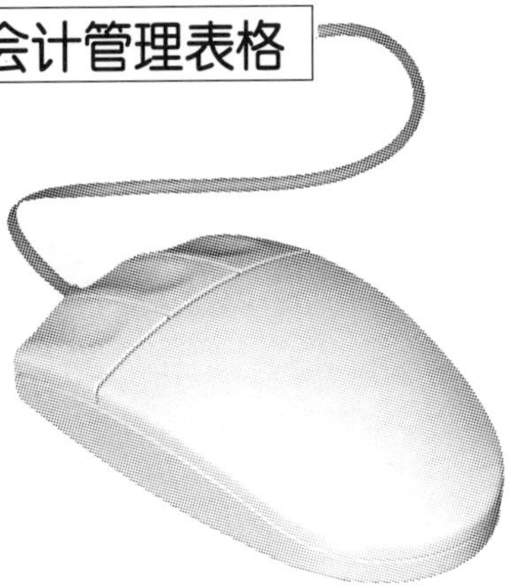

166

成本中心责任报告

项目	预算	实际	超支(节约)
第一车间可控成本			
变动成本			
直接材料			
直接人工			
变动制造费用			
变动成本合计			
固定成本			
固定制造费用			
合计			
制造部可控成本			
第一车间			
变动成本			
固定成本			
小计			
第二车间			
变动成本			
固定成本			
小计			
制造部其他费用			
合计			
公司可控成本			
制造部			
行政部			
销售部			
总计			

167

销售费用设定表

单位名称：　　　　　　　　　　　　年度　　　　　　　　　　　　单位:元

科目明细		年实际发生数	年费用额	各月费用拟订数											
				一月	二月	三月	四月	五月	六月	七月	八月	九月	十月	十一月	十二月
变动费用	外销费用														
	内销费用														
	小计														
内销费用	用人费用														
	间接人工														
	教育训练费														
	服装费														
	设备费用														
	折旧														
	修护费														
	保险费														
	税金														
	租金支出														
	事务费用														
	交际费														
	邮电费														
	交通费														
	文具印刷														
	杂项购置														
	旅费														
	伙食医药费														
	水电杂项														
	其他费用														
	广告费														
	呆账损失														
	样品赠送														
	其他														
	小计														
合计															

168

销售费用分配表

年 月

费用别	甲类产品销售费用	乙类产品销售费用	丙类产品销售费用	其他销售费用	总 计
销售员薪金					
佣金					
旅费					
广告					
运费					
税金					
职员薪金					
文具用品					
邮电费					
水电费					
房租					
折旧					
合计					

其他销售费用分配	费用类别	甲类产品分摊	乙类产品分摊	丙类产品分摊	合 计	分摊原则
	合 计					
总 计						

169

管理费用设定表

单位名称：　　　　　　　　　　　　　　　　　　　　　　　　　　　　单位:元

科目明细	年实际发生数	年费用额	各月费用拟订数											
			一月	二月	三月	四月	五月	六月	七月	八月	九月	十月	十一月	十二月
用人费用														
间接人工														
训练及服装费														
设备费用														
折旧														
修护费														
保险费														
税金														
租金支出														
事务费用														
交际费														
邮电费														
交通费														
书报杂志														
杂项购置														
旅费														
伙食费														
医药费														
水电费														
运费														
杂费														
其他费用														
董监报酬														
劳务报酬														
自由捐赠														
各项摊提														
总管理处分摊费用														
合　计														

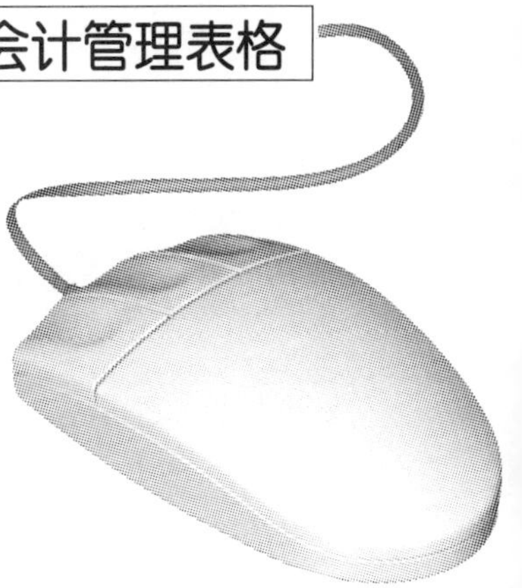

170

管理费用登记表

年　　日　　　　　　　　　　　　　　　　　　　　　　　　　　　　第　　页

日期		凭证号码	工资	文具印刷	邮电费	税款	水电费	劳保费	员工福利	房租	折旧	广告费	交通费	交际费	捐赠	杂费	总计
月	日																

171

研究开发费报告表

研究项目：　　　　　　　　　　　　年　　月　　日　　　　　　　　　　　单位：元

区分			预定	实际	累计预定	累计实际	差异
直接费用	材料费	试验材料费					
		消耗工具器具费					
		消耗品费					
		燃料费					
		小计					
		工资					
		津贴					
		奖金					
		杂费					
		员工福利费					
		卫生费					
		退休基金					
		小计					
		管理费					
		修缮费					
		旅费交通费					
		通信费					
		交际费					
		会议费					
		会费					
		事务消耗品费					
		图书报纸费					
		杂费					
		小计					
间接费用	管理费	水电费					
		搬运费					
		租赁费					
		保险费					
		折旧费					
		销售税金及附加					
		小计					
总计							

复核：　　　　　　　　　　　　制表：

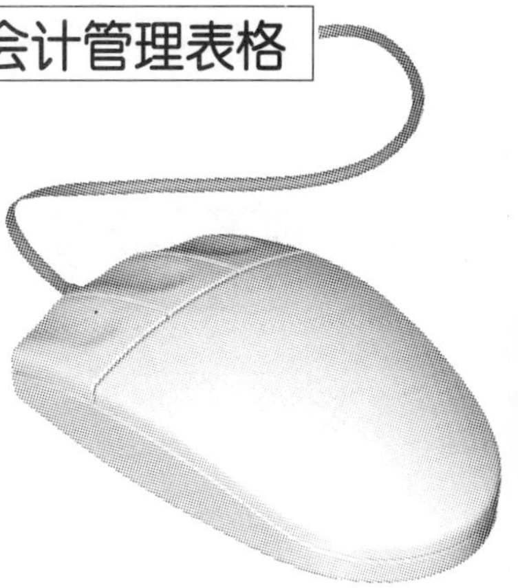

172

会议费用管理表

会议名称	关系部门	开　　支	使用目的	召开次数

173

基础退休金支付率表

工作年数	支付率	工作年数	支付率	工作年数	支付率
1		13		25	
2		14		26	
3		15		27	
4		16		28	
5		17		29	
6		18		30	
7		19		31	
8		20		32	
9		21		33	
10		22		34	
11		23		35	
12		24		每工作一年,增加2.8分	

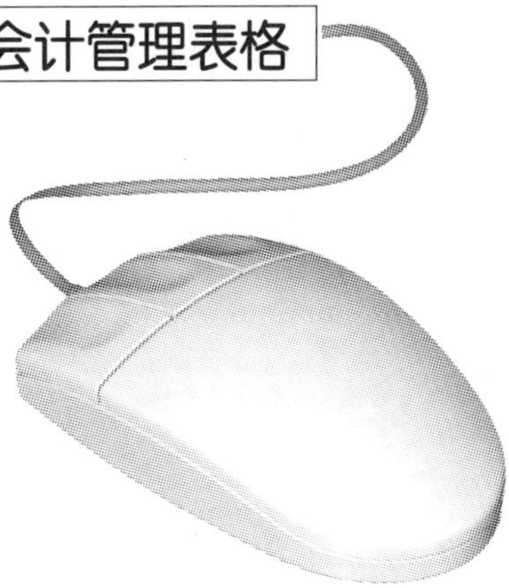

174

财务费用设定表

单位:元　　　　　　　　　　　　　　　　　　　　　　年度

科　　目	年实际发生数	年费用额	各月费用拟订数											
			一月	二月	三月	四月	五月	六月	七月	八月	九月	十月	十一月	十二月
利息支出														
损失汇总														
手续费														
其他支出														
抵减项目														
利息收入														
汇兑收益														
合　计														

175

财务费用登记表

年　　月

借款别	债权人	利率	借款余额		利息支出						财务费用分摊				
			金额	时间	本月份				累计数		分摊单位	本月份		累计数	
					日数	日息	金额	%	金额	%		金额	%	金额	%
合　计								100		100		100		100	
说明															

董事长：　　　　总经理：　　　　会计：　　　　制表：

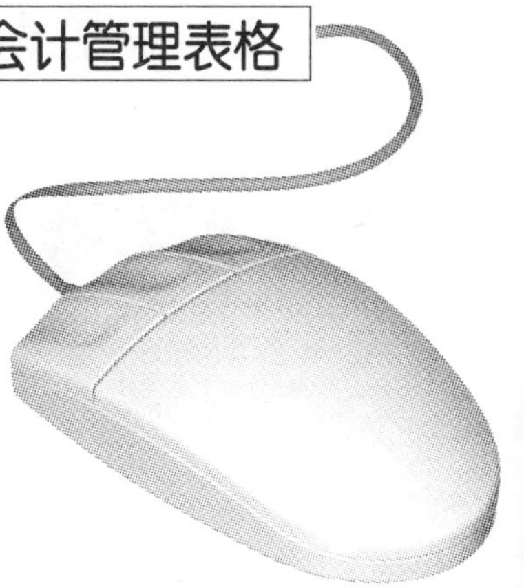

176

收入预计表

资料提供部门：　　　　　　　　　　　年　　月　　　　　　　　　　　单位：千元

项　目	金　额			备　注
	月份	月份	月份	
外销收入				＊本表由资料提供部门分别就有关项目填列，于每月 24 日前送会计部门。 ＊营业部门预计 3 次 3 个月营业额。 ______月______千元 ______月______千元 ______月______千元
内销收入				
现销				
票据兑现				
劳务收入				
退税收入				
其他收入				
财务收入				
其他				
合计				

经理：　　　　　　　　　　科长：　　　　　　　　　　制表：

一式两联：1. 自存，　2. 会计部门。

177

汇总销货日报表

单　位	(1) 昨日结存	(2) 本日销货			(3) 本日收款					(1)+(2)-(3)=(4) 本日结存
		实际销货	销项总额	合计	票据	现金	退货	折让	合计	
台北营业所										
××营业所										
××营业所										
××营业所										
××营业所										
××营业所										
合　计										

注:本日销货栏及本日收款栏:上半栏填当日销货金额,下半栏填当月累计金额。

核准:　　　　　　　　复核:　　　　　　　　制表:

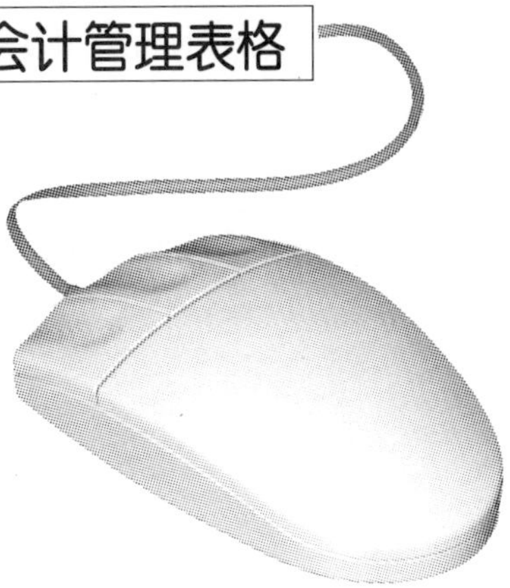

178

分部销货日报表

______营业所　　　　　　　　　　　　　　　　　年　　月　　日

销货单号	客户名称	型号	单位	数量	单价	金额	销项税额	应收款总额
	本日合计							
	本月累计							

第二联：营业所自存
第一联：送总公司

179

收款通知单

收款单位＿＿＿＿＿＿　　　　年　　月　　日　　　　编号＿＿＿字＿＿＿号

客户名称	销售单号码	摘　　要	金　　额	备　　注

收款记录	出票人	银行名称	账号	票据号码	到期日	金额	附　件
							付明　　张
							出纳科点收

副经理：　　　　　　　　科长：　　　　　　　　经手人：

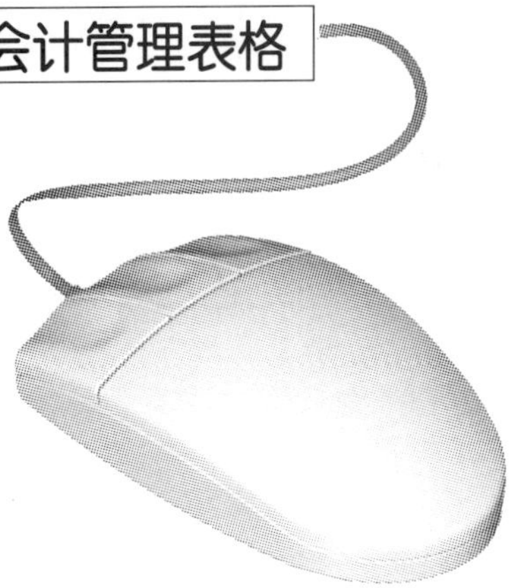

180

收款日报表(一)

总号:

分号:

单位:＿＿＿＿＿＿营业所　　　　年　　月　　日

客户名称	送货日期	送货单号码	收款性质(贷方科目)		✓	收款明细(借方科目)						
			销货收入	应收账款		现金	支票	付款行	支票号码	到期日	折让	退货
合计												

核准:　　　财务科:　　　营业所主管:　　　营业所会计:　　　填表人:

第一联:财务科，　第二联:营业所会计，　第三联:业务自存。

181

收款日报表(二)

项次	客户名称	货单号码	支票日期	付款银行名	票号	发票人或账号	收回金额								收款分析			备注
							十	万	千	百	十	元	角	分	发货天数	支票票期	利息	
合计																		

说明	1. 收款有折让应填写折让证明单并呈请主管批准后与本表并交会计单位。 2. 本表应连同货款先送会计单位办妥手续再交有关单位人员。 3. 私户支票及客票应由付给人盖章(店章或私章)背书。	今日收款核计	应收款 票据 现金 折让 其他 实收

经理： 科长： 会计： 出纳： 经办人：

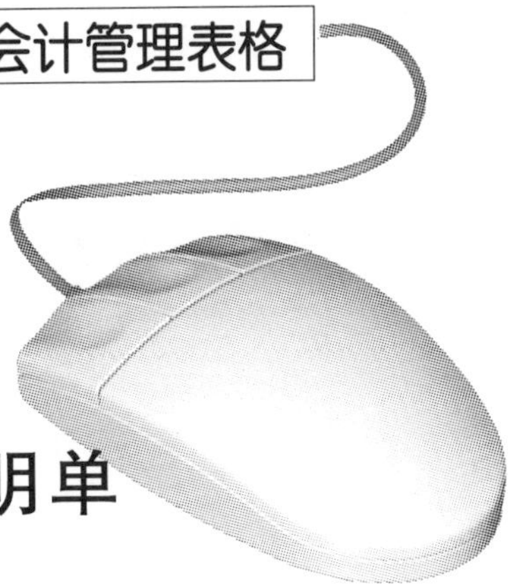

182

进货退出及索取折让证明单

No.

<table>
<tr><td rowspan="2">销货单位</td><td colspan="2">全　称</td><td colspan="4"></td></tr>
<tr><td colspan="2">税务登记号</td><td colspan="4"></td></tr>
<tr><td rowspan="10">进货退出</td><td colspan="2">货物名称</td><td>单价</td><td>数量</td><td>货款</td><td>税额</td></tr>
<tr><td colspan="2"></td><td></td><td></td><td></td><td></td></tr>
<tr><td colspan="2"></td><td></td><td></td><td></td><td></td></tr>
<tr><td colspan="2"></td><td></td><td></td><td></td><td></td></tr>
<tr><td colspan="2" rowspan="2">货物名称</td><td rowspan="2">货款</td><td rowspan="2">税额</td><td colspan="2">要求</td></tr>
<tr><td>折让金额</td><td>折让税额</td></tr>
<tr><td colspan="2"></td><td></td><td></td><td></td><td></td></tr>
<tr><td colspan="2" rowspan="3"></td><td rowspan="3"></td><td rowspan="3"></td><td></td><td></td></tr>
<tr><td></td><td></td></tr>
<tr><td></td><td></td></tr>
<tr><td>退货或索取折让理由</td><td colspan="2">质量有疵

经办人：
单位签章：
年　月　日</td><td>税务征收机关签章</td><td colspan="3">经办人：

年　月　日</td></tr>
<tr><td rowspan="2">购货单位</td><td colspan="2">全　称</td><td colspan="4"></td></tr>
<tr><td colspan="2">税务登记号</td><td colspan="4"></td></tr>
</table>

本证明单一式三联：

第一联：征收机关留存，第二联：交销货单位，第三联：购货单位留存。

183

销货明细表

年　　月份

品　名	规　格	单　位	数　量	单位售价	销货金额	备　注

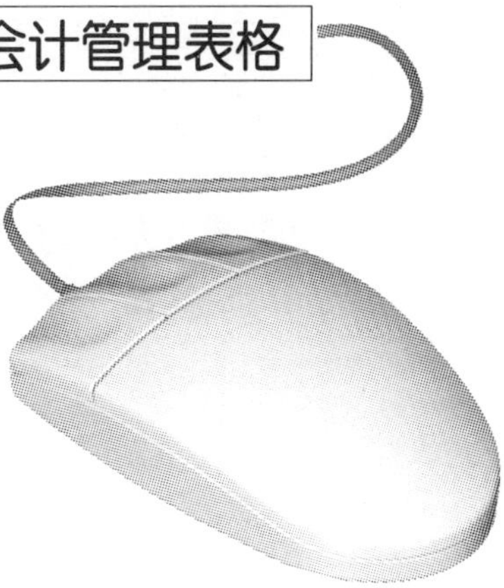

184

月份收款状况表

类别： 年 月

客户别	上期未收	本期应收	合计	收款记录			折让	退货待查	本期未收	备注	已清
合 计											

经理： 科长： 业务员：

185

营业分析月报表

项目 \ 单位	××所	××所	××所	××所	××所	××所	合计
营业总额							
销货退回							
销售折扣与折让							
营业净额							
毛利率							
营业量/人							
营业费用							
营业费用率							
营业费用/人							
营业费用/营业量							
本期净利							
本期净利/人							
应收账款							
应收账款率							
存货量							
存货额							
存货率							

核准：　　　　复核：　　　　制表：

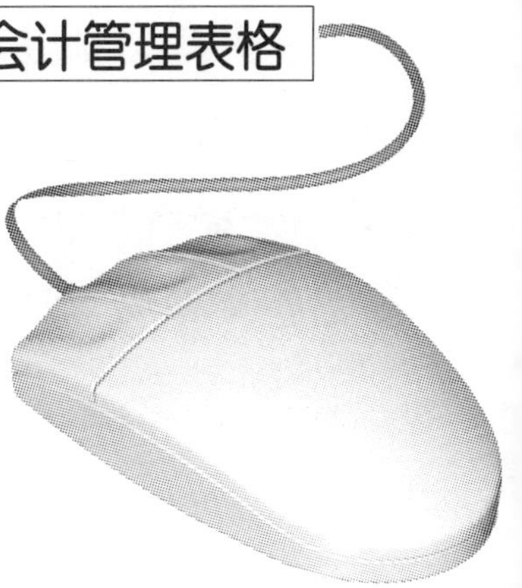

186

产销量变动分析表

单位:元

项　　目	产销量变动前	产销量变动后	变动额	变动率
销售额				
变动成本				
边际贡献				
固定成本				
息税前利润				
净利润				

代销商品结算清单

委托单位：　　　　　　　　　　　　年　　月　　日

品　　名	单位	数量	单价	金额	手续费 （代销金额×手续费率）	增值税额	应付委托 单位金额
合　　计							

受托单位：　　　　　　　　　　会计：　　　　　　　　　　制单：

188

各利润中心周转资金分析表

年　　月　　日

奖金类别 利润中心	A	B	C	D	E	F	G	合计
现　金								
应收账款								
应收票据								
成　品								
在制品								
原　料								
辅　料								
短期投资								
合　　计								

189 利润中心产销能力比较表

说明		计算式				
A	直接员工					
B	员工人数					
C	生产设备					
D	固定资产					
E	资本额					
F	营业额					
G	生产额					
H	每人生产额	G ÷ A				
I	每人营业额	F ÷ B				
J	资本劳动比	E ÷ A				
K	直接员工比	A ÷ B				
L	生产设备比	C ÷ B				

每人生产额	中心	资本劳动力比	中心	直接员工比	中心	生产设备比

190

利润中心财务状况比较表

说　明						
半成品存量						
制成品存量						
原料存量						
物料存量						
余废料存量						
应收账款						
应收票据						
合　计						
应付账款						
应付票据						
借　款						
合　计						

191

利润中心资金支出计划表

月份

项目＼金额＼中心						
材料款项						
直接人工支付						
制造费用						
资金支付						
短期借贷偿付						
固定资产添置						
利息支付						
合　　计						

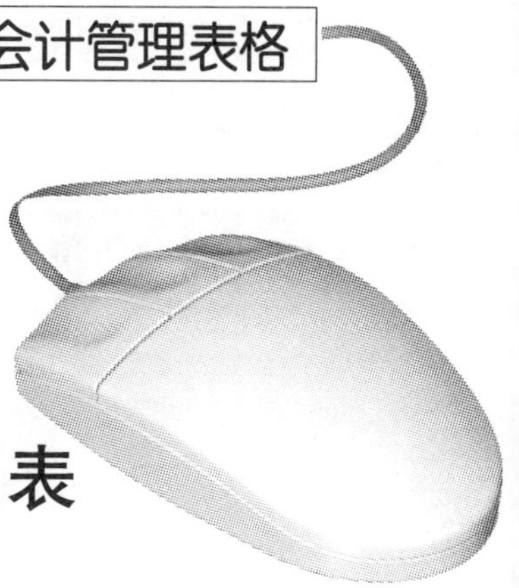

192

利润中心往来支出金额表

月份

日期		内部凭单号码	款　项					
月	日							

注:支付单位为负,收入单位为正。

193

利润中心损益表

说　明	合　计											
	金额	%	金额	%	金额	%	金额	%	金额	%	金额	%
销售额												
退回折让												
原料成本												
物料成本												
人工成本												
折　旧												
间接物料												
间接人工												
动力水电												
消耗费												
维修费												
劳保费												
制造费用												
制造成本												
上期半成品												
本期半成品												
本期制品成本												
上期成品												
本期成品												
销货成本												
毛　利												
销售费用												
净　利												

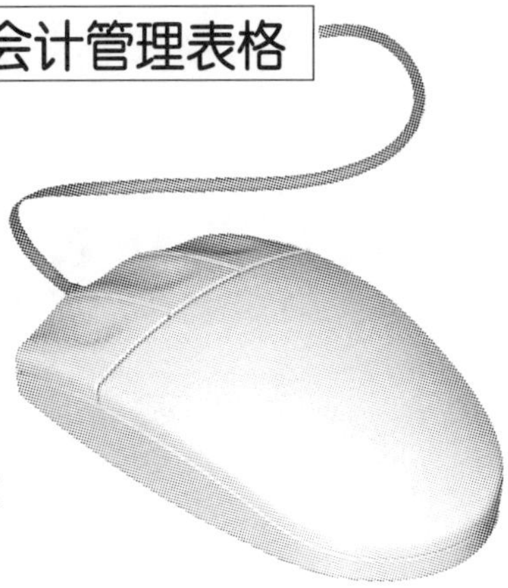

194

利润中心费用分摊表

月份

说明	分摊方式及标准										
		金额	%	金额	%	金额	%	金额	%	金额	%

195

利润中心奖金分配表

单位:__________营业所　　　　　　　　　　　　　年　　月至　　年　　月

<table>
<tr><th colspan="2">明　　细</th><th>金　　额</th><th>备　　注</th></tr>
<tr><td rowspan="4">本季净利</td><td>年　　月份净利</td><td></td><td></td></tr>
<tr><td>年　　月份净利</td><td></td><td></td></tr>
<tr><td>年　　月份净利</td><td></td><td></td></tr>
<tr><td>本年累计总净利</td><td></td><td></td></tr>
<tr><td colspan="2">弥补以前累计亏损</td><td></td><td></td></tr>
<tr><td colspan="2">本季可分配的净利</td><td></td><td></td></tr>
<tr><td colspan="2">减:呆账损失</td><td></td><td></td></tr>
<tr><td colspan="2">本利润中心实际损益</td><td></td><td></td></tr>
<tr><td colspan="2">本利润中心权益</td><td></td><td></td></tr>
<tr><td colspan="2">本利润中心实发奖金数</td><td></td><td></td></tr>
<tr><td colspan="2">本利润中心本次发放金额</td><td></td><td></td></tr>
<tr><td colspan="2">本利润中心本季保留奖金</td><td></td><td></td></tr>
<tr><td colspan="2"></td><td></td><td></td></tr>
<tr><td colspan="2"></td><td></td><td></td></tr>
<tr><td colspan="2"></td><td></td><td></td></tr>
<tr><td colspan="2"></td><td></td><td></td></tr>
<tr><td colspan="2"></td><td></td><td></td></tr>
<tr><td colspan="2"></td><td></td><td></td></tr>
</table>

标准:　　　　　复核:　　　　　财务科:　　　　　营业主管:　　　　　制表:

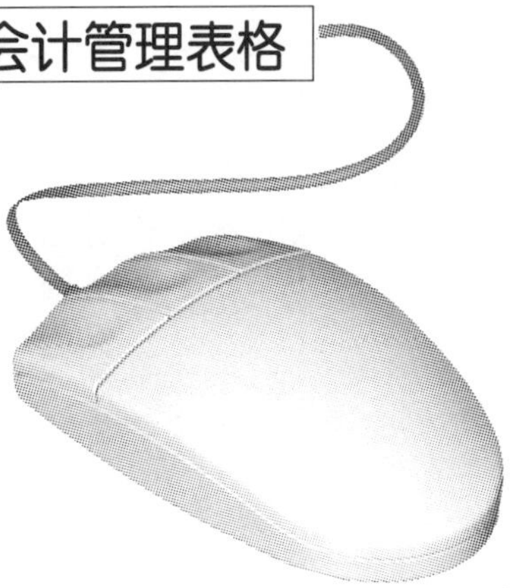

196

预算核算办法表

单位： 日期：

预算编号	预算项目	核算方法	其他考虑因素

第一副本

197

预算概略计算表

单位：　　　　　　　　　　　　　　　　　　　　　　　　　　　　　　月份

预算编号	科　　目	支付项目	计 算 式	预算金额

审核：　　　　　　　　　　　　　　　　拟订：

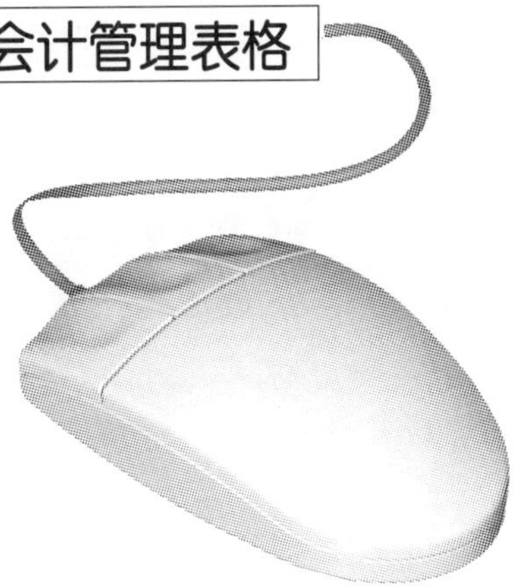

198

预 算 申 请 表

单位：　　　　　　　　　　　　月　　日　　　　　　　　　　编号：

预算编号	预算名称	用　途	说　明	单　价	数　量	申请金额
合　计						
批示						

审核：　　　　　　　　　　　　填写：

199

预算控制表

预算编号：　　　　　　　　　　　　预算产目：　　　　　　　　　　预算金额：

日期		凭证号码	摘　　要	支付金额	累计金额	超支金额	备　　注
月	日						

说明：备注中应填写“变更”或“追加”并注明理由。

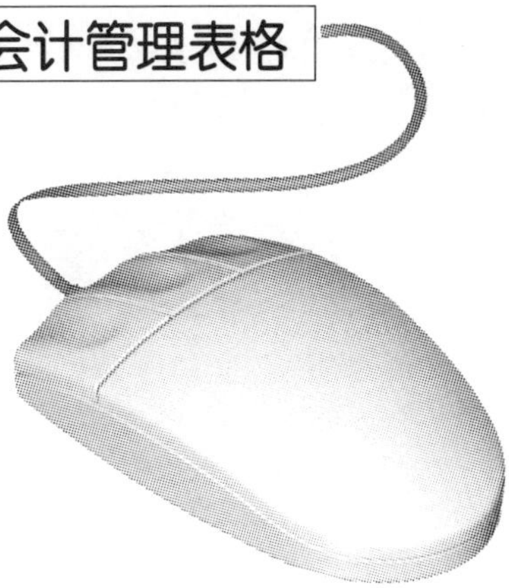

200

预算变更申请表

单位：　　　　　　　　　　　　　　　　　　　　　　　　　　　月　　日

预算编号	预算科目	原核定预算	拟追加金额	申请理由	批　　示
批示			审核：		申请人：

预 算 统 计 表

部门：　　　　　　　　　　　　　　　　　　　　　　　　　　　　　　　　　　月份

预算编号	预算科目	预算金额	实际支出	差　额	追加预算	说　　明

总经理：　　　　　　　　　　　审核：　　　　　　　　　　　填表：

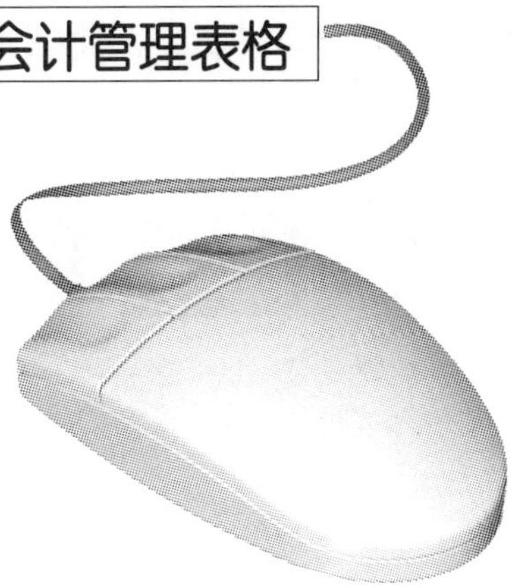

202

销售预算表

单位:元

季　度	一	二	三	四	全　年
预计销售量(件)					
预计单位售价					
销售收入					
预计现金收入					
上年应收账款					
第一季度					
第二季度					
第三季度					
第四季度					
现金收入合计					

产品生产预算

单位:件

项　　目	第一季度	第二季度	第三季度	第四季度	本年合计
预期销售量					
加:预计期末存货					
合　计					
减:期初存货					
预计本期生产量					

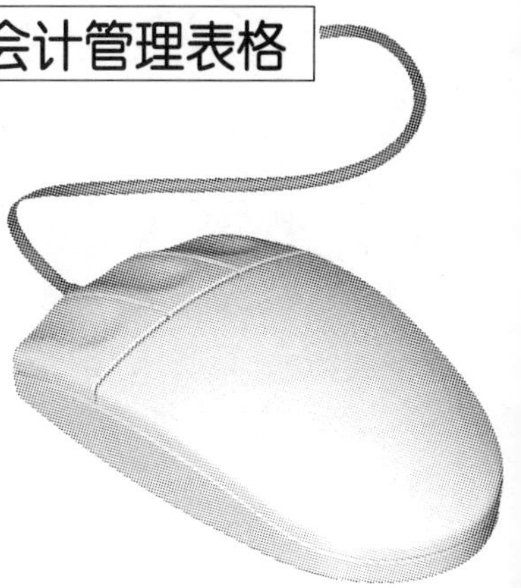

204

材料采购预算

单位:元

材料种类	项 目	第一季度	第二季度	第三季度	第四季度	全年合计
甲材料	A 产品耗用					
	B 产品耗用					
	甲材料总耗用量					
	加:期末材料存量					
	减:期初材料存量					
	本期采购量					
	甲材料单价					
乙材料	……					
	乙材料采购成本					
	……					
各种材料采购成本总额						
当期现购材料成本						
偿付当期所欠材料款						
当期现金支出合计						

205

直接材料预算表

预算部门：　　　　　　　　　　　　　　　　　　　　　　　　单位:元、千克

项　目	一	二	三	四	全　年
预计生产量(件)					
单位产品材料用量					
生产需要量					
加:预计期末存货					
合　计					
减:预计存货					
预计材料采购量					
单　价					
预计采购金额(元)					
预计现金支出					
上年应付账款					
第一季度					
第二季度					
第三季度					
第四季度					
合　计					

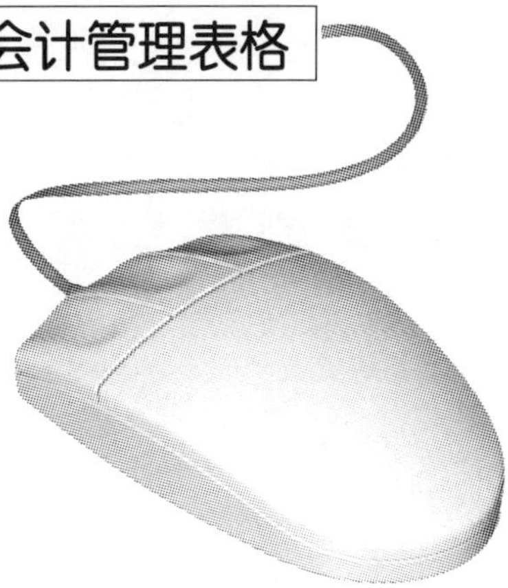

206

直接人工预算表

预算部门：

项　　目	第一季度	第二季度	第三季度	第四季度	全年
预计产量(件)					
单位产品工时(小时)					
人工总工时(小时)					
每小时人工成本(元)					
人工总成本(元)					

207

制造费用预算

预算部门：　　　　　　　　　　　　　　　　　　　　　　　　单位:元

季　度	第一季度	第二季度	第三季度	第四季度	全　年
变动制造费用：					
直接人工					
间接材料					
修理费					
水电费					
小　计					
固定费用：					
修理费					
折旧					
管理人员工资					
保险费					
财产税					
小　计					
合　计					
减:折旧					
现金支出费用额					

208

销售费用及管理费用预算

预算部门：　　　　　　　　　　　　　　　　　　　　单位:元

项　　目	预 算 金 额
销售费用：	
销售人员工资	
广告费	
包装、运输费	
保管费	
小计	
管理费用：	
管理人员薪金	
福利费	
保险费	
办公费	
其他	
小计	
合　　计	
每季度支付现金(合计额÷4)	

209

生产成本预算表

预算部门：

项目	单位成本			生产成本	期末存货	销售成本
	每千克或小时	投入量	成本（元）			
直接材料						
直接人工						
变动制造费用						
固定制造费用						
合　计						

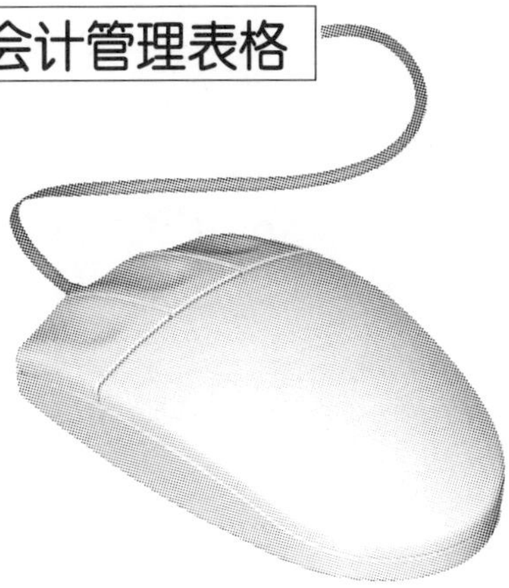

210

现　金　预　算

预算部门：　　　　　　　　　　　　　　　　　　　　　　　　　单位:元

季　度	第一季度	第二季度	第三季度	第四季度	全　年
期初现金余额					
加:销货现金收入					
可供使用现金					
减:各项支出:					
直接材料					
直接人工					
制造费用					
销售及管理费用					
所得税					
购买设备					
股利					
支出合计					
现金多余或不足					
向银行借款					
还银行借款					
借款利息					
合　计					
期末现金余额					

211

预计资产负债表

预算部门：　　　　　　　　　　　　　　　　　　　　单位：元

资　　产			权　　益		
项目	年初	年末	项目	年初	年末
货币现金			应付账款		
应收账款			长期借款		
直接材料			普通股（或实收资本）		
产成品			未分配利润		
土　地					
房屋及设备					
累计折旧					
资产总额			权益总额		

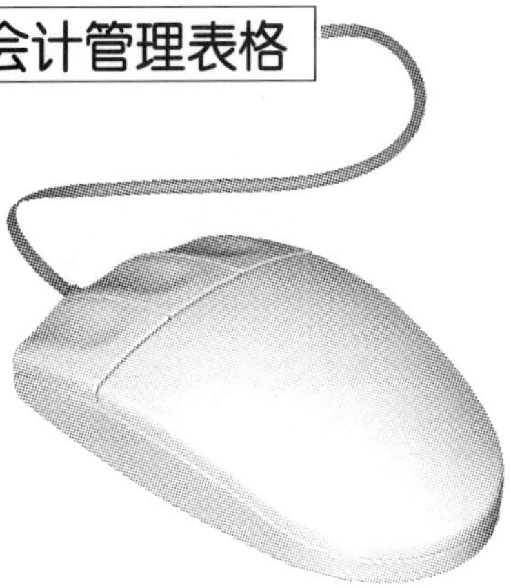

212

预计利润表

预算部门：　　　　　　　　　　　　　　　　　　　　　单位：元

销售收入	
减：本期销货成本 销售税金及附加	
毛利	
减：销售及管理费用	
利息支出	
利润总额	
减：应交所得税（估计）	
净利润	

213

一般管理费预算差异分析表

部门：　　　　　　　　　　　　　　　　　　　　　　　　　　　　月份：　　年　　月

编号	项　目	当月差异			累计差异			原因分析
		预算	实际	差异	预算	实际	差异	
1	工　资							
2	员工福利费							
3	教育经费							
4	工会会费							
5	旅　费							
6	交通费							
7	广告宣传费							
8	车辆维修费							
9	修理费							
10	租赁费							
11	物料用品费							
12	邮电通信费							
13	水电费							
14	税　金							
15	消耗品费							
16	业务活动费							
17	保险费							
18	办公费							
19	折旧费							
20	其　他							
合计								
改善对策								

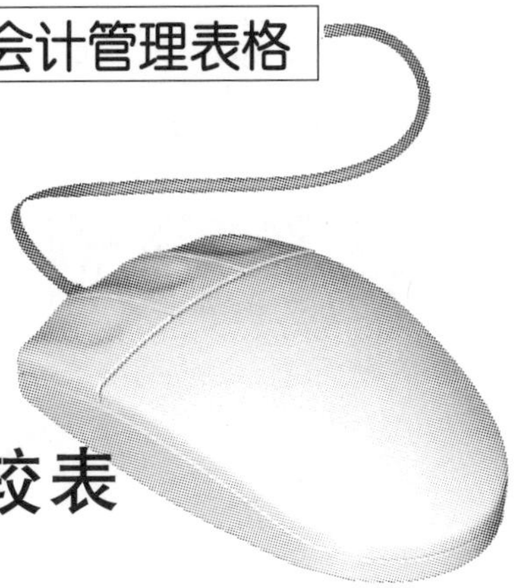

214

实际费用与预计费用比较表

项　目	制造费用		销售费用		管理费用		财务费用		合　计		
	实际	预计	实际	预计	实际	预计	实际	预计	实际	预计	比较差

215

资金收支实际与预算比较表

月份

摘　　要	实际金额	预算金额	差异金额	差异%	说　明
收　入：					
销货收入					
废料收入					
短期借款					
其他收入					
收入合计					
支　出：					
工资					
原料					
物料					
间接材料					
维护修理					
设备零件					
电力动力					
水电费					
工程、机器设备					
运费					
交通费					
员工福利					
劳工保险					
保险费					
利息					
伙食费					
交际费					
广告费					
其他费用					
支出合计					
收支差额					

董事长：　　　总经理：　　　经理：　　　审核：　　　制表：

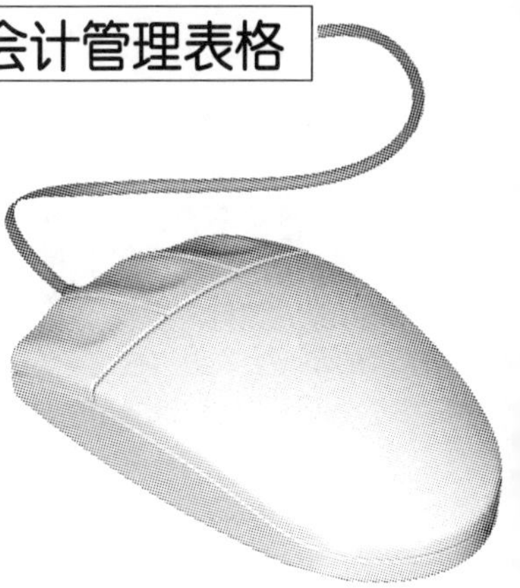

216

资产评估机构统计表

	机构数		经济管理人员				工程技术人员				其他人员	评估人员总数	备注
	正式资格	临时资格	高级职称	中级职称	其他	合计	高级职称	中级职称	其他	合计			
年初数													
其中:会计师事务所													
审计师事务所													
专职评估机构													
其他机构													
其中:会计师事务所													
审计师事务所													
专职评估机构													
其他机构													
本年减少数													
其中:会计师事务所													
审计师事务所													
专职评估机构													
其他机构													
年末数													
其中:会计师事务所													
审计师事务所													
专职评估机构													

217

资产评估情况统计表

单位:万元

评估项目类别	批准立项数	确认项目数	账面原值	账面净值	重置价值	评估值	增值率
拍卖、出售国有资产							
拍卖、出售国有企业							
企业兼并							
联　　营							
股份经营							
中外合资合计							
破产清算							
结业清算							
租赁经营							
抵押担保							
境外投资							
保　　险							
法律原因							
其　　他							
合　　计							

218

企业整体评估统计表

单位:万元

评估项目类别	批准立项数(1)	确认项目数(2)	账面价值				评估后价值				升值率		
			资产总额		负债总额(5)	所有者权益(6)	资产重置价值(7)	评估后资产(8)	评估后负债(9)	评估后权益(10)	资产(11)	负债(12)	所有者权益(13)
			账面原值(3)	账面净值(4)									
拍卖、出售国有企业													
企业兼并													
联　营													
股份经营													
中外合资合作													
破产清算													
结业清算													
租赁经营													
抵押担保													
境外投资													
保　险													
法律原因													
其　他													
合　计													

年度审计项目计划表

编报单位：　　　　　　　　　　　　　　　　　　　　　　　单位：（个）

序号	直属单位 / 审计项目	合计		必审项目				选审项目				自定项目			
		上年已审	本年计划	上年已审	本年计划	上年已审	本年计划	上年已审	本年计划	上年已审	本年计划	上年已审	本年计划	上年已审	本年计划

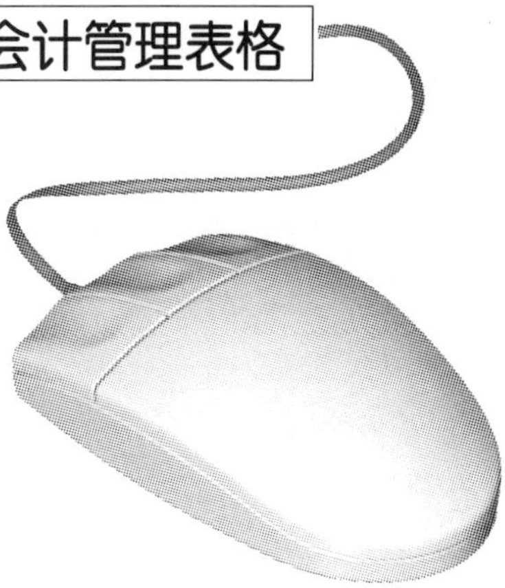

220

审计工作计划大纲

年　　月　　日

<table>
<tr><td>被审单位</td><td colspan="2"></td><td>审计方式</td><td colspan="3"></td></tr>
<tr><td>审计目的</td><td colspan="6"></td></tr>
<tr><td>审计范围、内容及要求</td><td colspan="6"></td></tr>
<tr><td>时间安排</td><td colspan="6">自　　月　　日起至　　月　　日止共　　天</td></tr>
<tr><td>审计组负责人</td><td colspan="2"></td><td>编制人</td><td colspan="3"></td></tr>
<tr><td>实施步骤与方法</td><td colspan="6"></td></tr>
<tr><td rowspan="3">审计小组成员</td><td>组长</td><td></td><td>职务</td><td></td><td>职称</td><td></td></tr>
<tr><td>主审</td><td></td><td>职务</td><td></td><td>职称</td><td></td></tr>
<tr><td colspan="6">成员：</td></tr>
<tr><td>批准人</td><td colspan="6"></td></tr>
</table>

221

审计调查项目计划表

编报单位：　　　　　　　　　　　　　　　　　　　　　　　　年　　月　　日

序号	直属单位	合计（个）	调查项目	时间安排	调查项目	时间安排	调查项目	时间安排	调查项目	时间安排

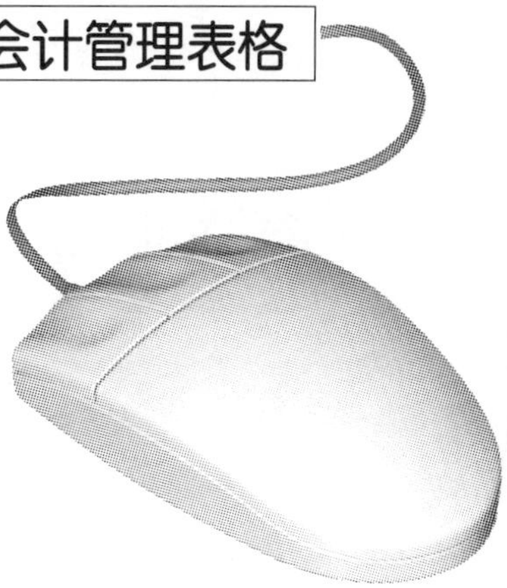

222

项目实施计划表

年　　月

编　号	完成计划日期	计划审计内容	责任人	备　注

审批人：

223

项目实施计划

年　　月　　日

<table>
<tr><td>被审单位</td><td colspan="3"></td><td>审计方式</td><td></td></tr>
<tr><td>审计依据</td><td colspan="5"></td></tr>
<tr><td>审计目标</td><td colspan="5"></td></tr>
<tr><td>审计范围及内容</td><td colspan="5"></td></tr>
<tr><td>计划时间</td><td colspan="5">自　　月　　日起至　　月　　日止共　　天</td></tr>
<tr><td rowspan="2">审计小组成员</td><td>主审人</td><td colspan="2"></td><td>职　务</td><td></td></tr>
<tr><td></td><td colspan="2"></td><td></td><td></td></tr>
<tr><td>主审人</td><td colspan="2"></td><td>编制人</td><td colspan="2"></td></tr>
</table>

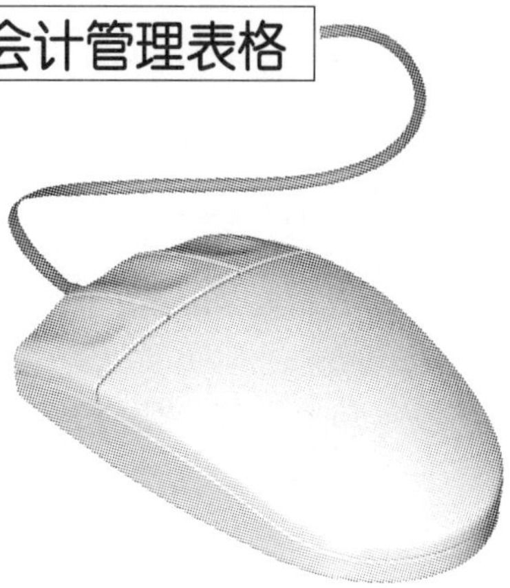

224

项目作业计划

年　　月　　日

序 号	审计要点	计划完成日期

批准人：　　　　　　　　　　　　　　计划责任人：

225

被审计单位基本情况调查表

年　　月　　日

被审单位		所有制性质	
隶属关系		主要负责人	
机构情况			
财产资金情况			
主要经济指标完成情况			

被审单位责任人：　　　　　　　　　　　　　　　　　　制表：

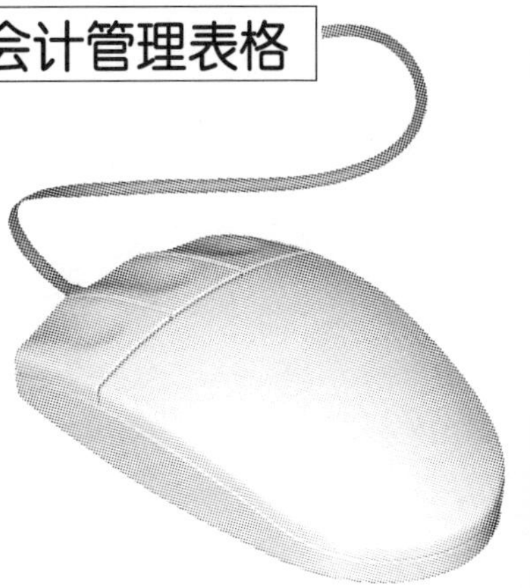

226

被审计单位概况表

单位名称：　　　　　　　　　　年　　季　　　　　　　　　　　单位：万元

法人单位		主管部门		企业规模	
企业地址		邮政编码		总机电话	
建厂时间		生产经营范围			
企业等级		开户银行			
主要指标名称	计划	实际	主要指标名称	计划	实际
固定资产原值			上缴利润		
固定资产净值			上缴税金		
销售收入			工资总额		
利润总额			定额流动资金平均余额		
销售税金			生产发展基金		
企业留利					
职工平均人数(人)					
流动资金借款					
工业总产值					
出口创汇总额					
行政负责人	职务			审计负责人	
	姓名			财务负责人	
说明					

单位领导：　　　　　　　　　　　　　填表人：　　　　　　年　　月　　日

227 经济技术指标完成情况调查表

填表单位：　　　　　　　　　　　　　　　　　　　　　　年　　月　　日

时间 项目	单位	××年		××年		××年		××年		××年	
		计划	实际	计划	实际	计划	实际	计划	实际	计划	实际
一、主要产品品种产量											
1. 主要产品品种	种										
2. 主要产品产量											
(1)											
(2)											
二、产品质量											
三、总产量											
四、全员劳动生产率	无										
五、平均职工人数	人										
六、设备维修优等率	%										
七、工时利用率											
八、销售收入	万元										
九、总成本	万元										
十、税金	万元										
十一、利润	万元										
十二、外协合同	万元										
十三、流动资金	万元										
1. 储备资金	万元										
2. 生产资金	万元										
3. 产成品资金	万元										
4. 货币资金	万元										

单位主管：　　　　　　　　　　　　　　　　　　　　　　填表人：

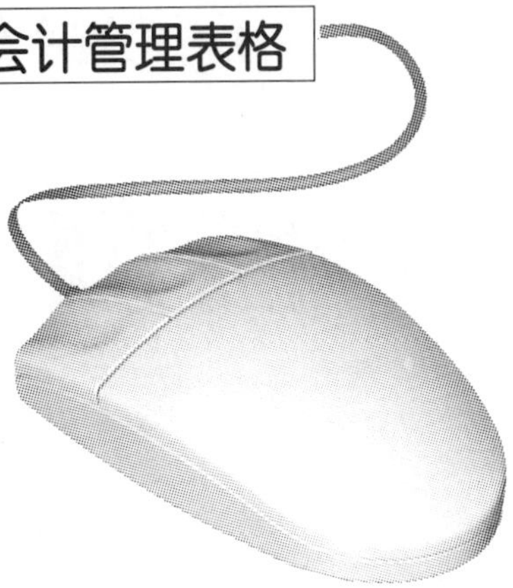

228

审计工作底表

被审单位： 单位：万元

序号	凭证账簿报表名称	日期	编号	摘　要	会计科目		金额	发现问题	备　注
					借方	贷方			

审计人： 年　月　日

229

审计查询记录

第　　页

被调查人姓名		被调查人单位		职务	
调查时间		调查地点			
调查人		记录人			
询问内容记录					

被调查人签章：　　　　　　　　　　　　　　　　　　年　　月　　日

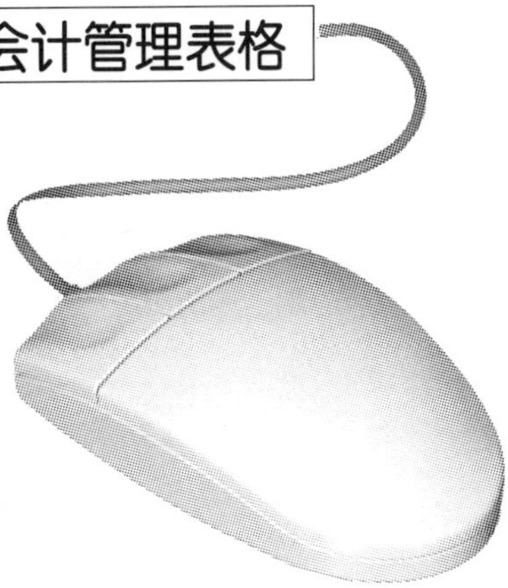

230

审计调整分录汇总表

单位名称：　　　　　　　　　　　　　　　　　　　　　　　　　会计期间：

序号	调整内容及项目	索引号	调整金额		影响利润+（-）
			借方	贷方	

复核人：　　　　　　　　　　　　　　　　　　　　　　　　　　编制人：

231

审计重分类分录汇总表

单位名称：　　　　　　　　　　　　　　　　　　　　会计期间：

序号	调整内容及项目	索引号	调整金额		影响利润 +（－）
			借方	贷方	

复核人：　　　　　　　　　　　　　　　　　　　　编制人：

232

审计未调整不符事项汇总表

单位名称：　　　　　　　　　　　　　　　　　　　　会计期间：

序号	调整内容及项目	索引号	调整金额		影响利润+（－）
			借方	贷方	

未予调整的影响：

项目	金额	百分比	计划百分比
1. 净利润	______	______	______
2. 净资产	______	______	______
3. 资产总额	______	______	______
4. 主营业务收入	______	______	______

结论：

复核人：　　　　　　　　　　　　　　　　　　　　编制人：

233

资产负债表试算平衡表工作底稿

单位名称： 会计期间：

项　　目	审计前金额借方	调整金额		审定金额借方	重分类调整		报表反映数借方	项　　目	审计前金额贷方	调整金额		审定金额贷方	重分类调整		报表反映数贷方
		借方	贷方		借方	贷方				借方	贷方		借方	贷方	
货币资金								短期借款							
短期投资								应付票据							
应收票据								应付账款							
应收股利								预收账款							
应收利息								应付工资							
应收账款								应付福利费							
其他应收款								应付股利							
预付账款								应交税金							
应收补贴款								其他应交款							
存货								其他应付款							
待摊费用								预提费用							
一年内到期的长期债权投资								预计负债							
其他流动资产								一年内到期的长期负债							
长期股权投资								其他流动负债							
长期债权投资															
固定资产原价								长期借款							
减:累计折旧								应付债券							
减:固定资产减值准备								长期应付款							
工程物资								专项应付款							
在建工程								其他长期负债							
固定资产清理								递延税款贷项							
无形资产								股本							
长期待摊费用								资本公积							
其他长期资产								盈余公积							
递延税款借项								其中:法定公益金							
								未分配利润							
合　　计															

复核人： 编制人：

234

损益及利润分配表试算平衡表工作底稿

单位名称：　　　　　　　　　　　　　　　　　　　　会计期间：

项　　目		审计前金额	调整金额		审定金额
			借方	贷方	
一、	主营业务收入				
	减：主营业务成本				
	主营业务税金及附加				
二、	主营业务利润				
	加：其他业务利润				
	减：营业费用				
	管理费用				
	财务费用				
三、	营业利润				
	加：投资收益				
	补贴收入				
	营业外收入				
	减：营业外支出				
四、	利润总额				
	减：所得税				
五、	净利润				
	加：年初未分配利润				
	其他转入				
六、	可供分配的利润				
	减：提取法定盈余公积				
	提取法定公益金				
七、	可供投资者分配的利润				
	减：应付优先股股利				
	提取任意盈余公积				
	应付普通股股利				
	转作股本的普通股股利				
八、	未分配利润				

复核人：　　　　　　　　　　　　　　　　　　　　编制人：

235

审计完成工作核对清单

检　查　项　目	是	否	不适用
1. 以前期前审计所结转下来的事项是否全部处理			
2. 各项审计程序是否全部完成			
3. 审计范围是否完全没有受到限制			
4. 期后承诺对财务的影响是否考虑过			
5. 在审计报告日以前的董事会会议、股东大会以及其他相关的会议记录是否都检查了			
6. 关键管理人员的报酬证明是否已获得			
7. 对借款合约、信托契约等有没有发生违约情况的检查是否感到满意			
8. 审计中发现的所有重大事项是否都已在审计总结中反映，并已得到满意的解决			
9. 审计项目组成员的分工事项是否都已分别完成			
10. 如果出具非标准无保留意见的审计报告，所使用的表达形式是否经主任会计师批准			
11. 下一期间审计时需要考虑的重要事项的备忘录是否已经存档			
12. 是否收到相关事项的声明书			
13. 董事会或管理当局是否已经批准已审会计报表及其附注，并已采纳我们的审计报告			

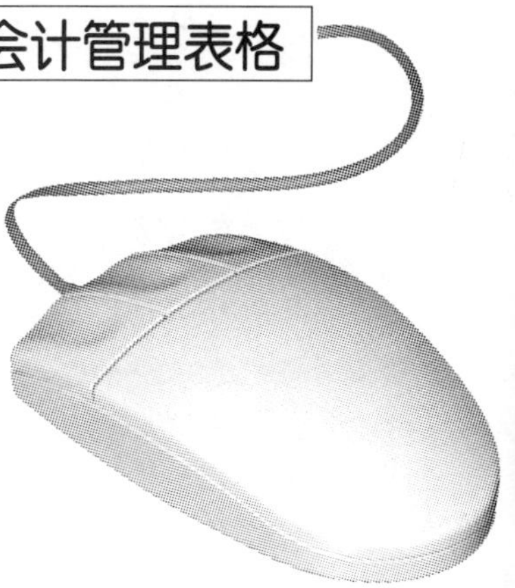

236

税务登记表

<table>
<tr><td rowspan="2">纳税人名称</td><td>中文</td><td colspan="6"></td></tr>
<tr><td>外文</td><td colspan="6"></td></tr>
<tr><td>注册地址</td><td colspan="3"></td><td>邮政编号</td><td colspan="3"></td></tr>
<tr><td colspan="3">注册所在地行政区划代码</td><td>□□</td><td>电话</td><td colspan="3"></td></tr>
<tr><td>注册类型</td><td colspan="3"></td><td>注册类型代码</td><td colspan="3">□□□</td></tr>
<tr><td colspan="3">经营地址
（注册地与经营地不一致时填写）</td><td colspan="5"></td></tr>
<tr><td>邮政编码</td><td colspan="3"></td><td>电话</td><td colspan="3"></td></tr>
<tr><td colspan="3">经营所在地行政区划代码</td><td colspan="5">□□</td></tr>
<tr><td colspan="3">全国组织机构统一代码</td><td colspan="5">□□□□□□□□□□□□</td></tr>
<tr><td>法定代表人</td><td></td><td>国籍代码</td><td>□□□</td><td>身份证号码</td><td colspan="3"></td></tr>
<tr><td>企业负责人</td><td></td><td>电话</td><td></td><td>财务负责人</td><td></td><td>电话</td><td></td></tr>
<tr><td rowspan="2">生产经营范围</td><td>主营</td><td colspan="6"></td></tr>
<tr><td>兼营</td><td colspan="6"></td></tr>
<tr><td>注册资金</td><td colspan="3"></td><td>投资总额</td><td colspan="3"></td></tr>
<tr><td>所属行业</td><td colspan="3"></td><td>行业代码</td><td colspan="3">□□</td></tr>
<tr><td>开业日期</td><td colspan="3"></td><td>经营期限</td><td colspan="3"></td></tr>
<tr><td>记账本位币</td><td colspan="3"></td><td>会计年度</td><td colspan="3"></td></tr>
<tr><td rowspan="3">开户银行及账户</td><td>账户别</td><td colspan="3">开户银行名称</td><td colspan="3">银行账号</td></tr>
<tr><td>基本</td><td colspan="3"></td><td colspan="3"></td></tr>
<tr><td>缴税</td><td colspan="3"></td><td colspan="3"></td></tr>
<tr><td>批准经营单位</td><td>批准日期</td><td colspan="2">执业证件名称</td><td>批准文号</td><td colspan="3">有效日期</td></tr>
<tr><td></td><td></td><td colspan="2"></td><td></td><td colspan="3">起　　止</td></tr>
<tr><td></td><td></td><td colspan="2"></td><td></td><td colspan="3">起　　止</td></tr>
<tr><td></td><td></td><td colspan="2"></td><td></td><td colspan="3">起　　止</td></tr>
</table>

续表

投资方状况

投资方名称		中方隶属关系代码或外方国籍代码	出资额（万元）	币种	所占比例	地址
中方		□□				
		□□				
外方		□□				
		□□□				
		□□□				

分支机构情况（本栏由总机构填写）

	地址及邮政编码	业务范围	纳税人识别码
境内			
境外			

总机构情况（本栏由分支机构填写）

名　称			
地　址		邮政编码	
纳税人识别码		联系电话	
业务范围			

委托税务代理情况（如没有，则本栏不用填写）

代理机构名称		执业许可证字号	
代理机构地址		联系电话	

本单位申报填列的上述内容真实可靠，如有伪报、瞒报，愿承担法律责任。现申报办理（换发）国税税务登记证件。

填表人签章：

法定代理人：
负责人签章：　　　　（单位盖章）
填表日期：

续表

以下由税务机关填写：

<table>
<tr><td rowspan="2">税务机关意见</td><td colspan="4">(　　)同意发证　　税务登记证类别码</td></tr>
<tr><td colspan="4">(　　)只登记不发证</td></tr>
<tr><td>登记证发证日期</td><td></td><td>登记证有效日期</td><td colspan="2"></td></tr>
<tr><td>现确认税务机关为</td><td colspan="2"></td><td>机关代码</td><td>□□</td></tr>
<tr><td colspan="2">受理及审核人签章：

（公章）</td><td colspan="3">征管单位签章：

（公章）</td></tr>
<tr><td>变更登记</td><td colspan="4">内容：

日期：　　经办人：</td></tr>
<tr><td>注销登记</td><td colspan="4">原因：

日期：　　经办人：</td></tr>
<tr><td>备注</td><td colspan="4"></td></tr>
</table>

237

纳税人税种登记表

纳税人识别号 □□□□□□□□□□□□□□□ 纳税人编号 □□□□□

纳税人名称：

<table>
<tr><td colspan="5">一、增值税</td></tr>
<tr><td rowspan="2">类别</td><td rowspan="2">1. 销售货物□
2. 加工□
3. 修理修配□
4. 其他□</td><td rowspan="2">货物或项目名称</td><td>主营</td><td></td></tr>
<tr><td>兼营</td><td></td></tr>
<tr><td>纳税人认定情况</td><td colspan="4">1. 增值税一般纳税人□ 2. 小规模纳税人□ 3. 临时增值税一般纳税人□</td></tr>
<tr><td>经营方式</td><td colspan="4">1. 境内经营货物□ 2. 境内加工修理□ 3. 自营出口□ 4. 间接出口□
5. 收购出口□ 6. 加工出口□</td></tr>
<tr><td colspan="5">备注：</td></tr>
<tr><td colspan="5">二、消费税</td></tr>
<tr><td>类别</td><td>1. 生产□
2. 委托加工□
3. 零售□</td><td>应税消费品名称</td><td colspan="2">1. 烟□ 2. 酒及酒精□ 3. 化妆品□
4. 汽油□ 5. 护肤护发品□ 6. 鞭炮、烟火□
7. 柴油□ 8. 贵重首饰及珠宝玉石□
9. 汽车轮胎□ 10. 摩托车□ 11. 小汽车□</td></tr>
<tr><td>经营方式</td><td colspan="4">1. 境内销售□ 2. 委托加工出口□
3. 自营出口□ 4. 境内委托加工□</td></tr>
<tr><td colspan="5">备注：</td></tr>
<tr><td colspan="5">三、营业税</td></tr>
<tr><td rowspan="2">经营项目及税目</td><td>主营</td><td colspan="3"></td></tr>
<tr><td>兼营</td><td colspan="3"></td></tr>
<tr><td colspan="5">备注：</td></tr>
<tr><td colspan="5">四、内资企业、外商投资企业和外国企业所得税：</td></tr>
<tr><td>法定或申请纳税方式</td><td colspan="4">1. 按实纳税□ 2. 核定利润率计算纳税□
3. 按经费支出换算收入计算纳税□ 4. 按佣金率换算收入纳税□
5. 航空、海运企业纳税方式□ 6. 其他投资方式□</td></tr>
</table>

续表

非生产性收入 占总收入的比例(%)	
备注:季度预缴 1. 按上年度1/4□ 2. 按每季度实际所得□	
只有地税应税业务	是□ 否□

以下由税务机关填写

税种	征收项目代码	纳税项目名称	税率	申报期	天数	收款金额	预算科目	中央	省	市

征管行业		隶属关系		管理科室		所得税行业	
计会经济		计会行业		涉外行业		流转税行业	
是否独立申报		鉴定人		局长			
审核人				(局印)			
录入人							
录入时间							

注:1. 本表在纳税人办理开业登记手续时,与税务登记表一同交纳税人填报。

2. 本表系纳税人根据工商登记的生产经营范围及税法的有关规定,对纳税事项的自行核定。

3. 税务机关填写部分由税务机关对照税务登记表的内容,核定业户的税种、税目、适用税率、申报期限、纳税期限等。

4. 本表一式两份,纳税人填写后,与税务登记表一同交给主管税务机关。

5. 税务机关办理鉴定手续后,一份退纳税人,一份由税务机关录入后存放纳税人资料档案袋。

6. 表口的"中央"、"省"、"地方"项目表示各级占有的收入比例。

7. 申报期:表示"申报期编码",按对应编码表口径填写,"申报期"开始于企业办理税务登记之日起次月。

8. 天数:表示期后多少天为申报期。

238

税务登记验(换)证申请表

<table>
<tr><td>纳税人名称</td><td colspan="15"></td><td rowspan="3">企业法定负责人
或个体业主

相　　片</td></tr>
<tr><td>纳税人识别号</td><td></td><td></td><td></td><td></td><td></td><td></td><td></td><td></td><td></td><td></td><td></td><td></td><td></td><td></td><td></td></tr>
<tr><td colspan="16">营业许可证照的业户名称、地址、法定负责人、经济类型、经营方式、经营范围、注册资本、法人资格等与本业户领取的税务登记证、表对照完全相同□,已变化□。
营业许可证照已通过发证机关本年度年检:是□,否□。
单位标准代码证书已通过发证机关本年度年检:是□,否□
申请税务登记证验证,是□。申请注册税务登记证验证,是□。</td></tr>
<tr><td colspan="17">申请业户(盖章)

办税员签章:　　　　法定负责人签章:　　　　年　　月　　日</td></tr>
<tr><td>税务机关意见</td><td colspan="16">1. 经核对营业许可证照、标准代码证书等与税务登记证相符,同意验(换)证　□
2. 应办理变更税务登记　□
3. 因________________,暂停验(换)证　□
4. 其他

税务机关(盖章)
经办人:　　　　复核:　　　　年　　月　　日</td></tr>
<tr><td>办税员</td><td colspan="8"></td><td colspan="4">联系电话</td><td colspan="4"></td></tr>
</table>

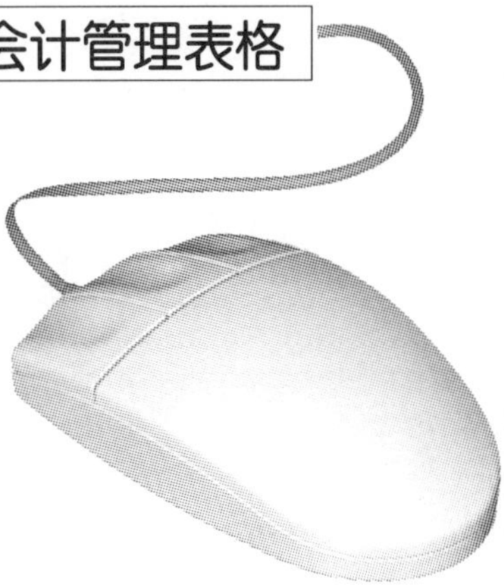

239

变更税务登记表

纳税人识别号 □□□□□□□□□□□□□□□

管 理 代 码 □□□□□□

年 月 日

业务名称（盖章）		地 址	
法人（负责人）		企业注册类型	
原批准经营证照号码		主管部门	
经 办 人		联系电话	
变更事项	原登记内容	经批准变更后的内容	
批准单位及批文号码日期			
科、股、所意见	年 月 日	税务登记部门意见	年 月 日

本表由业户填写一式两份，报国税机关审批后，业户、税务登记部门各存一份。

240

停业申请审批表

纳税人识别号 □□□□□□□□□□□□□□□

<table>
<tr><td>纳税人名称</td><td colspan="3"></td></tr>
<tr><td>停业原因</td><td colspan="3"></td></tr>
<tr><td>批准机构
及 文 号</td><td></td><td>预计停业期限</td><td></td></tr>
<tr><td>有关税务
事项是否
均已结算</td><td></td><td colspan="2">企业盖章：

年　　月　　日</td></tr>
</table>

以下由税务机关填写

<table>
<tr><td>期　　限</td><td colspan="5"></td></tr>
<tr><td>结算清数
税　　款</td><td colspan="5"></td></tr>
<tr><td>清　　缴
发　　票</td><td colspan="5"></td></tr>
<tr><td rowspan="2">封存税务
机关发放
证　　件</td><td>种类</td><td>税务登记证</td><td>税务登记证副本</td><td>发票购领簿</td><td>其他有关证件</td></tr>
<tr><td>收缴
情况</td><td></td><td></td><td></td><td></td></tr>
<tr><td>核准停
业期限</td><td colspan="5"></td></tr>
</table>

<table>
<tr><td rowspan="2">税务登记部门
复审意见（盖章）
经办人：
税务主管：
年　　月　　日</td><td rowspan="2">批
准
意
见</td><td>局长签字：
年　　月　　日</td></tr>
<tr><td>主管税务机关盖章：
年　　月　　日</td></tr>
<tr><td colspan="2">发出核准停业通知书（　　）税　　字第　　号</td><td>业户签收：</td></tr>
</table>

注：1. 本表适用个体工商户及小型工商企业。

2. “清缴发票”栏的填写分两种情况：①对没有购领发票的业户，填：不需清缴发票。②对有购领发票的业户，填：详见“核销发票呈批表”。

3. “主管税务机关盖章”栏必须盖当地国税分局、区、县级市税务机关公章。

4. 本表一式两份，税务机关审核批准后，向纳税人发出“核准停业通知书”。

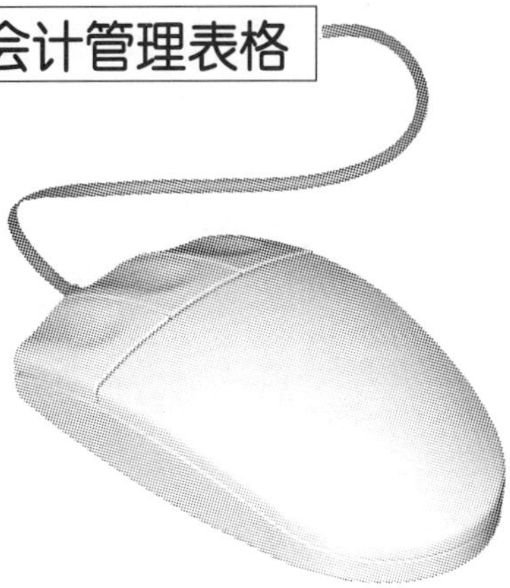

241

复业单证领取表

纳税人识别号 □□□□□□□□□□□□□□□

纳税人名称				
领取单证名称	税务登记证			
	税务登记证副本		数量	
	发票购领簿			
	其他有关证件			

领取人签字：

纳税人（盖章）

日期：　　年　　月　　日

领取人签字：

税务机关（盖章）

日期：　　年　　月　　日

本表一式两份，纳税人留存一份，税务机关存档一份。

242

注销税务登记申请审批表

纳税人识别号 □□□□□□□□□□□□□□□

纳税人名称		企业地址	
注销原因			
批准机构及文号			
有关税务事项是否均已结算		企业盖章： 年　月　日	

以下由税务机关填写

实际经营期限			已享受税收优惠		
结算清数税款					
清缴发票					
封存税务机关发放证件	种类	税务登记证	税务登记证副本	发票购领簿	其他有关证件
	收缴情况				
税务机关	税务登记部门复审意见(盖章)　经办人： 税务主管： 年　月　日		批准意见	局长签字： 年　月　日	
				主管税务机关盖章： 年　月　日	
发出核准停业通知书(　)税　字第　号				业户签收：	

注：1. “清缴发票”栏的填写分两种情况：①对没有购领发票的业户，填：不需清缴发票。②对有购领发票的业户，填：详见“核销发票呈批表”。

2. “已享受税收优惠”栏填写业户开业期间已享受政策性减免税的金额。

3. “主管税务机关盖章”栏必须盖当地国税分局、区、县级市税务机关公章。

4. 本表一式两份，税务机关审核批准后，向纳税人发出“核准停业通知书”。

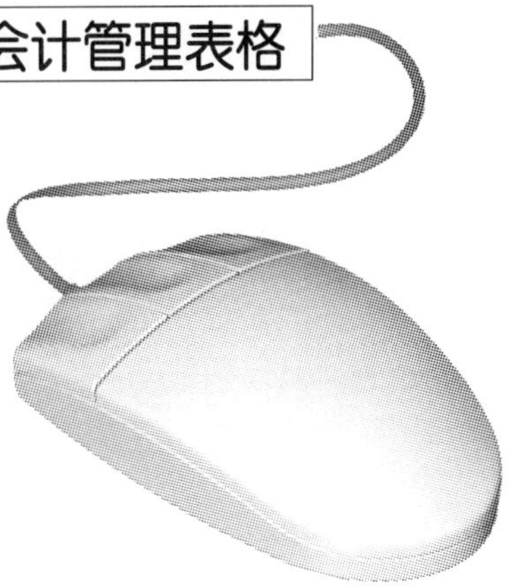

243

增值税纳税申报表

（适用于一般纳税人）

根据《中华人民共和国增值税暂行条例》第二十二条和第二十三条规定。纳税人不论有无销售额，均应按主管税务机关核定的纳税期限按填报本表，并于次月1日起15日内，向当地税务机关申报。

金额单位：元至角分

税款所属时间：自　　年　月　日至　　年　月　日　　填报日期：　　年　月　日

纳税人识别号				增值税纳税类型： 所属行业： 电脑编码：		
纳税人名称	（公章）	法定代表人姓名		注册地址	营业地址	
开户银行及账号		企业登记注册类型			电话号码	
项　　目		行次	一般货物及劳务		即征即退货物及劳务	
			本月数	本年累计	本月数	本年累计
销售额	（一）按适用税率征税货物及劳务销售额	1				
	其中：应税货物销售额	2				
	应税劳务销售额	3				
	纳税检查调整的销售额	4				
	（二）按简易征收办法征税货物销售额	5				
	其中：纳税检查调整的销售额	6				
	（三）免、抵、退办法出口货物销售额	7				
	（四）免税货物及劳务销售额	8				
	其中：免税货物销售额	9				
	免税劳务销售额	10				
税款计算	销项税额	11				
	进项税额	12				
	上期留抵税额	13				
	进项税额转出	14				
	免抵退货物应退税额	15				

续表

税款计算	按适用税率计算的纳税检查应补缴税额	16				
	应抵扣税额合计	17 = 12 + 13 − 14 − 15 + 16				
	实际抵扣税额	18(若 17 < 11 则为 17,否则为 11)				
	应纳税额	19 = 11 − 18				
	期末留抵税额	20 = 17 − 18				
	简易征收办法计算的应纳税额	21				
	按简易征收办法计算的纳税检查应补缴税额	22				
	应纳税额减征额	23				
	应纳税额合计	24 = 19 + 21 − 23				
税款缴纳	期初未缴税额(多缴为负数)	25				
	实收出口开具专用缴款书退税额	26				
	本期已缴税额	27 = 28 + 29 + 30 + 31				
	其中:①分次预缴税额	28				
	②出口开具专用缴款书预缴税额	29				
	③本期缴纳上期应纳税额	30				
	④本期缴纳欠缴税额	31				
	期末未缴税额(多缴为负数)	32 = 24 + 25 + 26 − 27				
	其中:欠缴税额(≥0)	33				
	本期应补(退)税额	34 = 24 − 28 − 29		——		
	即征即退实际退税额	35	——	——		
	期初未缴查补税额	36		——	——	——
	本期入库查补税额	37			——	——
	期末未缴查补税额	38 = 16 + 22 + 36 − 37			——	——

授权声明	如果你已委托代理人申报,请填写下列资料: 为代理一切一切税务事宜, (地址)　　　　　　为本纳税人的代理申报人,任何与本申报表有关的往来文件,都可寄予此人。 授权人签字:	申报人声明	此纳税申报表是根据《中华人民共和国增值税暂行条例》的规定填报的,我相信它是真实的、可靠的、完整的。 声明人签字:

以下由税务机关填写:

收到日期:　　　　　　接收人:　　　　　　主管税务机关盖章:

《增值税纳税申报表（适用于一般纳税人）》填表说明

本申报表适用于增值税一般纳税人填报。增值税一般纳税人销售按简易办法缴纳增值税的货物，也使用本表。

（一）本表“税款所属时间”是指纳税人申报的增值税应纳税额的所属时间，应填写具体的起止年、月、日。

（二）本表“填表日期”指纳税人填写本表的具体日期。

（三）本表“纳税人识别号”栏，填写税务机关为纳税人确定的识别号，即：税务登记证号码。

（四）本表“所属行业”栏，按照国家税务总局计会统计报表的分类口径填写（详见附件《国民经济行业分类与代码》）。

（五）本表“增值税纳税类型”栏，按照主管税务机关一般纳税人认定填报。即辅导期一般纳税人，一般纳税人等。经认定为辅导期一般纳税人，附列资料（表二）第2行次及待抵扣栏应填报。

（六）本表“纳税人名称”栏，填写纳税人单位名称全称，不得填写简称，并加盖公章。

（七）本表“法定代表人姓名”栏，填写纳税人法定代表人的姓名。

（八）本表“注册地址”栏，填写纳税人税务登记证所注明的详细地址。

（九）本表“营业地址”栏，填写纳税人营业地的详细地址。

（十）本表“开户银行及账号”栏，填写纳税人开户银行的名称和纳税人在该银行的结算帐户号码。

（十一）本表“企业登记注册类型”栏，按税务登记证填写。

（十二）本表“电话号码”栏，填写纳税人注册地和经营地的电话号码。

（十三）表中“一般货物及劳务”是指享受即征即退的货物及劳务以外的其他货物及劳务。

（十四）表中“即征即退货物及劳务”是指纳税人按照税法规定享受即征即退税收优惠政策的货物及劳务。

（十五）本表第1行“（一）按适用税率征税货物及劳务销售额”栏数据，填写纳税人本期按适用税率缴纳增值税的应税货物和应税劳务的销售额（销货退回的销售额用负数表示）。包括在财务上不作销售但按税法规定应缴纳增值税的视同销售货物和价外费用销售额，外贸企业作价销售进料加工复出口的货物，税务、财政、审计部门检查按适用税率计算调整的销售额。“一般货物及劳务”的“本月数”栏数据与“即征即退货物及劳务”的“本月数”栏数据之和，应等于“附表一”第17行的“合计”中的“销售额”数。“本年累计”栏数据，应为年度内各月数之和。

（十六）本表第2行“应税货物销售额”栏数据，填写纳税人本期按适用税率缴纳增值税的应税货物的销售额（销货退回的销售额用负数表示）。包括在财务上不作销售但按税法规定应缴纳增值税的视同销售货物和价外费用销售额，以及外贸企业作价销售进料加工复出口的货物。“一般货物及劳务”的“本月数”栏数据与“即征即退货物及劳务”的“本月数”栏数据之和，应等于“附表一”第5和11栏的“应税货物”中17%税率“销售额”与13%税率“销售额”的小计数。“本年累计”栏数据，应为年度内各月数之和。

（十七）本表第3行“应税劳务销售额”栏数据，填写纳税人本期按适用税率缴纳增值税的应税劳务的销售额。“一般货物及劳务”的“本月数”栏数据与“即征即退货物及劳务”的“本月数”栏数据之和，应等于“附表一”第14栏的“应税劳务”中的“销售额”的小计数。“本年累计”栏数据，应为年度内各月数之和。

（十八）本表第4行“纳税检查调整的销售额”栏数据，填写纳税人本期因税务、财政、审计部门检查、并按适用税率计算调整的应税货物和应税劳务的销售额。但享受即征即退税收优惠政策的货物及劳务经税务稽查发现偷税的，不得填入“即征即退货物及劳务”部分，而应将本部分销售额在“一般货物及劳务”栏中反映。“一般货物及劳务”的“本月数”栏数据与“即征即退货物及劳务”的“本月数”栏数据之和，应等于“附表一”第17栏的“小计”中的“销售额”纳税检查调整事项第6列数。“本年累计”栏数据，应为年度内各月数之和。

（十九）本表第5行“按简易征收办法征税货物的销售额”栏数据，填写纳税人本期按简易征收办法征收增值税货物的销售额（销货退回的销售额用负数表示）。包括税务、财政、审计部门检查、并按简易征收办法计算调整的销售额。“一般货物及劳务”的“本月数”栏数据与“即征即退货物及劳务”的“本月数”栏数据之和，应等于“附表一”第26栏的“合计”中的“销售额”数。“本年累计”栏数据，应为年度内各月数之和。

（二十）本表第6行“其中：纳税检查调整的销售额”栏数据，填写纳税人本期因税务、财政、审计部门检查、并按简易征收办法计算调整的销售额，但享受即征即退税收优惠政策的货物及劳务经税务稽查发现偷税的，不得填入“即征即退货物及劳务”部分，而应将本部分销售额在“一般货物及劳务”栏中反映。“一般货物及劳务”的“本月数”栏数据与“即征即退货物及劳务”的“本月数”栏数据之和，应等于“附表一”第26栏的纳税检查调整第6列数。“本年累计”栏数据，应为年度内各月数之和。

（二十一）本表第7行“免、抵、退办法出口货物销售额”栏数据，填写纳税人本期执行免、抵、退办法出口货物的销售额（销货退回的销售额用负数表示）。“本年累计”栏数据，应为年度内各月数之和。

（二十二）本表第8行“免税货物及劳务销售额”栏数据，填写纳税人本期按照税法规定直接免征增值税的货物及劳务的销售额及适用零税率的货物及劳务的销售额（销货退回的销售额用负数表示），但不包括适用免、抵、退办法出口货物的销售额。“一般货物及劳务”的“本月数”栏数据，本表第7、8项合计应等于“附表一”第32、37和40栏的“小计”中的“销售额”数。“本年累计”栏数据，应为年度内各月数之和。

（二十三）本表第9行“免税货物销售额”栏数据，填写纳税人本期按照税法规定直接免征增值税货物的销售额及适用零税率货物的销售额（销货退回的销售额用负数表示），但不包括适用免、抵、退办法出口货物的销售额。“一般货物及劳务”的“本月数”栏数据，应等于“附表一”第37栏的“免税货物”的小计数。“本年累计”栏数据，应为年度内各月数之和。

（二十四）本表第10行“免税劳务销售额”栏数据，填写纳税人本期按照税法规定直接免征增值税劳务的销售额及适用零税率劳务的销售额（销货退回的销售额用负数表示）。“一般货物及劳务”的“本月数”栏数据，应等于“附表一”第40栏的“免税劳务”中的小计数。“本年累计”栏数据，应为年度内各月数之和。

（二十五）本表第11行“销项税额”栏数据，填写纳税人本期按适用税率计征的销项税额。该数据应与“应交税金——应交增值税”明细科目贷方“销项税额”专栏本期发生数一致。“一般货物及劳务”的“本月数”栏数据与“即征即退货物及劳务”的“本月数”栏数据之和，应等于“附表一”第18栏的“合计”中的“销项税额”数。“本年累计”栏数据，应为年度内各月数之和。

（二十六）本表第12行“进项税额”栏数据，填写纳税人本期申报抵扣的进项税额。该数据应与“应交税金——应交增值税”明细科目借方“进项税额”专栏本期发生数一致。“一般货物及劳务”的“本月数”栏数据与

"即征即退货物及劳务"的"本月数"栏数据之和，应等于"附表二"第 17 栏中的"税额"数。"本年累计"栏数据，应为年度内各月数之和。

（二十七）本表第 13 行"上期留抵税额"栏数据，为纳税人前一申报期的"期末留抵税额"数，该数据应与"应交税金——应交增值税"明细科目借方月初余额一致。该项数据应抵减"附表二"第 57 栏中的"税额"数。

（二十八）本表第 14 行"进项税额转出"栏数据，填写纳税人已经抵扣但按税法规定应作进项税转出的进项税额总数，但不包括销售折扣、折让，销货退回等应负数冲减当期进项税额的数额。该数据应与"应交税金——应交增值税"明细科目贷方"进项税额转出"专栏本期发生数一致。"一般货物及劳务"的"本月数"栏数据与"即征即退货物及劳务"的"本月数"栏数据之和，应等于"附表二"第 18 栏中的"税额"数。"本年累计"栏数据，应为年度内各月数之和。

（二十九）本表第 15 行"免抵退货物应退税额"栏数据，填写退税机关按照出口货物免、抵、退办法审批的应退税额。"本年累计"栏数据，应为年度内各月数之和。

（三十）本表第 16 行"按适用税率计算的纳税检查应补缴税额"栏数据，填写纳税人本期因税务、财政和审计部门检查按适用税率计算的纳税检查应补缴税额，应与税务处理决定书一致，该数据应包括附表一第 6 行次"销项税额"第 6 栏"纳税检查调整"数据和附表二第 24 行次数据。"本年累计"栏数据，应为年度内各月数之和。

（三十一）本表第 17 行"应抵扣税额合计"栏数据，填写纳税人本期应抵扣进项税额的合计数。

（三十二）本表第 18 行"实际抵扣税额"栏数据，填写纳税人。

本期实际抵扣的进项税额。"本年累计"栏数据，应为年度内各月数之和。

（三十三）本表第 19 行"应纳税额"栏数据，填写纳税人本期按适用税率计算并应缴纳的增值税额。"本年累计"栏数据，应为年度内各月数之和。

（三十四）本表第 20 行"期末留抵税额"栏数据，为纳税人在本期销项税额中尚未抵扣完，留待下期继续抵扣的进项税额。该数据应与"应交税金——应交增值税"明细科目借方月末余额一致。

（三十五）本表第 21 行"简易征收办法计算的应纳税额"栏数据，填写纳税人本期按简易征收办法计算并应缴纳的增值税额，不包括按简易征收办法计算的查补应纳税额。但享受即征即退税收优惠政策的货物及劳务经税务稽查发现偷税的，不得填入“即征即退货物及劳务”部分，而应将本部分销售额在“一般货物及劳务”栏中反映。“一般货物及劳务”的“本月数”栏数据与“即征即退货物及劳务”的“本月数”栏数据之和，应等于“附表一”第27栏的“小计”中的“应纳税额”数。“本年累计”栏数据，应为年度内各月数之和。

（三十六）本表第22行“其中：简易征收办法计算的查补应纳税额”栏数据，填写纳税人本期因税务、财政、审计部门检查并按简易征收办法计算的查补应纳税额。但享受即征即退税收优惠政策的货物及劳务经税务稽查发现偷税的，不得填入“即征即退货物及劳务”部分，而应将本部分销售额在“一般货物及劳务”栏中反映。“一般货物及劳务”的“本月数”栏数据与“即征即退货物及劳务”的“本月数”栏数据之和，应等于“附表一”第27栏6列的“应纳税额”数。“本年累计”栏数据，应为年度内各月数之和。

（三十七）本表第23行“应纳税额减征额”栏数据，填写纳税人本期按照税法规定减征的增值税应纳税额。“本年累计”栏数据，应为年度内各月数之和。

（三十八）本表第24行“应纳税额合计”栏数据，填写纳税人本期应缴增值税的合计数。“本年累计”栏数据，应为年度内各月数之和。

（三十九）本表第25行“期初未缴税额（多缴为负数）”栏数据，为纳税人前一申报期的“期末未缴税额（多缴为负数）”。该数据应与“应交税金——未交增值税”明细科目贷方期初余额一致，如为多缴，该数据应与“应交税金——未交增值税”明细科日借方期初余额一致。“本年累计”栏数据应填写纳税人上年度末的“期末未缴税额（多缴为负数）”数。

（四十）本表第26行“实收出口开具专用缴款书退税额”栏数据，填写纳税人本期实际收到税务机关退回的，因开具“出口货物税收专用缴款书”而多缴的增值税款。该数据应根据“应交税金——未交增值税”明细科目贷方本期发生额中“收到税务机关退回的多缴增值税款”数据填列。“本年累计”栏数据，为年度内各月数之和。

（四十一）本表第27行“本期已缴税额”栏数据，是指纳税人本期实际缴纳的全部增值税额。“本年累计”栏数据，为年度内各月数之和。

（四十二）本表第28行“①分次预缴税额”栏数据，填写纳税人本期分次预缴的增值税额。

（四十三）本表第29行“②出口开具专用缴款书预缴税额”栏数据，填写纳税人本期销售出口货物而开具专用缴款书向主管税务机关预缴的增值税额。

（四十四）本表第30行“④本期缴纳上期应纳税额”栏数据，填写纳税人本期上缴上期应缴未缴的增值税款，包括缴纳上期按简易征收办法计提的应缴未缴的增值税额。“本年累计”栏数据，为年度内各月数之和，未缴纳的部分为欠交转入本表第33项“欠缴税额”。

（四十五）本表第31行“⑤本期缴纳欠缴税额”栏数据，填写纳税人本期实际缴纳的增值税欠税额，不包括缴纳查补入库的增值税额。“本年累计”栏数据，为年度内各月数之和。

（四十六）本表第32行“期末未交税额（多缴为负数）”栏数据，为纳税人本期应缴未缴的增值税额。该数据应与“应交税金——未交增值税”明细科目贷方期末余额一致，如为多缴，该数据应与“应交税金——未交增值税”明细科目借方期末余额一致。“本年累计”栏与“本月数”栏数据相同。

（四十七）本表第33行“其中：欠缴税额（≥0）”栏数据，为纳税人按照税法规定已形成欠税的数额。目前暂按上期“欠缴税额”减本期31行次加上“本期应补（退）税额”的尚未入库部分。

（四十八）本表第34行“本期应补（退）税额”栏数据，为纳税人本期应纳税额中应补缴或应退回的数额。

（四十九）本表第35行“即征即退实际退税额”栏数据，填写纳税人本期因符合增值税即征即退优惠政策规定，而实际收到的税务机关返还的增值税额。“本年累计”栏数据，为年度内各月数之和。

（五十）本表第36行“期初未缴查补税额”栏数据，为纳税人前一申报期的“期末未缴查补税额”。

（五十一）本表第37行“本期入库查补税额”栏数据，填写纳税人本期因税务、财政、审计部门检查而实际入库的增值税款，包括：（1）按适用税率计算并实际缴纳的查补增值税款；（2）按简易征收办法计算并实际缴纳的查补增值税款。“本年累计”栏数据，为年度内各月数之和。

（五十二）本表第38行“期末未缴查补税额”栏数据，填写纳税人因税务、财政、审计部门检查应缴而未缴的增值税款。

增值税纳税申报表附列资料（表一）

（本期销售情况明细）

税款所属时间：　　年　　月

纳税人名称：（公章）　填表日期：　　年　月　日　　　　金额单位：元至角分

项目				行次	防伪税控系统开具的增值税专用发票1	税控收款机开具的发票2	开具普通发票3	未开具发票4	小计 5=1+2+3+4	纳税检查调整事项：纳税检查调整6	纳税检查调整事项：其中：调整以前年度7	合计 8=5+6
一、按适用税率征收增值税货物及劳务的销售额和销项税额明细	应税货物	17%税率	发票份数	1								
			销售额 货物名称	2								
				3								
				4								
			小计	5=2+3+4								
			销项税额	6								
		13%税率	发票份数	7								
			销售额 货物名称	8								
				9								
				10								
			小计	11=8+9+10								
			销项税额	12								
	应税劳务	发票份数		13								
		销售额		14								
		销项税额		15								
	小计	发票份数		16=1+7+13								
		销售额		17=5+11+14								
		销项税额		18=6+12+15								
二、简易征收办法征收增值税货物的销售额和应纳税额明细	征收率项目	3%征收率	份数	19								
			货物或劳务名称	20								
			应纳税额	21								
		征收率（可选）	份数	22								
			货物或劳务名称	23								
			应纳税额	24								
	小计	发票份数		25=19+22								
		销售额		26=20+23								
		应纳税额		27=21+24								

续表

三、出口免征增值税货物及劳务销售额明细	发票份数				28								
	销售额	货物或劳务名称			29								
					30								
					31								
		小计			32 =29 +30 +31								
四、免征增值税货物及劳务销售额明细	免税货物	发票份数			33								
		销售额	货物或劳务名称		34								
					35								
					36								
		小计			37 =34 +35 +36								
		税额			38								
	免税劳务	发票份数			39								
		销售额			40				—		—	—	
		税额			41								
	小计	发票份数			42 =33 +39								
		销售额			43 =37 +40								
		税额			44 =38 +41								

《增值税纳税申报表附列资料（表一）》填表说明

（一）本表“税款所属时间”是指纳税人申报的增值税应纳税额的所属时间，应填写具体的起止年、月。

（二）本表“填表日期”指纳税人填写本表的具体日期。

（三）本表“纳税人名称”栏，应加盖纳税人单位公章。

（四）本表“一、按适用税率征收增值税货物及劳务的销售额和销项税额明细”和“二、简易征收办法征收增值税货物的销售额和应纳税额明细”等部分中“防伪税控系统开具的增值税专用发票”、“税控收款机开具的普通发票”、“开具的其他普通发票”、“未开具发票”各列数据均应包括销货退回或折让、视同销售货物、价外费用的销售额和销项税额，但不包括免税货物及劳务的销售额，适用零税率货物及劳务的销售额和出口执行免、抵、退办法的销售额以及税务、财政、审计部门检查并调整的销售额、销项税额或应纳税额。

（五）本表“一、按适用税率征收增值税货物及劳务的销售额和销项税额明细”和“二、简易征收办法征收增值税货物的销售额和应纳税额明细”等部分中“纳税检查调整”栏数据应填写纳税人本期因税务、财政、审计部门检查计算调整的应税货物、应税劳务的销售额、销项税额或应纳税额，“调整以前年度”栏数据应填写纳税人以前年度检查计算调整的应税货物、应税劳务的销售额、销项税额或应纳税额。

（六）本表“三、出口免征增值税的货物及劳务销售额明细”部分中“开具的其他普通发票”栏数据，填写本期出口货物而使用的外销发票的份数、销售额，不免税的出口货物应在“一、按适用税率征收增值税货物及劳务的销售额和销项税额明细”或“二、简易征收办法征收增值税货物的销售额和应纳税额明细”中填报。第30行统一填报“来料加工”数据。

（七）本表“四、免征增值税货物及劳务销售额明细”部分中“防伪税控系统开具的增值税专用发票”栏数据，填写本期因销售免税货物而使用防伪税控系统开具的增值税专用发票的份数、销售额和税额，包括国有粮食收储企业销售的免税粮食，政府储备食用植物油等。

（八）纳税人销售免税的废旧物资，应在本表“三、免征增值税货物及劳务销售额明细”中填报，“货物名称”统一填列“废旧物资”，以满足增值税“一窗式”管理需要。

（九）除另有规定外，本表货物名称栏一律按计统要求填报。

增值税纳税申报表附列资料（表二）

（本期进项税额明细）

税款所属时间：　　　年　　月

纳税人名称：（公章）　　　　　　　　　　　　　　　　　　　　金额单位：元至角分

一、申报抵扣的进项税额				
项目	行次	份数	金额	税额
认证相符申报抵扣的增值税专用发票	1			
其中：本期认证相符且本期申报抵扣（过渡期暂不开发，目前全部并入第1行次申报）	1－1			
前期认证相符且本期申报抵扣（过渡期暂不开发，目前全部并入第1行次申报）	1－2			
当期稽核相符、协查结果中允许本期申报抵扣	2			
认证相符的防伪税控增值税专用发票	3＝1＋2			
非防伪税控增值税专用发票及其他扣税凭证	4＝5＋6＋7＋8＋9＋10＋11			
其中：海关进口增值税专用缴款书	5			
农产品收购发票或者销售发票	6			
废旧物资发票	7			
运输费用结算单据	8			
3%征收率	9			
其他征收率	10			
外贸企业进项税额抵扣证明	11	——	——	
	12			
	13			
	14			
	15			
辅导期一般纳税人 被认定为一般纳税人当期允许申报抵扣	16＝30＋35＋39＋43＋47＋51＋55			
本期申报抵扣进项税额合计	17＝3＋4＋16			

二、进项税额转出额		
项目	行次	税额
本期进项税转出额	18＝19＋20＋21＋22＋23＋24＋25＋26＋28	
其中：免税货物用	19	
非应税项目用、集体福利、个人消费	20	

续表

非正常损失	21			
按简易征收办法征税货物用	22			
免抵退税办法出口货物不得抵扣进项税额	23			
纳税检查调减进项税额	24			
未经认证已抵扣的进项税额	25			
红字专用发票通知单注明的进项税额	26			
	27			
免抵退税不得免征和抵扣税额与纳税申报表差额	28			
三、待抵扣进项税额				
项目	栏次	份数	金额	税额
已认证相符的防伪税控增值税专用发票	29			
期初已认证但未取得稽核相符结果而未申报抵扣	30			
本期认证但未取得稽核相符结果而未申报抵扣	31			
按照税法规定不允许抵扣	32			
期末已认证但未取得稽核相符结果而未申报抵扣	33 =30 +31 −32 −2			
非防伪税控增值税专用发票及其他扣税凭证	34			
其中：期初未抵扣海关进口增值税专用缴款书	35			
本期发生未抵扣海关进口增值税专用缴款书	36			
按照税法规定不允许抵扣	37			
期末未抵扣海关进口增值税专用缴款书	38 =35 +36 −37 −5			
期初未抵扣农产品收购发票或者销售发票	39			
本期发生未抵扣农产品收购发票或者销售发票	40			
按照税法规定不允许抵扣	41			
期末未抵扣农产品收购发票或者销售发票	42 =39 +40 −41 −6			
期初未抵扣废旧物资发票	43			
本期发生未抵扣废旧物资发票	44			
按照税法规定不允许抵扣	45			
期末未抵扣废旧物资发票	46 =43 +44 −45 −7			
期初未抵扣运输费用结算单据	47			
本期发生未抵扣运输费用结算单据	48			
按照税法规定不允许抵扣	49			
期末未抵扣运输费用结算单据	50 =47 +48 −49 −8			
期初未抵扣 3% 征收率部分发票	51			
本期发生未抵扣 3% 征收率部分发票	52			
按照税法规定不允许抵扣	53			

续表

期末未抵扣3%征收率部分发票	54 =51 +52 -53 -9			
期初未抵扣其他征收率部分发票	55			
本期发生未抵扣其他征收率部分发票	56			
按照税法规定不允许抵扣	57			
期末未抵扣其他征收率部分发票	58 =55 +56 -57 -10			
四、其他				
项目	行次	份数	金额	税额
本期认证相符的全部防伪税控增值税专用发票	59			
期初已征税款挂账额	60	——	——	
期初已征税款余额	61	——	——	
代扣代缴税额	62			
本期留抵抵减欠税额	63	——	——	
本期留抵抵减查补税额	64	——		

《增值税纳税申报表附列资料（表二）》填表说明

（一）本表“税款所属时间”是指纳税人申报的增值税应纳税额的所属时间，应填写具体的起止年、月。

（二）本表“填表日期”指纳税人填写本表的具体日期。

（三）本表“纳税人名称”栏，应加盖纳税人单位公章。

（四）本表“一、申报抵扣的进项税额”部分各栏数据，分别填写纳税人按税法规定符合抵扣条件，在本期申报抵扣的进项税额情况。

1. 第1行“本期认证相符申报抵扣的增值税专用发票”，填写本期认证相符本期申报抵扣的防伪税控增值税专用发票情况，包括认证相符的红字防伪税控增值税专用发票。

2. 第2行“前期稽核相符、协查结果中允许本期申报抵扣”，填写以前期认证稽核相符本期申报抵扣的防伪税控增值税专用发票情况，应与第30栏“期初已认证但未取得稽核相符结果而未申报抵扣”加第31栏“本期认证但未取得稽核相符结果而未申报抵扣”减第32栏“按照税法规定不允许抵扣”减第33栏“期末已认证但未取得稽核相符结果而未申报抵扣”后数据相等。实行辅导期一般纳税人管理，并实行“先比对，后抵扣”的，必须根据比对相符清单后在本栏次填报。

3. 第3行“认证相符的防伪税控增值税专用发票”，应等于第1栏“本期认证相符申报抵扣的增值税专用发票”与第2栏“前期稽核相符、协查结果中允许本期申报抵扣”数据之和。该栏应包括实行辅导期一般纳税人管理，并实行“先比对，后抵扣”的比对后需抵扣的进项税额。

4. 第11行“期初已征税款”，填写按照规定比例在本期申报抵扣的初期存货挂账税额。

5. 第16行“辅导期一般纳税人被认定为一般纳税人当期允许申报抵扣”填报辅导期一般纳税人被认定为一般纳税人当期期初待抵扣税额。勾稽关系为：16 =30 +35 +39 +43 +47 +51 +55 。

6. 第17行“本期申报抵扣进项税额合计”应等于第3、4、16栏之和。

（五）本表“二、进项税额转出额”部分填写纳税人已经抵扣但按税法规定应作进项税额转出的明细情况，但不包括销售折扣、折让，销货退回等应负数冲减当期进项税额的情况。

第18行“本期进项税转出额”应等于第19栏至第25栏之和。

（六）本表“三、待抵扣进项税额”部分各栏数据，分别填写纳税人已经取得，但按税法规定不符合抵扣条件，暂不予在本期申报抵扣的进项税额情况及按照税法规定不允许抵扣的进项税额情况。

1. 第30行“期初已认证但未取得稽核相符结果而未申报抵扣”，填写以前期已认证，未取得稽核相符结果，按照税法规定，暂不予抵扣，结存至本期的防伪税控增值税专用发票，应与上期第33栏“期末已认证但未取得稽核相符结果而未申报抵扣”栏数据相等。实行辅导期一般纳税人管理，并实行“先比对，后抵扣”的比对后需抵扣进项税额的增值税专用发票期初部分在本栏次填报。

2. 第31行“本期认证但未取得稽核相符结果而未申报抵扣”，填写本期认证相符，但因按照税法规定暂不予抵扣及按照税法规定不允许抵扣，而未申报抵扣的防伪税控增值税专用发票。

3. 第32行“按照税法规定不允许抵扣”，填写期末已认证相符但未申报抵扣的防伪税控增值税专用发票中，按照税法规定不允许抵扣，而只能作为出口退税凭证或应列入成本、资产等项目的防伪税控增值税专用发票。包括外贸出口企业用于出口而采购货物的防伪税控增值税专用发票；

纳税人购买固定资产的防伪税控增值税专用发票；因退货将抵扣联退还销货方的防伪税控增值税专用发票等。

4. 第 33 行“期末已认证但未取得稽核相符结果而未申报抵扣”，填写截至本期期末，按照税法规定仍暂不予抵扣及按照税法规定不允许抵扣且已认证的防伪税控增值税专用发票情况。实行辅导期一般纳税人管理，并实行“先比对，后抵扣”的比对后需抵扣进项税额的增值税专用发票本期期末累计部分在本栏次填报。

5. 实行辅导期一般纳税人管理，并实行“先比对，后抵扣”的，填写本期末累计未收到比对结果的海关完税凭证、废旧物资普通发票和货运发票等部分在第 35、第 36、第 37、第 38 等行次填报。

6. 第 29 行“已认证相符的防伪税控增值税专用发票”栏，暂为外贸企业等出口转内销，需抵扣的前期进项，需税务机关单独认定后开放。

（七）本表“四、其他”部分各栏数据。

1. 第 59 行“本期认证相符的全部防伪税控增值税专用发票”项指标，应与防伪税控认证子系统中的本期全部认证相符的防伪税控增值税专用发票数据相同，包括购进固定资产（只要企业来认证）；外贸企业购进供出口的货物；因退货将抵扣联退还销货方等。

2. 第 62 行“代扣代缴税额”项指标，填写纳税人根据《中华人民共和国增值税暂行条例实施细则》第三十四条的规定扣缴的增值税额。

3. 第 63 行为本期留抵抵减欠缴税额，该项数据小于等于申报表主表第 20、33 行。第 63 行填列数据后，分别核减主表第 20、32、33 行（数据相同）。

4. 第 64 行“本期留抵抵减查补税额”填报一般纳税人本期查补核减期末留抵的税额。第 64 行填列数据后，核减主表第 20 行（数据相同）。

固定资产进项税额抵扣情况表（表三）

纳税人识别号：　　　　　　　　　　　　　　　　　　　纳税人名称（公章）：

填表日期：　　年　月　日　　　　　　　　　　　　　　　　　　金额单位：元至角分

项目	当期申报抵扣的固定资产进项税额	本年申报抵扣的固定资产进项税额累计
增值税专用发票		
海关进口增值税专用缴款书		
合　计		

注：1：本表一式两份，一份纳税人留存，一份主管税务机关留存；

2：本表所称“海关进口增值税专用缴款书认证相符，是指经税务机关系统比对相符。

填表说明：本表作为增值税一般纳税人申报表附表，由申请抵扣固定资产纳税人填报。项目增值税专用发票和海关进口增值税专用缴款书除正确填报附表二外还须在本表填报。

244

应交增值税明细表

编制单位：　　　　　　______年______月　　　　　　单位：元

项　　目	行次	本月数	本年累计数
1. 年初未交数	1		×
（多交或未抵扣数用负号填列）			
2. 销项税额	2		
出口退税	3		
进项税额转出数	4		
转出多交增值税	5		
3. 进项税额	6		
已交税额	7		
减免税款	8		
4. 期末未交数	9		×
（多交或未抵扣数用负号填列）			

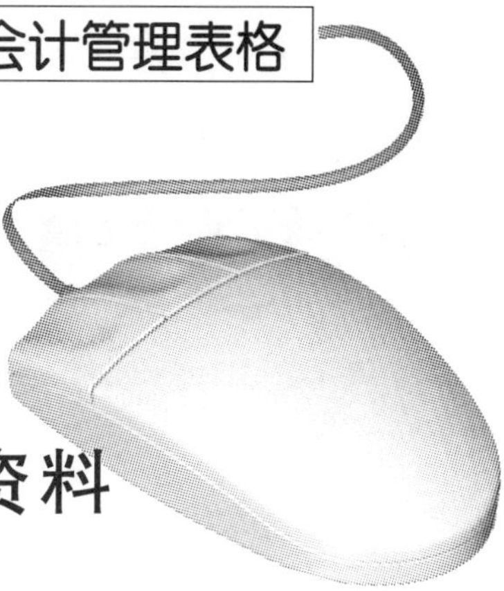

245 增值税纳税申请表附列资料

纳税人名称（章）　　填表日期：　　年　　月　　日　　金额单位：元

财务指标	产品（商品）销售收入			—	—
	产品（商品）销售成本				
	产品（商品）销售利润			—	—
	存货	—	—		
	应收账款	—	—		
	应付账款	—	—		
销项发票	项目名称		份数	金额	税额
	开具增值税专用发票				
	开具普通发票				
	未开具发票				
	小　计		—	—	
进项发票或凭证	项目名称		份数	金额	税额
	增值税专用发票抵扣联				
	农产品收购凭证或普通发票				
	废旧物资收购凭证或普通发票				
	进口货物海关完税凭证				
	运费普通发票				
	虚拟的进项税额		—		
	小　计		—	—	

246

分支机构销售明细表

总机构名称：　　　　　　　　　　税款所属期：　　　年　　月　　　　　　　　金额单位：元

分支机构名称	所在地区	本月销售额	本年累计销售额
合　计	—		

填报日期：　　　　　年　　月　　日

填表说明：

1. 本表适用在异地设有统一核算分支机构的纳税人填写，其他纳税人不填报本表。
2. “本月销售额”和“本年累计销售额”栏填写由总机构将货物移送到分支机构用于销售，但仍由总机构统一开具发票、收取货物并统一纳税的销售额。

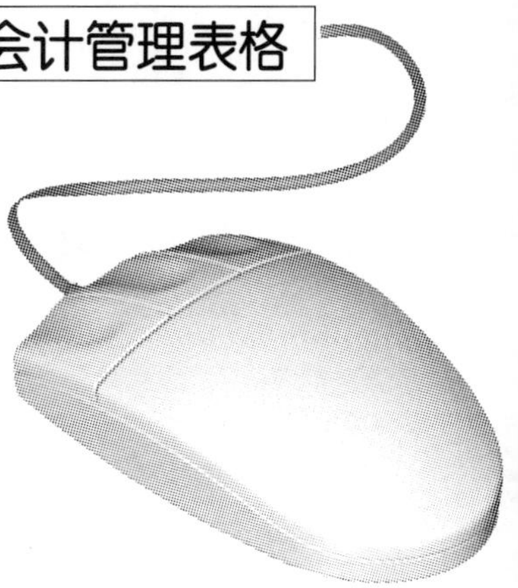

247

发票存根联封面

税款所属时期：

纳税人名称：（盖章） 本期编号：

发票： 专用发票（ ） 普通发票（ ）

开具份数： 其中：有效份数

金额单位：元至角分

项 目	17%税率	13%税率	6%征收率	免税货物	小 计
含税金额					
不含税金额					
税 额					
免税货物销售金额					

月份增值税专用发票存根联明细表

共　　页第　　页

纳税人名称（盖章）　　　　　　纳税人识别号　　　　　　金额单位：元至角分

序号	发票代码	发票号码	开票日期	销货方纳税人识别号	金额	税额
1						
2						
⋮						
合　计	—	—	—	—		

资料册号：　　　　　　　　　　　　填报日期：　　年　　月　　日

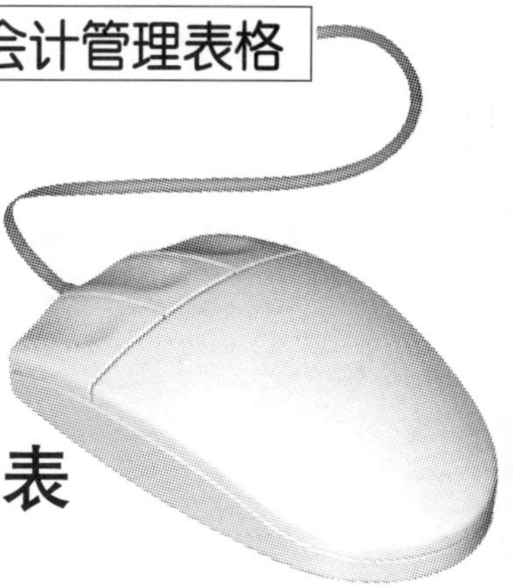

249

运输发票申报扣税汇总表

纳税人名称：

所属时间：　　年　　月　　日至　　年　　月　　日　　　共　　页 第　　页

填表时间：　　年　　月　　日　　　　　　　　　　　　　金额单位：元至角分

发票号码	运费金额	扣税金额	记账凭证号码
1	2	3＝2×7%	4
本页小计			
合　　计			

250

申报扣税凭证封面

税款所属时间：　　　　　　　　　　本月扣税单证总册数：

纳税人名称：（盖章）　　　　　　本册编号：

本期扣税凭证份数合计：

金额单位：元至角分

项　　目	17% 税率	13% 税率	6% 征收率	4% 征收率	收购 农产品	运输发票	收购 废旧物资	小 计
不含税金额					含税金额	含税金额	含税金额	—
税额								
份数								

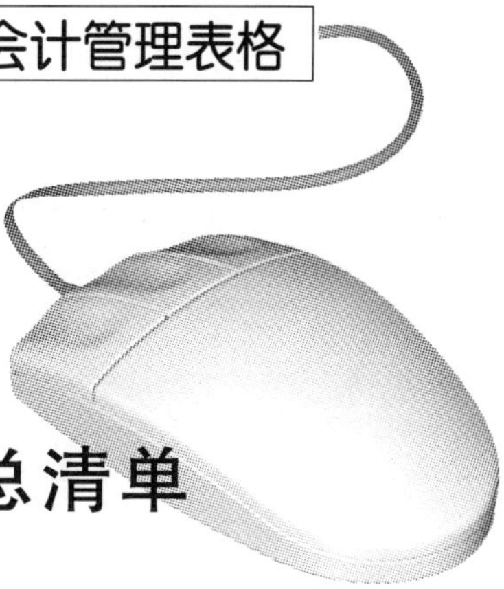

251

增值税纳税申报表货物汇总清单

纳税人名称：（盖章）　　　　　　　　　　　　　　　　填报日期：　　　年　　月　　日

货物分类	品种	应税销售额	税率	税额
合　计				

说明：

1. 本清单未加盖纳税人印章无效。
2. 本清单一式四联，分别附在增值税纳税申报表的申报联、收执联、记账联、稽核联后。

252

增值税小规模纳税人纳税申报表

根据《中华人民共和国增值税暂行条例》第二十二条及第二十三条的规定制定本表。纳税人不论有没有销售额,均应按主管税务机关核定的纳税期限填报本表,并于1月1日至10日内,向当地税务机关申报纳税并结清上月应纳税款。

填表日期　　年　　月　　日

税款所属时间:自　　年　　月　　日至　　年　　月　　日

<table>
<tr><td>纳税人登记号</td><td colspan="5"></td><td colspan="2">金额单位:元</td></tr>
<tr><td>纳税人名称</td><td></td><td>法定代表人姓　名</td><td colspan="2"></td><td>营业地址</td><td colspan="2"></td></tr>
<tr><td>开户银行及账号</td><td></td><td>经济类型</td><td colspan="2"></td><td>电话号码</td><td colspan="2"></td></tr>
<tr><td colspan="2" rowspan="2">项目
货物或应税劳务名称</td><td>销售额</td><td>征收率</td><td>本期应纳税　额</td><td>截至上期累计欠税额</td><td colspan="2">本期已清理欠税额</td></tr>
<tr><td>1</td><td>2</td><td>3 = 1 × 2</td><td>4</td><td colspan="2">5</td></tr>
<tr><td colspan="2"></td><td></td><td></td><td></td><td></td><td colspan="2"></td></tr>
<tr><td colspan="2"></td><td></td><td></td><td></td><td></td><td colspan="2"></td></tr>
<tr><td colspan="2"></td><td></td><td></td><td></td><td></td><td colspan="2"></td></tr>
<tr><td colspan="2"></td><td></td><td></td><td></td><td></td><td colspan="2"></td></tr>
<tr><td>授权代理人</td><td colspan="3">(如果您已委托代理申报人,请填写下列资料)为代理一切税务事宜,现授权
(地址)
为本纳税人的代理申报人。任何与本申报有关的往来文件,都可寄予此人。
授权人签字:</td><td>声明</td><td colspan="3">此纳税申报表是根据《中华人民共和国增值税暂行条例》的规定填报的,我确信它是真实的、可靠的、完整的。
声明人签字:</td></tr>
</table>

会计主管签字:　　　　代理申报人签字:　　　　纳税人盖章:

以下由税务机关填写

<table>
<tr><td>收到日期</td><td></td><td>接收人</td><td></td><td>审核日期</td><td></td><td rowspan="2">主管税务机关盖章:
核 收 人
签　　字:</td></tr>
<tr><td>审核记录</td><td colspan="5"></td></tr>
</table>

253

消费税税目税率(税额)表

税　　目	税　　率
一、烟	
1. 卷烟	56%加0.003元/支(生产环节)
(1)甲类卷烟	36%加0.003元/支(生产环节)
(2)乙类卷烟	
(3)批发环节	5%
2. 雪茄烟	36%
3. 烟丝	30%
二、酒及酒精	
1. 白酒	20%加0.5元/500克(或者500毫升)
2. 黄酒	240元/吨
3. 啤酒	
(1)甲类啤酒	250元/吨
(2)乙类啤酒	220元/吨
4. 其他酒	10%
5. 酒精	5%
三、化妆品	30%
四、贵重首饰及珠宝玉石	
1. 金银首饰、铂金首饰和钻石及钻石饰品	5%
2. 其他贵重首饰和珠宝玉石	10%
五、鞭炮、焰火	15%
六、成品油	
1. 汽油	
(1)含铅汽油	1.40元/升
(2)无铅汽油	1.00元/升

续表

税　　目	税　　率
2. 柴油 3. 航空煤油 4. 石脑油 5. 溶剂油 6. 润滑油 7. 燃料油	0.80 元/升 0.80 元/升 1.00 元/升 1.00 元/升 1.00 元/升 0.80 元/升
七、汽车轮胎	3%
八、摩托车 1. 气缸容量(排气量,下同)在250毫升(含250毫升)以下的 2. 气缸容量在250毫升以上的	 3% 10%
九、小汽车 1. 乘用车 (1)气缸容量(排气量,下同)在1.0升(含1.0升)以下的 (2)气缸容量在1.0升以上至1.5升(含1.5升)的 (3)气缸容量在1.5升以上至2.0升(含2.0升)的 (4)气缸容量在2.0升以上至2.5升(含2.5升)的 (5)气缸容量在2.5升以上至3.0升(含3.0升)的 (6)气缸容量在3.0升以上至4.0升(含4.0升)的 (7)气缸容量在4.0升以上的 2. 中轻型商用客车	 1% 3% 5% 9% 12% 25% 40% 5%
十、高尔夫球及球具	10%
十一、高档手表	20%
十二、游艇	10%
十三、木制一次性筷子	5%
十四、实木地板	5%

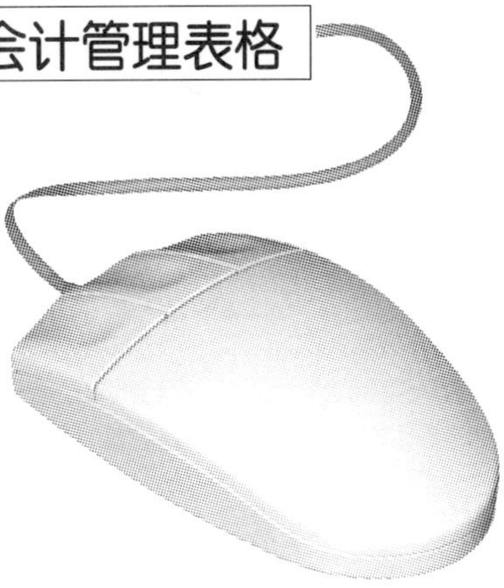

254

消费税纳税申报表

填表日期：　　年　月　日

纳税人识别号 | | | | | | | | | | | | | | |

应税消费品名称	适用税目	应税销售额（数量）	适用税率（单位税额）	当期准予扣除外购应税消费品买价				外购应税消费品适用税率
				合　计	期初库存外购应税消费品买价	当期购进外购应税消费品买价	期末库存外购应税消费品买价	
1	2	3	4	5 = 6 + 7 − 8	6	7	8	9
合计								

应纳消费税		当期准予扣除外购应税消费品已纳税款	当期准予扣除委托加工应税消费品已纳税款			
本　期	累　计		合　计	期初库存委托加工应税消费品已纳税款	当期收回委托加工应税消费品已纳税款	期末库存委托加工应税消费品已纳税款
15 = 3 × 4 − 10 或 3 × 4 − 11 或 3 × 4 − 10 − 11	16	10 = 5 × 9	11 = 12 + 13 − 14	12	13	14

已纳消费税		本期应补（退）税金额			
本　期	累　计	合　计	上期结算税金额	补交本年度欠税	补交以前年度欠税
17	18	19 = 15 − 17 + 20 + 21 + 22	20	21	22

截至上年底累计欠税额	本年度新增欠税额	
	本　期	累　计
23	24	25

如纳税人填报，由纳税人填写以下各栏		如委托代理人填报，由代理人填写以下各栏				备注
会计主管（签章）	纳税人（公章）	代理人名称		代理人（公章）		
		代理人地址				
		经办人		电话		
以下由税务机关填写						
收到申报表日期		接收人				

填表说明：

1. 表中2栏“适用税目”必须按照《中华人民共和国消费税暂行条例》规定的税目填写。
2. 本表一式三联，第一联纳税人留存；第二联由主管税务机关留存；第三联税务机关作税收会计原始凭证。

255

营业税纳税申报表

填表日期：　　　年　　月　　日

纳税人识别号 □□□□□□□□□□□□□□□

金额单位:元(列至角分)

纳税人名称								税款所属时间			
税目	经营项目	营业额					税率	本期			
		全部收入	不征税项目	减除项目	减免税项目	应税营业额		应纳税额	减免税额	已纳税额	应补(退)税额
1	2	3	4	5	6	7 = 3 - 4 - 5 - 6	8	9 = 7 × 8	10 = 6 × 8	11	12
合计											

<table>
<tr><td colspan="2">如纳税人填报,由纳税人填写以下各栏</td><td colspan="4">如委托代理人填报,由代理人填写以下各栏</td><td>备注</td></tr>
<tr><td rowspan="3">会计主管
(签章)</td><td rowspan="3">纳税人
(公章)</td><td>代理人名称</td><td colspan="2"></td><td rowspan="3">代理人
(公章)</td><td rowspan="3"></td></tr>
<tr><td>地址</td><td colspan="2"></td></tr>
<tr><td>经办人</td><td></td><td>电话</td></tr>
<tr><td colspan="7">以下由税务机关填写</td></tr>
<tr><td colspan="2">收到申报表日期</td><td colspan="2"></td><td>接收人</td><td colspan="2"></td></tr>
</table>

填表说明：

1. 本表适用于营业纳税人填报。
2. “全部收入”,是指纳税人的全部营业收入。
3. “不征税项目”,是指税法规定的不属于营业税征收范围的营业额。
4. “减除项目”,是指税法规定允许从营业收入中扣除的项目的营业额。
5. “减免税项目”,是指税法规定的减免税项目的营业额。

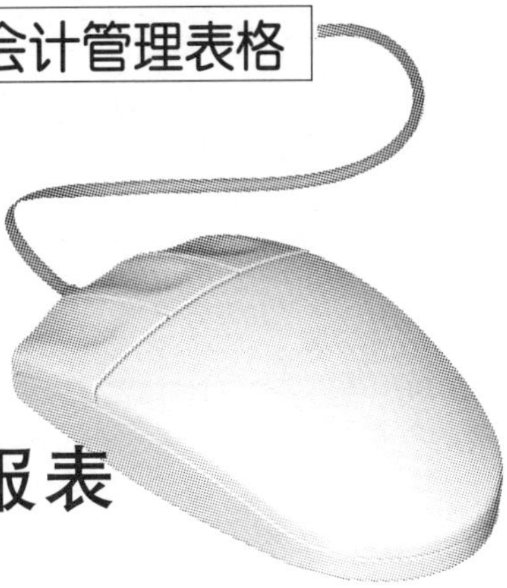

256

企业所得税年度纳税申报表

税款所属期间：　　　　年　　月　　日　　　　　　　　　　　　　　　　　　　　金额单位：元

纳税人识别号 □□□□□□□□□□□□□□□

纳税人名称			
纳税人地址		邮政编码	
登记注册类型		行业	
纳税人开户银行		账号	

	行次	项　　目	金额
收入总额	1	销售（营业）收入	
	2	减：销售退回	
	3	销售折扣与转让	
	4	销售（营业）收入净额（1－2－3）	
	5	其中：免税的销售（营业）收入	
	6	特许权使用费收益	
	7	投资收益	
	8	投资转让净收益	
	9	租赁净收益	
	10	汇总净收益	
	11	资产盘盈净收益	
	12	补贴收入	
	13	其他收入	
	14	收入总额合计（4＋6＋7＋8＋9＋10＋11＋12＋13）	
扣除项目	15	销售（营业）成本	
	16	销售税金及附加	
	17	期间费用合计（18＋…＋42）	
	18	其中：工资薪金	
	19	职工福利费、职工工会经费、职工教育经费	
	20	固定资产折旧	
	21	无形资产、递延资产摊销	
	22	研究开发费用	

续表

	行次	项　　目	金额
扣除项目	23	利息净支出	
	24	汇兑净损失	
	25	租金净支出	
	26	上缴总机构管理费	
	27	业务招待费	
	28	税金	
	29	坏账损失	
	30	增提的坏账准备金	
	31	资产盘亏、毁损和报废净损失	
	32	投资转让净损失	
	33	社会保险缴款	
	34	劳动保护费	
	35	广告支出	
	36	捐赠支出	
	37	审计、咨询、诉讼费	
	38	差旅费	
	39	会议费	
	40	运输、装卸、包装、保险、展览费等销售费用	
	41	矿产资源补偿费	
	42	其他扣除费用项目	
应纳税所得额的计算	43	纳税调整前所得(14－15－16－17)	
	44	加:纳税调整增加额	
	45	其中:工资薪金纳税调整额	
	46	职工福利费、职工工会经费和职工教育经费的纳税调整项	
	47	利息支出纳税调整额	
	48	业务招待费纳税调整额	
	49	广告支出纳税调整额	
	50	赞助支出纳税调整额	
	51	捐赠支出纳税调整额	
	52	折旧、摊销支出纳税调整额	
	53	坏账损失纳税调整额	
	54	坏账准备纳税调整额	
	55	罚款、罚金或滞纳金	
	56	存货跌价准备	
	57	短期投资跌价准备	

续表

	行次	项目	金额
应纳税所得额的计算	58	长期投资减值准备	
	59	其他纳税调整增加项目	
	60	减:纳税调整减少额(61 +62)	
	61	其中:研究开发费用附加扣除项	
	62	其他纳税调整减少项目	
	63	纳税调整后所得(43 +44 -60)	
	64	减:弥补以前年度亏损	
	65	减:免税所得(66 + … +72)	
	66	其中:国债利息所得	
	67	免税的补贴收入	
	68	免税的纳入预算管理的基金、收费或附加	
	69	免于补税的投资收益	
	70	免税的技术转让收益	
	71	免税的治理“三废”收益	
	72	其他免税所得	
	73	应纳税所得额(63 -64 -65)	
	74	适用税率	
	75	应缴所得税额	
	76	减:期初多缴所得税额	
	77	已预缴的所得税额	
	78	应补税的境内投资收益的抵免税额	
	79	应补税的境外投资收益的抵免税额	
	80	经批准减免的所得税额	
	81	应补(退)的所得税额(75 -76 -77 -78 -79 -80)	

纳税人代表签章: 纳税人单位公章: 日期: 联系电话:	代理申报中介机构签章: 日期: 经办人: 经办人执业证件号码: 联系电话:

以下由税务机关填写:
经办人:　　　　　　　　　　受理申报税务机关公章
受理申报日期:
审核人:
审核日期:

257

外商投资企业和外国企业年度所得税申报表

纳税年度：　　年　　月　　日至　　年　　月　　日

填表日期：　　年　　月　　日

纳税人编码

根据《中华人民共和国外商投资企业所得税法》第十六条及其实施细则第九十五条第一款的规定，特制定本表。你企业应当在纳税年度终了后4个月内如实填写本表，报送当地税务机关，并附送财务会计报表、中国注册会计师查账报告及有关的说明材料。

企业名称	地址	邮政编码	电话号码
业别	开始生产、经营日期	开始获利年度	银行账号

项目		收入金额	自行依法调整后余额	备注
收入净额	1. 本年销售(销货)或营业收入净额			
扣除额	2. 本年销售(销货)或营业成本			
	3. 本年销售(销货)或营业费用、财务费用及管理费用			
	4. 本年销售(销货)或营业税金			
	5. 扣除额合计:2+3+4			
	其中:交际应酬费			
	工资、福利费			
	租金支出			
	特许权使用费			
	利息支出			
	折旧费			

续表

应纳税所得额的计算	6. 本年销售(销货)或营业利润(亏损)额			
	7. 本年其他业务利润(亏损)额			
	8. 本年营业外收支净额			
	9. 按规定认可抵补的前年亏损额			
	10. 应纳税所得额			
核定应纳所得税额的计算	11. 本年收入总额			
	12. 经税务机关核定的利润率(%)			
	13. 应纳税所得额			
应纳企业所得税额的计算	14. 税率(%)			
	15. 应纳企业所得税额			
	16. 减免企业所得税额			
	17. 实际应缴企业所得税额			
应纳地方所得税额的计算	18. 税率(%)			
	19. 应纳地方所得税额			
	20. 减免地方所得税额			
	21. 实际应缴地方所得税额			
应补(退)所得税额的计算	22. 实际应缴所得税额			
	23. 全年预缴税额			
	24. 外国税额扣除			
	25. 应补(退)所得税额			

授权代理人	(如果你已委托代理申报人,请填写下列资料) 为代理一切税务事宜,现授权________(地址)________为本企业代理申报人,任何与本申报表有关的往来文件,都可寄予此人。 授权人签字:________	声明	我声明:此纳税申报表是根据《中华人民共和国外商投资企业和外国企业所得税法》的规定填报的,我确信它是真实的、可靠的、完整的。 声明人签字:________

会计主管签字:　　　　代理申报人签字:　　　　企业盖章:

以下由税务机关填写

收到日期	接收人	审核日期	主管税务机关盖章 主管税务官员签字
审核记录			

258

个人所得税税率表(一)

(工资、薪金所得适用)

级数	全月应纳税所得额	税率(%)	速算扣除数
1	不超过 500 元的	5	0
2	超过 500 ~ 2000 元	10	25
3	超过 2000 ~ 5000 元	15	125
4	超过 5000 ~ 20000 元	20	375
5	超过 20000 ~ 40000 元	25	1375
6	超过 40000 ~ 60000 元	30	3375
7	超过 60000 ~ 80000 元	35	6375
8	超过 80000 ~ 100000 元	40	10375
9	超过 100000	45	15375

注:2011 年 9 月 1 日个税调整前实行的 9 级超额累进个人所得税税率表,个税起征点 2000 元。

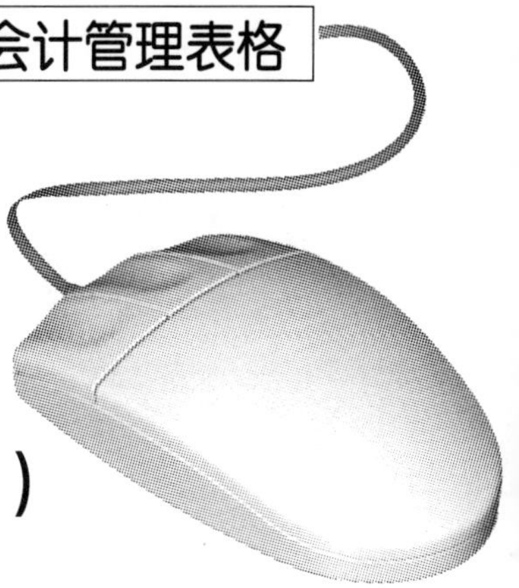

259

个人所得税税率表(二)

(个体工商户生产、经营所得和对企事业单位的承包经营、承租经营所得适用)

级数	全年应纳税所得额		税率(%)	速算扣除数
	含税级距	不含税级距		
1	不超过15000元的	不超过14250元的	5	0
2	超过15000~30000元的部分	超过14250~27750元的部分	10	750
3	超过30000~60000元的部分	超过27750~51750元的部分	20	3750
4	超过60000~100000元的部分	超过51750~79750元的部分	30	9750
5	超过100000元的	超过79750元的	35	14750

注:在新税法中,个体工商户的起征点由24000元/年(2000元/月),调整到42000元/年(3500元/月)。

260

扣缴个人所得税报告

填表日期　　　年　　月　　日　　　　　　　　　　　　　　金额单位:人民币元

纳税人识别号 □□□□□□□□□□□□□□□

根据《中华人民共和国个人所得税法》第九条的规定制定本表,扣缴义务人应将本月扣缴的税款在次月7日内缴入国库,并向当地税务机关报送本表。

扣缴义务人名称		地址		电话	

扣缴义务人姓名	纳税人识别	工作单位及地址	所得项目	所得期间	收入额						减费用额	应纳税所得额	税率	速算扣除数	扣缴所得额	完税证号	纳税日期
					人民币	外币				人民币合计							
						货币名称	金额	外汇牌价	折合人民币								

如果由扣缴义务人填写完税证,应在报送此表时附完税证副联________份

扣缴义务人声明	我声明,此扣缴申报表是根据《中华人民共和国个人所得税法》的规定填报的,我确信它是真实的、可靠的、完整的。 声明人签字:________

会计主管签字:　　　　　　　　负责人签字:　　　　　　　扣缴单位(或个人)盖章:

以下由税务机关填写

收到申报表日期		接收人		审核日期	
审核记录			主管税务机关(公章): 主管税务员签字:		

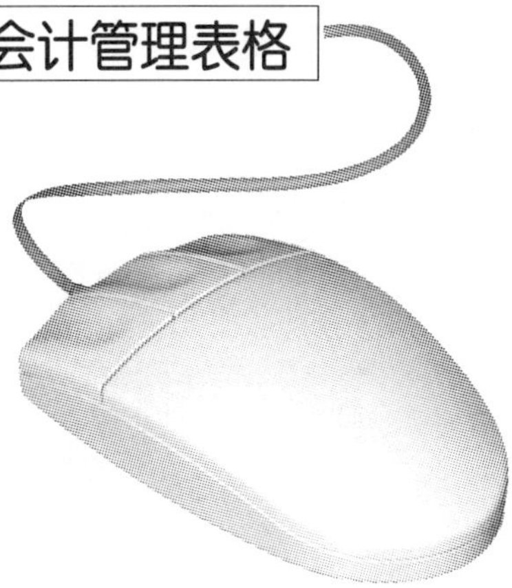

261

资源税纳税申报表

填表日期　　年　月　日　　　　　　　　金额单位:元(列至角分)

纳税人识别号 □□□□□□□□□□□□□□□

纳税人名称					税款所属时期			
产品名称		课税单位	课税数量	单位税额	应纳税款	已纳税款	应补(退)税款	备注
应纳税项目								
减免税项目								

如纳税人填报,由纳税人填写以下各栏		如委托代理人填报,由代理人填写以下各栏				备注
会计主管 (签章)	纳税人 (公章)	代理人名称		代理人 (公章)		
		代理人地址				
		经办人		电话		
以下由税务机关填写						
收到申报表日期			接收人			

262

城市维护建设税纳税申报表

填表日期　　年　　月　　日　　　　　　　　　　金额单位:元(列至角分)

纳税人识别号 □□□□□□□□□□□□□□□

<table>
<tr><td>纳税人名称</td><td colspan="2"></td><td colspan="2">税款所属时期</td><td></td></tr>
<tr><td>计税依据</td><td>计税金额</td><td>税率</td><td>应纳税额</td><td>已纳税额</td><td>应补(退)税额</td></tr>
<tr><td>1</td><td>2</td><td>3</td><td>4 =2 ×3</td><td>5</td><td>6 =4 -5</td></tr>
<tr><td>增值税</td><td></td><td></td><td></td><td></td><td></td></tr>
<tr><td>营业税</td><td></td><td></td><td></td><td></td><td></td></tr>
<tr><td>消费税</td><td></td><td></td><td></td><td></td><td></td></tr>
<tr><td></td><td></td><td></td><td></td><td></td><td></td></tr>
<tr><td></td><td></td><td></td><td></td><td></td><td></td></tr>
<tr><td></td><td></td><td></td><td></td><td></td><td></td></tr>
<tr><td></td><td></td><td></td><td></td><td></td><td></td></tr>
<tr><td></td><td></td><td></td><td></td><td></td><td></td></tr>
<tr><td>合计</td><td></td><td></td><td></td><td></td><td></td></tr>
</table>

<table>
<tr><td colspan="2">如纳税人填报,由纳税人填写以下各栏</td><td colspan="4">如委托代理人填报,由代理人填写以下各栏</td><td>备注</td></tr>
<tr><td rowspan="3">会计主管

(签章)</td><td rowspan="3">纳税人

(公章)</td><td>代理人名称</td><td></td><td colspan="2" rowspan="2">代理人
(公章)</td><td rowspan="3"></td></tr>
<tr><td>代理人地址</td><td></td></tr>
<tr><td>经办人</td><td></td><td>电话</td><td></td></tr>
<tr><td colspan="7">以下由税务机关填写</td></tr>
<tr><td>收到申报表日期</td><td colspan="2"></td><td>接收人</td><td colspan="3"></td></tr>
</table>

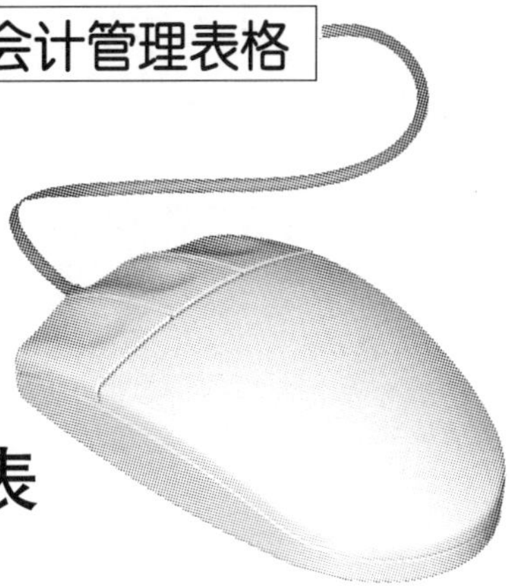

263

土地增值税纳税登记表

填表日期　　年　　月　　日　　　　　　　　　　　　金额单位:元(列至角分)

纳税人识别号 □□□□□□□□□□□□□□□　　　　　　　　面积单位:平方米

纳税人名称				税款所属时间		
项目名称				项目地址		
行业		登记注册类型		主管部门		
开户银行			银行账号			
地址			邮政编码		电话	
土地使用权受让(行政划拨)合同号				受让(行政划拨)时间		
建设项目起讫时间		总预算成本		单位预算成本		
项目详细坐落地点						
开发土地总面积		开发建筑总面积		房地产转让合同名称		
转让土地面积(按次填写)		转让建筑面积(按次填写)		转让合同签订日期(按次填写)		
第1次						
第2次						
……						
纳税人(签章)		法定代表人(公章)		经办人员(代理申报人)签章		备注	

(以下部分由主管税务机关负责填写)

税务机关受理登记日期		税务机关受理登记意见:
主管税务人员签字		
主管税务机关(公章)		

264

土地增值税纳税申报表

填表日期　　　年　　月　　日　　　　　　　　　　　　　　　　　　　金额单位：元(列至角分)

纳税人识别号 | | | | | | | | | | | | | | | |

纳税人名称		税款所属时期	
项　　目		行次	金额
一、转让房地产收入总额 1 =2 +3		1	
其中	货币收入	2	
	实物收入及其他收入	3	
二、扣除项目金额合计 4 =5 +6 +13 +16 +20		4	
1. 取得土地使用权所支付的金额		5	
2. 房地产开发成本 6 =7 +8 +9 +10 +11 +12		6	
其中	土地征用及拆迁补偿费	7	
	前期工程费	8	
	建筑安装工程	9	
	基础设施费	10	
	公共配套设施费	11	
	开发间接费用	12	
3. 房地产开发费用 13 =14 +15		13	
其中	利息支出	14	
	其他房地产开发费用	15	
4. 与转让房地产有关的税金等 16 =17 +18 +19		16	
其中	营业税	17	
	城市维护建设税	18	
	教育费附加	19	
5. 财政部规定的其他扣除项目		20	
三、增值额 21 =1 -4		21	
四、增值额与扣除项目额之比(%)22 =21 ÷4		22	
五、适用税率(%)		23	
六、速算扣除系数(%)		24	
七、应缴土地增值税税额		25	
八、已缴土地增值税税额		26	
九、应补(退)土地增值税税额 27 =25 -26		27	

如纳税人填报，由纳税人填写以下各栏		如委托代理人填报，由代理人填写以下各栏				备注
会计主管 (签章)	纳税人 (公章)	代理人名称		代理人 (公章)		
		代理人地址				
		经办人		电话		
以下由税务机关填写						
收到申报表日期		接收人				

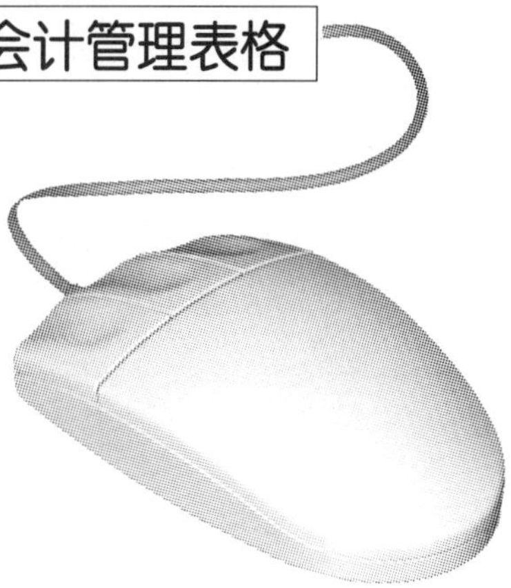

265

房产税纳税申报表

填表日期　　年　　月　　日　　　　　　　　　　　　金额单位:元(列至角分)

纳税人识别号 □□□□□□□□□□□□□□□

<table>
<tr><td colspan="3">纳税人名称</td><td colspan="3"></td><td colspan="2">税款所属时期</td><td colspan="10"></td></tr>
<tr><td colspan="3">房产坐落地点</td><td colspan="3"></td><td colspan="2">建筑面积(m^2)</td><td colspan="5"></td><td colspan="2">房屋结构</td><td colspan="3"></td></tr>
<tr><td rowspan="2">上期申报房产原值(评估值)</td><td rowspan="2">本期增减</td><td rowspan="2">本期实际房产原值</td><td colspan="3">其中</td><td rowspan="2">扣除率%</td><td colspan="3">以房产余值计征房产税</td><td colspan="3">以租金收入计征房产税</td><td rowspan="2">全年应纳税额</td><td rowspan="2">缴纳次数</td><td colspan="2">本期</td><td rowspan="2">应补(退)税额</td></tr>
<tr><td>从价计税的房产原值</td><td>从租计税的房产原值</td><td>税法规定的免税房产原值</td><td>房产余值</td><td>适用税率1.2%</td><td>应纳税额</td><td>租金收入</td><td>适用税率12%</td><td>应纳税额</td><td>应纳税额</td><td>已纳税额</td></tr>
<tr><td>1</td><td>2</td><td>3=1+2</td><td>4=3-5-6</td><td>5=3-4-6</td><td>6</td><td>7</td><td>8=4-4×7</td><td>9</td><td>10=8×9</td><td>11</td><td>12</td><td>13=11×12</td><td>14=10+13</td><td>15</td><td>16=14÷15</td><td>17</td><td>18=16-17</td></tr>
<tr><td></td><td></td><td></td><td></td><td></td><td></td><td></td><td></td><td></td><td></td><td></td><td></td><td></td><td></td><td></td><td></td><td></td><td></td></tr>
<tr><td></td><td></td><td></td><td></td><td></td><td></td><td></td><td></td><td></td><td></td><td></td><td></td><td></td><td></td><td></td><td></td><td></td><td></td></tr>
<tr><td></td><td></td><td></td><td></td><td></td><td></td><td></td><td></td><td></td><td></td><td></td><td></td><td></td><td></td><td></td><td></td><td></td><td></td></tr>
<tr><td>合计</td><td></td><td></td><td></td><td></td><td></td><td></td><td></td><td></td><td></td><td></td><td></td><td></td><td></td><td></td><td></td><td></td><td></td></tr>
</table>

<table>
<tr><td colspan="2">如纳税人填报,由纳税人填写以下各栏</td><td colspan="4">如委托代理人填报,由代理人填写以下各栏</td><td>备注</td></tr>
<tr><td rowspan="3">会计主管

(签章)</td><td rowspan="3">纳税人

(公章)</td><td>代理人名称</td><td></td><td colspan="2" rowspan="2">代理人
(公章)</td><td rowspan="3"></td></tr>
<tr><td>代理人地址</td><td></td></tr>
<tr><td>经办人</td><td></td><td>电话</td><td></td></tr>
<tr><td colspan="7">以下由税务机关填写</td></tr>
<tr><td colspan="2">收到申报表日期</td><td colspan="2"></td><td>接收人</td><td colspan="2"></td></tr>
</table>

266

车船使用税税额表

类别	项目	计税标准	每年税额	备注
机动车	乘人汽车	每　辆	60～320 元	包括电车
	载货汽车	按净吨位每吨	16～60 元	
	二轮摩托车	每　辆	20～60 元	
	三轮摩托车	每　辆	32～80 元	
非机动车	人力驾驶	每　辆	1.20～24 元	包括三轮车及其他人力拖行车辆
	畜力驾驶	每　辆	4～32 元	
	自行车	每　辆	2～4 元	
机动船		150 吨以下	每吨 1.20 元	按净吨位计征
		151～500 吨	每吨 1.60 元	按净吨位计征
		501～1500 吨	每吨 2.20 吨	按净吨位计征
		1501～3000 吨	每吨 3.20 元	按净吨位计征
		3001～10000 吨	每吨 4.20 元	按净吨位计征
		10001 吨以上	每吨 5.00 元	按净吨位计征
非机动船		10 吨以下	每吨 0.60 元	按载重吨位计征
		11～50 吨	每吨 0.80 元	按载重吨位计征
		51～150 吨	每吨 1.00 元	按载重吨位计征
		151～300 吨	每吨 1.20 元	按载重吨位计征
		301 吨以上	每吨 1.40 元	按载重吨位计征

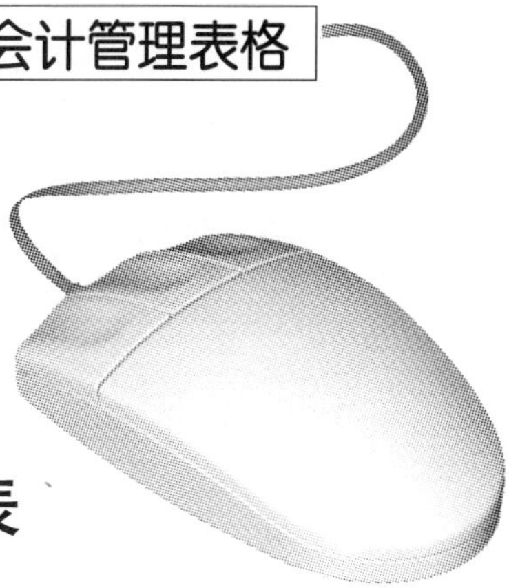

267

车船使用税纳税申报表

填表日期　　　年　　月　　日　　　　　　　　　　　　金额单位:元(列至角分)

纳税人识别号

<table>
<tr><td colspan="3">纳税人名称</td><td colspan="3"></td><td colspan="2">税款所属时期</td><td></td></tr>
<tr><td rowspan="2">车船类别</td><td rowspan="2">计税标准</td><td rowspan="2">数量</td><td rowspan="2">单位税额</td><td rowspan="2">全年应纳税额</td><td rowspan="2">年缴纳次数</td><td colspan="3">本　　期</td></tr>
<tr><td>应纳税额</td><td>已纳税额</td><td>应补(退)税额</td></tr>
<tr><td>1</td><td>2</td><td>3</td><td>4</td><td>5 =3 ×4</td><td>6</td><td>7 =5 ÷6</td><td>8</td><td>9 =7 −8</td></tr>
<tr><td></td><td></td><td></td><td></td><td></td><td></td><td></td><td></td><td></td></tr>
<tr><td></td><td></td><td></td><td></td><td></td><td></td><td></td><td></td><td></td></tr>
<tr><td></td><td></td><td></td><td></td><td></td><td></td><td></td><td></td><td></td></tr>
<tr><td></td><td></td><td></td><td></td><td></td><td></td><td></td><td></td><td></td></tr>
<tr><td></td><td></td><td></td><td></td><td></td><td></td><td></td><td></td><td></td></tr>
<tr><td></td><td></td><td></td><td></td><td></td><td></td><td></td><td></td><td></td></tr>
<tr><td colspan="2">合计</td><td></td><td></td><td></td><td></td><td></td><td></td><td></td></tr>
</table>

<table>
<tr><td colspan="2">如纳税人填报,由纳税人填写以下各栏</td><td colspan="4">如委托代理人填报,由代理人填写以下各栏</td><td>备注</td></tr>
<tr><td rowspan="3">会计主管

(签章)</td><td rowspan="3">纳税人

(公章)</td><td>代理人名称</td><td></td><td colspan="2" rowspan="2">代理人
(公章)</td><td rowspan="3"></td></tr>
<tr><td>代理人地址</td><td></td></tr>
<tr><td>经办人姓名</td><td></td><td>电话</td><td></td></tr>
<tr><td colspan="7">以下由税务机关填写</td></tr>
<tr><td>收到申报表日期</td><td colspan="2"></td><td>接收人</td><td colspan="3"></td></tr>
</table>

268

印花税税目税率表

项　目	范　围	税　率	纳税义务人	说　明
1. 购销合同	包括供应、预购、采购购销结合及协作、调剂、补偿、易货等合同	按购销金额万分之三贴花	立合同人	
2. 加工承揽合同	包括加工、定作、修缮、修理、印刷、广告、测绘、测试等合同	按加工或承揽收入万分之五贴花	立合同人	
3. 建设工程勘察设计合同	包括勘察、设计合同	按收取费用万分之五贴花	立合同人	
4. 建设安装工程承包合同	包括建筑、安装工程承包合同	按承包金额万分之三贴花	立合同人	
5. 财产租赁合同	包括租赁房屋、船舶、飞机、机动车辆、机械、器具、设备等公司	按租赁金额千分之一贴花。税额不足一元的按一元贴花	立合同人	
6. 货物运输合同	包括民用航空、铁路运输、海上运输、内河运输、公路运输和联运合同	按运输费用万分之五贴花	立合同人	单据作为合同使用的，按合同贴花
7. 仓储保管合同	包括仓储、保管合同	按仓储保管费千分之一贴花	立合同人	仓单或栈单作为合同使用的，按合同贴花
8. 借款合同	银行及其他金融组织和借款人（不包括银行同业拆借）所签订的借款合同	按借款金额万分之零点五贴花	立合同人	单据作为合同使用的，按合同贴花
9. 财产保险合同	包括财产、责任、保证、信用等保险合同	按投保金额万分之零点三贴花	立合同人	单据作为合同使用的，按合同贴花
10. 技术合同	包括技术开发、转让、咨询、服务等合同	按所载金额万分之三贴花	立合同人	
11. 产权转移书据	包括财产所有权和版权、商标专用权、专利权、专有技术使用权等转移书据	按所载金额万分之五贴花	立据人	
12. 营业账簿	生产经营账册	记载资金的账簿，按固定资产原值与自有流动资金总额万分之五贴花。其他账簿按件贴花五元	立账簿人	
13. 权利、许可证照	包括政府部门发给的房屋产权证、工商营业执照、商标注册证、专利证、土地使用证	按件贴花五元	领受人	

269

印花税纳税申报表

填表日期　　　年　　月　　日　　　　　　　　　　　　　　金额单位:元(列至角分)

纳税人识别号 □□□□□□□□□□□□□□□

纳税人名称		税款所属时期	

应税凭证名称	件数	计税金额	适用税率	应纳税额	已纳税额	应补(退)税额	购花贴花情况			
							上期结存	本期购进	本期贴花	本期结存
1	2	3	4	5 =2 ×4 或 5 =3 ×4	6	7 =5 −6	8	9	10	11 = 8 +9 −10

如纳税人填报,由纳税人填写以下各栏		如委托代理人填报,由代理人填写以下各栏				备注
会计主管 (签章)	纳税人 (公章)	代理人名称		代理人 (公章)		
		代理人地址				
		经办人姓名		电话		

以下由税务机关填写			
收到申报表日期		接收人	

270

城镇土地使用纳税申报表

填表日期　　年　月　日　　　　　　　　　　　　　　　　金额单位:元(列至角分)

纳税人识别号 □□□□□□□□□□□□□□□

纳税人名称							税款所属时期							
房产坐落地点														
坐落地点	上期占地面积	本期增减	本期实际占地面积	法定免税面积	应税面积	土地等级		适用税额		全年应缴税额	缴纳次数	本期		
						Ⅰ	Ⅱ	Ⅰ	Ⅱ			每次应纳税额	已纳税额	应补(退)税额
1	2	3	4 = 2 + 3	5	6 = 4 − 5	7	8	9	10	11 = 6 × 9 或 10	12	13 = 11 ÷ 12	14	15 = 11 − 14
合计														

如纳税人填报,由纳税人填写以下各栏		如委托代理人填报,由代理人填写以下各栏			备注
会计主管 (签章)	纳税人 (公章)	代理人名称		代理人 (公章)	
		代理人地址			
		经办人姓名		电话	
以下由税务机关填写					
收到申报表日期		接收人			

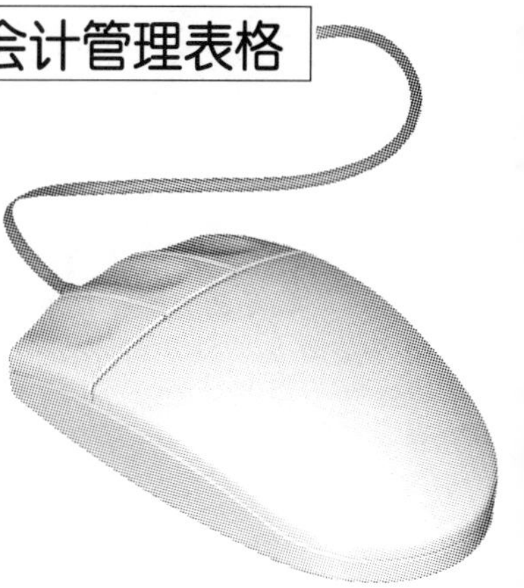

271

税款缴纳记录表

序号	日期	税款名称	缴纳税款处	标准	本月缴纳	本年累计	备注

272

领购发票审批单

年　　月　　日

<table>
<tr><td>购领单位</td><td></td><td>经济性质</td><td></td><td>企业经办人</td><td></td></tr>
<tr><td>购领单位地址</td><td></td><td>主管部门</td><td></td><td>营业执照号</td><td></td></tr>
<tr><td>电话</td><td></td><td>财务负责人</td><td></td><td>税务登记号</td><td></td></tr>
<tr><td>经营范围</td><td colspan="2"></td><td>经营方式</td><td colspan="2"></td></tr>
<tr><td colspan="6">申请购领发票事由：

申请人签章：</td></tr>
<tr><td colspan="6">征管人员审核意见及购领发票类别：

年　　月　　日</td></tr>
<tr><td>主管所长审批意见</td><td colspan="3"></td><td colspan="2">指定购领税务机关</td></tr>
</table>

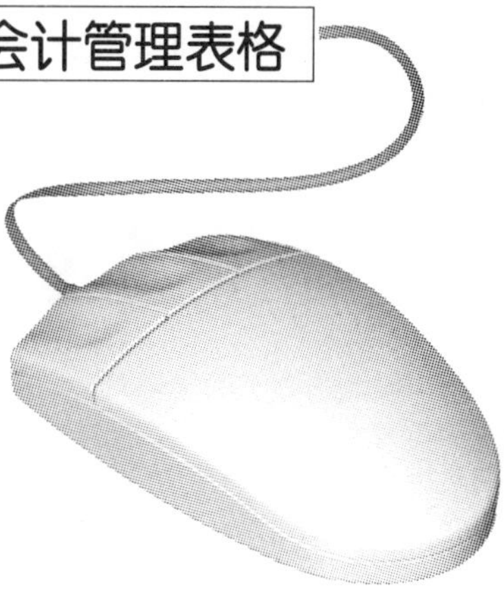

273

发票领用存月报表

项目			期初库存		本期购领		本期开具				本期作废		交回未开票数量		期末库存	
			份数	起止号码	份数	起止号码	份数	起止号码	销售额	税额	份数	发票号码	份数	发票号码	份数	起止号码
专用发票	手工四联票	元票														
		元票														
		元票														
		元票														
		元票														
		元票														
		元票														
		元票														
		元票														
	电脑票	联票														
		联票														
		联票														
		联票														
		联票														
		联票														
		联票														
	小计															
普通发票																
	小计															
合计																

274

发票使用登记表

序号	发票类型	发票号码	开票日期	发票抬头	发票内容	发票金额	领票人	记账凭证号码

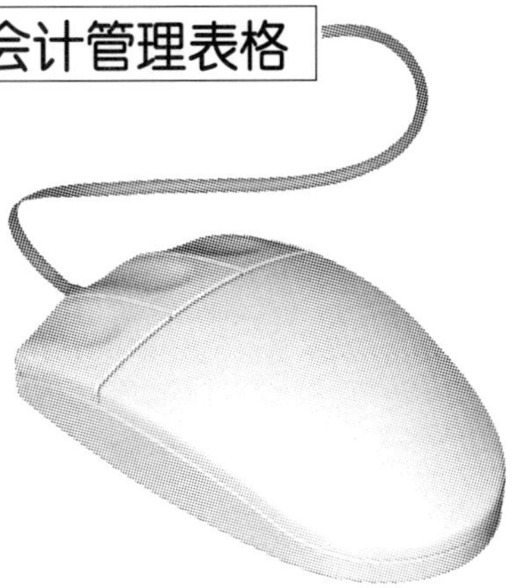

275

发票年检表

领购编号：

订购编号：

经管税务机关　　　　局　　　科（所）　　　　　　　　　　　　　　　　　年　　月　　日

业户名称			地址						电话		
发票领购订购使用结存数量（份）	领购或订购	发票代号或名称	上年结存数		本年领购或订购数		本年使用数		本年度结存数		差数
			份数	字轨号码	份数	字轨号码	份数	字轨号码	份数	字轨号码	

业户违章事项	检查项目	份数	违章金额	检查项目	份数	违章金额	检查项目	份数	违章金额
	未按规定领购发票			未按规定保管发票			未按规定印制发票或生产发票防伪专用品		
	未按规定开具发票			未按规定接受税务机关检查			私印、伪造、变造、倒买、倒卖发票，私制发票监制单、发票防伪用品		
	未按规定取得发票			非法携带邮寄、运输存放空白发票			其他违章事项		

业户自查意见	业户盖章： 财务科长：　　　　经办人：	经管税务机关处理意见	经办人签章：科（所）长签章：税务机关签章： 年　　月　　日

注：1. 本表限填国家税务局管辖的增值税专用发票、销售发票、加工修理发票、钟表修理发票、收购发票、其他收入发票、自销书报专业发票、报社报纸专业发票等（含订购）；

2. 填妥本表后应交给国家税务局（本表一式两份）。

276

发票缴销登记表

业户税务登记号□□□□□□□□□□□□□□□□□□

业户电脑编码□□□□□□□□□□□　　　　填报日期：　　年　　月　　日

<table>
<tr><td>纳税人名称</td><td colspan="2"></td><td>地址</td><td colspan="2"></td><td>经办人</td><td>电话</td><td></td></tr>
<tr><td rowspan="2">发票编码</td><td rowspan="2">发票名称</td><td colspan="3">存根联</td><td colspan="3">空白发票</td><td rowspan="2">缴销原因</td></tr>
<tr><td>份数</td><td>起始号码</td><td>终止号码</td><td>份数</td><td>起始号码</td><td>终止号码</td></tr>
<tr><td></td><td></td><td></td><td></td><td></td><td></td><td></td><td></td><td rowspan="6"></td></tr>
<tr><td></td><td></td><td></td><td></td><td></td><td></td><td></td><td></td></tr>
<tr><td></td><td></td><td></td><td></td><td></td><td></td><td></td><td></td></tr>
<tr><td></td><td></td><td></td><td></td><td></td><td></td><td></td><td></td></tr>
<tr><td></td><td></td><td></td><td></td><td></td><td></td><td></td><td></td></tr>
<tr><td></td><td></td><td></td><td></td><td></td><td></td><td></td><td></td></tr>
<tr><td colspan="2">发票领购簿</td><td colspan="6"></td><td rowspan="2">上述发票____份按照《中华人民共和国发票管理办法》规定，已于　　年　　月　　日由地税人员监督销毁。

主管征管机关盖章
年　　月　　日</td></tr>
<tr><td colspan="2">业户盖章
年　　月　　日</td><td colspan="3">缴销部门意见：

缴销人：

（章）
年　　月　　日</td><td colspan="3">发票管理部门意见：

监销人：

（章）
年　　月　　日</td></tr>
</table>

注：1. 此表一式两份，税务机关审核后，留存一份，交纳税人一份。

2. “缴销原因”栏，按照纳税人关停并转、发票次版、遗失、到期存根、停供发票填写。

3. 本表为16开横式。

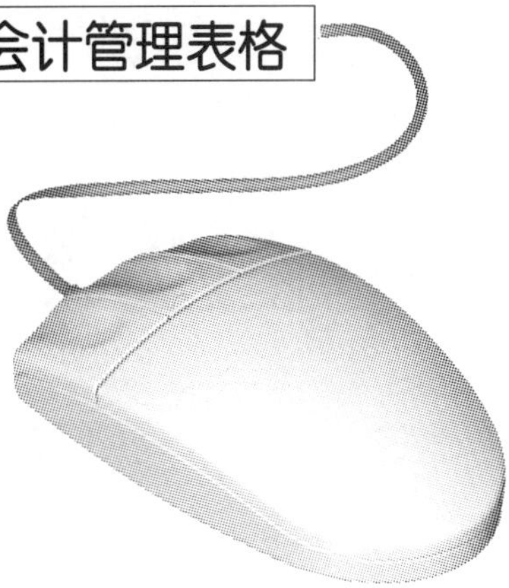

277

核销发票呈批表

经管税务机关：　　　　　　局　　　科（所）

业户名称		地址			电话		
发票名称或代号	字轨	起 止 号 码	份数	订购发票名称	字轨	起止号码	份数
				小计（大写）　拾万　万　仟　佰　拾　分			
				未经批准印制票据	字轨	起止号码	份数
				小计（大写）　拾万　万　仟　佰　拾　分			
合计（大写）　拾万　万　仟　佰　拾　分				合计（大写）　拾万　万　仟　佰　拾　分			
业户管票人： 财务负责人： 业户盖章：　　年　月　日	税务机关审核意见	税务经办人：科（所）长： 税务机关盖章：　　年　月　日		核销发票经办人签章	业户经办人（签章） 税务经办人（签章） 核销发票证明人（签章） 时间　　年　月　日		

278 违反发票管理简易处罚决定书

(　　)国税票处字(　　)第　　号

单位名称		发票领购簿编号	
地　　址		纳税人识别号	

违反发票管理主要事实、理由和依据：

一、你单位下列未按《中华人民共和国发票管理办法》第二十三条规定的要求开具的发票共____份，罚款____元。

1. 未填写第________________栏(项)共____份，其发票号码是：(________________)。
2. 填写第________________栏(项)共____份的内容不齐全，其发票号码是：(________________)。
3. 填写第________________栏(项)共____份的字迹不清楚，其发票号码是：(________________)。
4. 填写第________________栏(项)共____份的字迹有涂改，其发票号码是：(________________)。
5. 填写第________________栏(项)共____份的内容有差错，其发票号码是：(________________)。
6. 填写的金额合计栏其金额合计数超过票面限额的共____份，其发票号码是：(________________)。
7. 填写第________________栏(项)共____份__________，其发票号码是：(________________)；

二、你单位未按《中华人民共和国发票管理办法》第三十条规定的要求保管发票，损(撕)毁发票共____份，罚款______元，其发票号码是：(________________)。

三、你单位超过《增值税一般纳税人纳税申报办法》第三条第三款规定的使用期限开具的发票共____份，罚款______元，其发票号码是：(________________)。

四、你单位超过《增值税一般纳税人纳税申报办法》第四条第一款规定的注销期限报送的发票共____份，罚款______元，其发票号码是：(__________)。

发票需填栏(项)	
栏(项)	内　容
1	开票日期
2	购货单位(名称、地址、电话、税务登记号、开户银行及账号)
3	货物或应税劳务名称、规格型号、计量单位、数量、单价
4	金额
5	税率
6	税额
7	价格合计
8	销货单位(名称、地址、电话、税务登记号、开户银行及账号)
9	收款人、复核人、开票人

处理决定：

根据《中华人民共和国发票管理办法》第三十六条的规定，对你单位作出如下决定：

一、限你单位必须立即纠正上述违法行为。

二、对你单位处罚款共计(大写)________元，自接到本处罚决定书之日起十五日内到我局(所)缴纳罚款。到期不缴纳罚款的，每日按罚款数额的3%加以罚款。

告知事项：

一、对上述处罚不服的，自收到本处罚决定书之日起六十日内，向作出处罚决定的上一级税务机关申请行政复议或直接向人民法院提起行政诉讼。

二、上述罚款未缴清之前，暂不供应发票。

税务机关(章)　　　年　　月　　日

税务机关经办人签名		送达方式		送达时间	年　　月　　日 上午/下午　　时　　分	收件人签名	

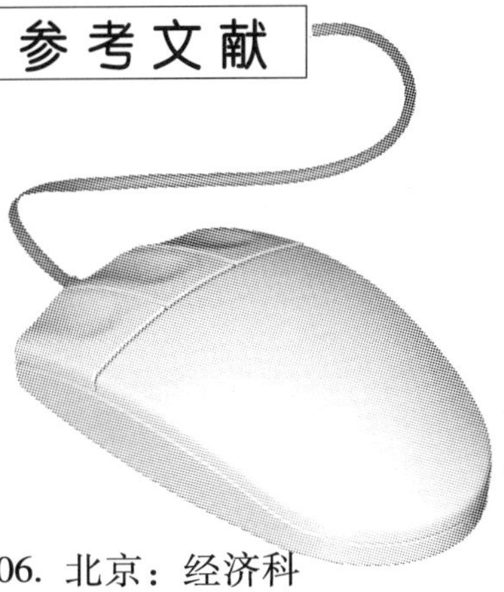

参考文献

［1］中华人民共和国财政部制定．企业会计准则 2006. 北京：经济科学出版社，2006.

［2］财政部会计司编写组编写．企业会计准则讲解 2008. 北京：人民出版社，2008.

［3］中华人民共和国财政部制定．企业会计准则——应用指南 2006. 北京：中国财政经济出版社，2006.

［4］中华人民共和国财政部等部委制定．企业内部控制规范 2010. 北京：中国财政经济出版社，2010.

［5］法律出版社法规中心编．中华人民共和国会计法注释本．北京：法律出版社，2008.

［6］闻涛主编．哈佛财务管理制度全集．北京：中国物价出版社，2002.